Harvard Business School Press

増補改訂版 イノベーションのジレンマ

技術革新が巨大企業を滅ぼすとき

クレイトン・クリステンセン
玉田俊平太 監修／伊豆原 弓 訳

SE
SHOEISHA

イノベーションのジレンマ

増補改訂版

装幀　戸田ツトム

本書を推薦する言葉

「変革の時代、過去の成功体験こそが企業自己変革の足枷となる。この困難を克服するためのヒントがここにある」

ソニー会長兼CEO　出井伸之

「本書は、最も成功した企業が必ず直面する困難な問題に焦点を当てている。明晰で、示唆に富み、それでいて恐ろしい」

インテル会長　アンドリュー・グローブ

「インターネットのブームの中でモバイル・コンピューティングのブームが始まった。栄華を誇ったパソコンはどうなるのだ。インテルは?マイクロソフトは?そういう思いで一気に読み終えた」

モバイル・インターネットキャピタル社長　西岡郁夫

「クリステンセン氏は技術革新が企業の未来に与える影響について、洞察力溢れる分析を示してくれた。私はすべてのビジネスマン、起業家に対し、本書を強く推薦する」

ブルームバーグ・ファイナンシャル・マーケット社長　マイケル・ブルームバーグ

「日本企業の閉塞感の真の原因は、業界をリードしてきた企業が、
突然にその競争力を失ったかについて、
理論的説明がつかないままの状態が続いていることである。
この様な状況を打破する糸口を見つけるためにも、
本書を一読されることをお薦めする」
東京大学先端経済工学研究センター教授　児玉文雄

「イノベーションを科学し続けてきた
ハーバードビジネススクールの伝統を受け継ぐ名著。
成功よりも失敗に学ぶものが生き残る。　経営者・研究者必読の一冊」
一橋大学イノベーション研究センター所長　米倉誠一郎

「盛者必衰の理。　本書は、勝って兜の緒を締める知恵を与えてくれる。
過去の成功体験に縛られて同じ戦い方をする限り、
未だ見ぬ敵には勝てぬのだ」
慶應義塾大学ビジネススクール教授　高木晴夫

「多くの無価値なビジネス書の洪水の中にあって、
本書は嬉しい驚きであった。　筆致は鋭く、
その議論は将来を見通すのに十分なほど厳密である」
――『フォーブズ』

イノベーションのジレンマ　目次

日本語版刊行にあたって

本書の日本語訳にたずさわった方々に感謝したい。本書には、経営者にとって重要な教訓がいくつか盛り込まれている。なかでも注意すべき点は、「優良経営」のパラダイムの多くが、実は優良企業を失敗に追い込みかねないことだ。これは欧米の企業はもちろん、日本企業にもあてはまる重要な教訓である。しかし、本書を読んだ日本の経営者や政府官僚の方々は、日本特有の問題が二つあることに気づくであろう。

その一つは、六〇年代、七〇年代の日本の驚異的な経済成長を支えてきた産業のほとんどが、欧米の競合相手にとって破壊的技術であったことだ。当時の状況は、本書に示したパターンにあてはまる。日本の鉄鋼業界は、欧米の鉄鋼市場のなかでも、本書で実績ある企業が最も打撃を受けやすいと述べた低品質、低価格の分野に攻め込んだ。その後、日本の鉄鋼業界は容赦なく上位市場へ移行しつづけ、日本の鉄鋼メーカーは世界最高の品質を誇るようになった。トヨタ、日産、ホンダ、マツダなどの日本の自動車メーカーは、欧米の自動車市場の最下層にある低品質、低価格の分野に、破壊的技術をもって攻め込んだ。本書に挙げる例のとおり、各社はその後も容赦なく上位市場へ移行し、世界最高の品質を誇る自動車メーカーとなった。ソニーをはじめとする日本の家電メーカーは、低価格、低品質の携帯用ラジオ・テレビによってアメリカ市場の最下層を攻撃した。その後も容赦なく上位市場へ移行しつづけ、世界最高の品質を誇る家電メーカーとなった。セイコー、シチズンなどの時計メーカー、ヤマハなどのピアノ・メーカー、ホンダ、カワサキなどのオートバイ・メーカーにも同じことが言える。これらの企業はすべて、同様の戦略によって欧米市場を下部から「破壊」した。日本の経営者や政府官僚が、本書の理論を参考にして、六〇年代から八〇年代にかけて日本が世界市場で成功した理由について理解を深めることになれば幸いである。

本書を通じて日本の読者に伝えたいもう一つの日本特有の問題は、ここ数年、日本経済が停滞している理由に関係している。その理由は、右に挙げたような日本の大企業が、本書で取り上げた各業界と同様の力に動かされていることにある。すぐれた経営者は、市場の中でも高品質、高収益率の分野へ会社を導くことができる。しかし、会社を下位市場へ導くことはできない。日本の大企業は、世界中の大企業と同様、市場の最上層まで登りつめて行き場をなくしている。

本書では、米国経済がこういった問題にどのように対処してきたかを紹介している。各企業が行き詰まるなか、社員は業界をリードする大企業を辞め、ベンチャー・キャピタルから資金を調達し、市場の最下層に攻め込む新企業を設立し、徐々に上位市場へ移行し、こうして歴史は繰り返している。個々の企業が市場の最上層で行き場をなくし、やがて衰退するとしても、それに代わる新しい企業が現れるため、米国経済は力強さを保っている。これは日本では起こり得ないことである。企業の伝統から、経験豊富な技術者が大企業を辞めることがほとんどなく、また、新企業に出資するような金融市場のしくみができていないからだ。本書の理論から考えて、現在のシステムが続くなら、日本経済が勢いを取り戻すことは二度とないかもしれない。

日本経済が現在抱える問題に対する長期的な解決策の一端は、本書に掲げる「破壊的技術のモデル」にあると考えている。そのため、本書の日本語訳にたずさわる方々に感謝するとともに、読者がこのモデルの中に、成長と繁栄を取り戻して日本人に恵みをもたらす活路を見いだすよう願っている。

クレイトン・クリステンセン

謝辞

本書に著者として記された名前は一つだけだが、本書にまとめた考えは、何人もの仲間の知恵と献身によって育まれ、磨かれたものである。この研究のきっかけとなったは、一九八九年、キム・クラーク、ジョゼフ・バウアー、ジェイ・ライト、ジョン・マッカーサーの諸氏が、一人の中年男をハーバード・ビジネス・スクール博士課程に受け入れ、資金を提供したことである。これらの恩師にくわえ、リチャード・ローゼンブルーム、ハワード・スティーブンソン、ドロシー・レオナード、リチャード・ウォルトン、ボブ・ヘイズ、スティーブ・ホイールライト、ケント・ボーエンの各氏の支援を賜ることによって、思考を研ぎすまし、事実を立証する際の基準を高く保ち、この研究でわかったことを、それ以前の強力な学術研究の流れのなかに組み込むことができた。これら各氏は、そんな必要が全くなかったにもかかわらず、多忙な時間の多くをわたしの指導のために費やしてくれた。このように学問の本質とプロセスを教わったことに対し、永遠に感謝してやまない。

また、ディスク・ドライブ業界の企業がとった行動の背景を理解しようとしていたときに、記憶や記録を示して頂いた多数の経営者や社員の方々にも感謝したい。とりわけ、『ディスク／トレンド・レポート』編集長のジェームズ・ポーターには、膨大な過去のデータを提供して頂き、それによってわたしはディスク・ドライブ業界で起きたことを、めったに実現できないほどの完全さ、正確さをもって数値化することができた。これらの人びとの支援によって構築した業界の進化と革命のモデルは、本書の理論的なバックボーンとなっている。本書が、業界の過去を理解するための有益な手段となり、将来の決定のために役に立つよう願っている。

ハーバード・ビジネス・スクールで教鞭をとる間、ほかの仲間の助言によって本書の発想をさらに発展させることができた。とりわけ、MITのレベッカ・ヘンダーソンとジェームズ・アッターバック、スタンフォードのロバート・バーゲルマン、ハーバード・ビジネス・スクールのゲイリー・ピサーノとマーコウ・イアンシティにはお世話になった。研究仲間のレベッカ・ブーレイス、グレッグ・ロジャース、ブレット・ベアード、編集者のマージョリー・ウィリアムズ、スティーブ・プロケッシュ、バーバラ・ファインバーグ、助手のメレディス・アンダーソン、マーガリート・ドールからも、数えきれないほどのデータ、助言、意見、協力を賜った。

本書にまとめた考えをともに討議し、高めてきた学生にも感謝したい。毎日のように、教室を後にするときには、学生とのやりとりによって最も多くを学んでいるのはわたしなのに、なぜわたしが報酬を受け、学生が学費を払うのかと疑問に感じている。毎年、多数の学生たちが、どれほど多くのことを教師に教えてきたかを知らずに、学位を取って世界に散らばってゆく。愛すべき学生たちが、本書を手にして、それが自分たちの悩み、疑問、意見、批判の成果であることに気づくことができたらと思う。

わたしの最も大きな力になったのは、妻のクリスティーンと子供たち、マシュー、アン、マイケル、スペンサー、キャサリンである。家族の揺るぎない信頼と支えのおかげで、家庭生活の諸事に追われながらも、教師になるという生涯の夢を追求することができた。破壊的技術に関する研究は、時間がかかり、留守がちになるという意味で家庭にとって破壊的であったが、家族の愛情と支えに対する感謝の念は忘れない。とりわけ、クリスティーンのようによく気がつき、忍耐強い人間をわたしはほかに知らない。本書の内容の大部分は、これまでの五年間、幾度かに分けて中途半端な状態で家に持ち帰り、妻との会話によって明確な形にし、編集したうえで、翌朝ハーバードに持ち帰っていた。妻は偉大な仲間であり、支援者であり、友人である。本書を妻と子供たちに捧げたい。

クレイトン・M・クリステンセン
ハーバード・ビジネス・スクール
マサチューセッツ州ボストンにて
一九九七年四月

序章

本書でとりあげるのは、業界をリードしていた企業が、ある種の市場や技術の変化に直面したとき、図らずもその地位を守ることに失敗する話である。どこにでもある企業ではなく、優良企業の話である。多くの経営者が尊敬して手本にしようとし、革新と実行力で知られているような企業である。もちろん、企業がつまずくには、官僚主義、慢心、血族経営による疲弊、貧困な事業計画、近視眼的な投資、能力と資源の不足、単なる不運など、さまざまな理由がある。しかし、本書はそのような弱点だらけの企業の話ではない。競争の感覚を研ぎすまし、顧客の意見に注意深く耳を傾け、新技術に積極的に投資し、それでもなお市場での優位を失う優良企業の話である。

説明がつかないように思われるこれらの失敗は、変化の速い市場でも遅い市場でも、電子技術にもとづく市場でも化学・機械技術にもとづく市場でも、製造業でもサービス業でも同様に起きる。たとえば、シアーズ・ローバックは、数十年にわたり、世界でも有数の経営手法を持つ小売企業と考えられてきた。全盛期には、米国の小売売上高全体の二％以上を占めていた。サプライチェーン・マネジメント、ストア・ブランド、カタログ販売、クレジットカード販売など、現代の小売業の成功に欠かせないイノベーションの先駆者となった。シアーズの経営がいかに尊敬されていたかは、一九六四年の『フォーチュン』の記事にも表れている。「シアーズはどのように成功したのか。その成功物語のなかで、ある意味で最も印象的な点は、なにも新奇な術策がないことだ。シアーズは派手な仕掛けを展開したわけではない。それどころか、組織のだれもがごく自然に正しいことをやってのけていた。その効果が積み重なり、企業の強力な動力源となった」

しかし、現在、シアーズについてこのように話す者はいない。どういうわけか、同社はディスカウント・ストアとホーム・センターの台頭に完全に乗り遅れた。現在のカタログ販売ブームのさなかに、シアーズはカタログ事業から撤退し、小売事業の存続自体さえ危ぶまれている。ある評論家は「シアーズの小売部門は、(一九九二年に)一七億ドルの再建費用差し引き前で、一三億ドルの損失を計上した。シアーズは慢心していたために、市場で起きていた基本的な変化を見落とした」(『フォーブズ』)としている。つぎのような批判もある。

改善の約束が守られないまま、その株価がみじめに下落するのを陰鬱な気持ちで眺めている投資家にとって、シアーズは失望の種である。中程度の価格の商品とサービスを万人向けに幅広く取り揃えるという同社の旧弊な営業方針は、いまや競争力を持たない。失望が続き、改善の予測が何度も裏切られるうちに、金融界でも商業界でもシアーズの経営陣は信用を失った。

——『フォーブズ』

有名ブランドの耐久消費財を低コストで販売し、やがてシアーズの中核フランチャイズの力を奪ったディスカウント・ストアやホーム・センターが台頭してきた六〇年代半ばに、そういった勢力を無視していたシアーズが賞賛を受けていたことは驚きである。クレジットカード販売で築いた大幅なリードを、ビザカードとマスターカードに奪われていたそのときに、シアーズは世界でも有数の優良経営企業と讃えられていた。

このようなリーダー企業の崩壊を何度も経験している業界もある。コンピュータ業界を考えてみてほしい。ＩＢＭはメインフレーム市場では圧倒的に優勢だったが、メインフレームより技術的にははるかに単純なミニコンの出現によって、わずか数年でその地位を追われた。ほかの大手メインフレーム・メーカーも、ミニコン業界の主力企業にはなれなかった。デジタル・イクイップメント（ＤＥＣ）がミニコン市場を開拓し、そこへデータ・ゼネラル、プライム、ワング、ヒューレット・パッカード、ニックスドーフなど、積極的な経営で知られる企業が参入した。しかし、これらの企業はすべて、今度はデスクトップ・パソコン市場を見落とすことになる。パソコン市場を開拓したのは、アップル・コンピュータ、コモドール、タンディ、そしてＩＢＭの独立パソコン部門である。特にアップルは、扱いやすいコンピュータの標準を築いた点で、きわめて革新的であった。しかし、アップルとＩＢＭは、ポータブル・パソコンの発売には五年も出遅れた。同様に、エンジニアリング・ワークステーション市場を築いたアポロ、サン、シリコン・グラフィックスなども、すべてこの業界の新規参入組であった。

小売りの場合と同様、これら大手コンピュータ・メーカーの多くは、一時は世界有数の優良経営企業と見なされ、マスコミや経営学者に、追随すべき模範として支持されていた。たとえば、一九八六年のＤＥＣに対する評価はつぎのようなものである。「最近のＤＥＣに対抗することは、走っている電車の正面に立つようなものだ。競争相手のほとんどが業界の不振にあえいでいる間に、この七六億ドルを売り上げるコンピュータ・メーカーは成長を加速している」（『ビジネス・ウィーク』）。この記事ではさらに、ＤＥＣの進路に立っているＩＢＭに対し警告している。実際、『エクセレント・カンパニー』[*]につながったマッキンゼーの調査では、ＤＥＣは特に卓越した企業として注目された。

＊トーマス・Ｊ・ピーターズ、ロバート・Ｈ・ウォーターマン著、『エクセレント・カンパニー――超優良企業の条件』（講談社、一九八三年）

しかし、数年後、評論家のDECに対する見方は大きく変わった。

DECは選択を迫られている企業である。主力のミニコン製品の売上高は枯渇している。二年をかけた再建計画は無残に失敗した。予測・製品企画システムも無残に失敗した。コスト削減も収益性を回復させるにはほど遠い。……しかし、ほんとうの不幸は、DECが機会を逸したことだろう。利益率の低いパソコンとワークステーションがコンピュータ業界を塗り替えてきたのに対し、中途半端な対策で二年もの時間を浪費していた。――『ビジネス・ウィーク』

DECもシアーズと同様、衰退へとつながる決定をくだした時点ではまだ、目先のきく企業と広く見なされていた。数年後にみずからを包囲するデスクトップ・パソコンの出現を無視していたそのときに、模範的な優良企業と讃えられていた。

シアーズとDECのほかにも、注目すべき例はいくらでもある。ゼロックスは、長年にわたって、大量の需要があるコピー・センター向け普通紙コピー機市場を独占してきた。しかし、小型卓上コピー機の市場では成長と利益の機会を逃し、わずかなシェアしか獲得できなかった。北米の鉄鋼市場では、棒鋼、線材、形鋼などのほとんどの市場分野で、ミニミルが四〇%のシェアを獲得しているが、米国、アジア、ヨーロッパの総合鉄鋼メーカーで、一九九五年までにミニミル技術を使ったプラントを建設した企業は一社もない。ケーブル駆動ショベルのメーカー三〇社のうち、二五年間をかけた油圧式掘削技術への移行を乗り切ったのはわずか四社である。

これから述べるように、技術と市場構造の破壊的変化に直面し、失敗した大手企業は、数えればきりがない。一見、これらの企業を襲った変化には共通のパターンなどないように思われる。新しい技術が短期間で旧技術を一掃する場合もあれば、移行に何十年もかかる場合もある。新しい技術が複雑で、開発にコストがかかる場合もある。大手企業がすでにだれよりもうまくやっていたことを単純に拡張しただけで、市場を決定する技術になる場合もある。しかし、すべてに共通するのは、失敗につながる決定をくだした時点では、そのリーダーは、世界有数の優良企業と広く認められていたことである。

このパラドックスを説明する説は二つある。一つは、DEC、IBM、アップル、シアーズ、ゼロックス、ビュサイラス・エリーなどの企業の経営はすぐれていなかったと結論づけるものだ。これらの企業は、すぐれた経営によってではなく、幸運と偶然のタイミングによって成功したのかもしれない。そのうち運が尽きて、きびしい局面が訪れたのかもしれない。もう一つの説は、失敗した企業でも十分に健全な経営がなされていたが、成功している間の意思決定の方法に、のちのち失敗を招くなんらかの要因があるというものだ。

本書で報告する研究は、後者の見解を支持している。右記のような優良経営企業の場合、すぐれた経営こそが、業界リーダーの座を失った最大の理由である。これらの企業は、顧客の意見に耳を傾け、顧客が求める製品を増産し、改良するために新技術に積極的に投資したからこそ、市場の動向を注意深く調査し、システマティックに最も収益率の高そうなイノベーションに投資配分したからこそ、リーダーの地位を失ったのだ。

これを突きつめると、現在広く認められている優良経営の原則の多くが、特定の状況にしか適していないことになる。顧客の意見に耳を傾けることがまちがっている場合、性能が低く、収益率の低い製品の開発に投資することが正しい場合、主流市場ではなく小規模な市場を積極的に開拓することが正しい場合がある。本書は、ディスク・ドライブ業界をはじめとする各種業界のイノベーションの成功と失敗について注意深く調査、分析を行い、どのような場合に広く認められている優良経営の原則にしたがうべきであり、どのような場合にほかの原則が適しているのかを判断するための法則を引き出す。

筆者はそれを「破壊的イノベーションの法則」と呼ぶことにする。優良企業が失敗するのは、経営者がこの法則を無視したか、この法則に逆らったためである場合が多い。経営者は、破壊的イノベーションの法則を理解し、それと調和するよう努力すれば、最も難しいイノベーションにもうまく対応できる。人生のさまざまな課題に挑むときと同様、「世の中のしくみ」を理解し、順応するようにイノベーションへの努力をマネジメントすることには大きな価値がある。

本書の目的は、先端技術分野かどうかを問わず、緩やかに進化する環境や急激に変化する環境にある様々な製造業やサービス業のマネージャー、コンサルタント、研究者を支援することにある。この目的を踏まえて、本書で言う「技術」とは、組織が労働力、資本、原材料、情報を、価値の高い製品やサービスに変えるプロセスを意味する。すべての企業には技術がある。シアーズのような小売企業は、商品を調達、陳列、販売、配送するために特定の技術を使い、プライスコストコなどの大型ディスカウント店では別の技術を使う。つまり、この技術の概念は、エンジニアリングと製造にとどまらず、マーケティング、投資、マネジメントなどのプロセスを包括するものである。「イノベーション」とは、これらの技術の変化を意味する。

ジレンマ

本書の概念を理論的に深め、その広範囲にわたる有効性を実証し、過去だけでなく未来にも適用可能なことを示すため、本書は二部構成とした。第一部の一章から四章までは、すぐれた経営者による健全な決定が、大手企業を失敗へと導く理由を解き明かす枠組みを考える。これらの章であきらかにするのは、まさにイノベーターのジレンマの構図である。企業の成功のために重要な、論理的で正しい経営判断が、企業がリーダーシップを失う理由にもなる。第二部の五章から十章は、このジレンマを解決するためにある。新技術がどのような理由で、どのような場合に大企業を失敗に導くかを理解したうえで、既存事業の短期的安定に適したことを行いながら、既存事業を衰退させる可能性をもつ破壊的技術にも十分な資源を割り当てるにはどうしたらよいかという、経営上のジレンマの解決法を説明する。

失敗の理論の構築

本書の構成として、最初に深く掘り下げてから、その議論を拡大して一般的な結論を引き出す。最初の二章では、「優良企業にきびしい局面が訪れる」経験を何度も繰り返したディスク・ドライブ業界の歴史について詳しく述べる。この業界は、データが豊富であること、また、ハーバード・ビジネス・スクールのキム・B・クラーク学部長によれば「歴史の変遷が速い」ことから、失敗について研究するには理想的な分野である。わずか数年の間に、マーケット、企業、技術が出現し、成熟しては衰退した。この分野では六度、新しいアーキテクチャーとなる技術が現れたが、業界の有力企業がつぎの世代でもリードを維持できたのはそのうち二回だけである。ディスク・ドライブ業界で繰り返された失敗のパターンを参考に、まず、この業界の黎明期に最大手の座にあった優良企業が失敗した理由を説明する理論を暫定的に構築し、つぎに、業界のその後のサイクルについても適用できるかどうかを検証し、最近の業界リーダーの失敗も解明できるほど確固とした理論であるかどうかを確かめる。

第三章と第四章では、ディスク・ドライブ業界の主力企業がつまずいた理由に対する理解を深めるとともに、まったく異なる性質を持ついくつかの業界における企業の失敗を検証することにより、この理論が広範囲で有効であることを確かめる。第三章では、機械式掘削機業界を研究し、大手ディスク・ドライブ・メーカーを失敗に導いたのと同じ要因が、変化のペースも技術集約度も異なる機械式掘削機業界で、大手メーカーを衰退させたことをあきらかにする。第四章では、この理論を完成し、世界各国の総合鉄鋼メーカーがミニミル鉄鋼メーカーの攻撃に対抗できなかった理由を説明する。

すぐれた経営が失敗につながる理由

失敗の理論は、今回の研究による三つの発見にもとづいて構築された。第一に、「持続的」技術と「破壊的」技術の間には、戦略的に重要な違いがある。これらの概念は、この問題に関する研究によく使われる漸進的変化と抜本的変化の区別とはまったく異なる。第二に、技術の進歩のペースは、市場の需要が変化するペースを上回る可能性があり、実際そのようなケースが多い。このため、いくつかの市場における技術アプローチの関係性や競争力は、時間とともに変化する場合がある。第三に、成功している企業の顧客構造と財務構造は、ある種の新規参入企業と比較して、その企業がどのような投資を魅力的と考えるかに重大な影響を与える。

持続的技術と破壊的技術

新技術のほとんどは、製品の性能を高めるものである。これを「持続的技術」と呼ぶ。持続的技術のなかには、断続的なものや急進的なものもあれば、少しずつ進むものもある。あらゆる持続的技術に共通するのは、主要市場のメインの顧客が今まで評価してきた性能指標にしたがって、既存製品の性能を向上させる点である。個々の業界における技術的進歩は、持続的な性質のものがほとんどである。本書であきらかにする重要な事実だが、もっとも急進的で難しい持続的技術でさえ、大手企業の失敗につながることはめったにない。

しかし、時として「破壊的技術」が現れる。これは、少なくとも短期的には、製品の性能を引き下げる効果を持つイノベーションである。皮肉なことに、本書で取りあげた各事例では、大手企業を失敗に導いたのは破壊的技術にほかならない。

破壊的技術は、従来とはまったく異なる価値基準を市場にもたらす。一般的に、破壊的技術の性能が既存製品の性能を下回るのは、主流市場での話である。しかし、破壊的技術には、そのほかに、主流から外れた少数の、たいていは新しい顧客に評価される特長がある。破壊的技術を利用した製品のほうが通常は低価格、シンプル、小型で、使い勝手がよい場合が多い。前述のデスクトップ・パソコンやディスカウント・ストアのほかにも、さまざまな例がある。ホンダ、カワサキ、ヤマハが北米とヨーロッパで発売した小型オフロード・バイクは、ハーレー・ダビッドソンやBMWが製造した強力な長距離用バイクに対する破壊的技術であり、トランジスターは、真空管に対する破壊的技術であった。会員制民間健康維持組織は、従来の健康保険会社に対する破壊的技術であった。近い将来、「インターネット端末」がパソコンのハードウェア、ソフトウェアのメーカーに対する破壊的技術となるかもしれない。

市場の需要の軌跡と技術革新の軌跡

失敗の理論の第二の要素として、技術革新のペースがときに市場の需要のペースを上回るため（図０・１を参照）、企業が競争相手よりすぐれた製品を供給し、価格と利益率を高めようと努力すると、市場を追い抜いてしまうことがある。顧客が必要とする以上の、ひいては顧客が対価を支払おうと思う以上のものを提供してしまうのだ。さらに重要な点として、破壊的技術の性能は、現在は市場の需要を下回るかもしれないが、明日には十分な競争力を持つ可能性がある。

たとえば、かつてデータ処理のためにメインフレームを必要とした組織で、現在もメインフレームを必要とし、購入する組織はもはやない。

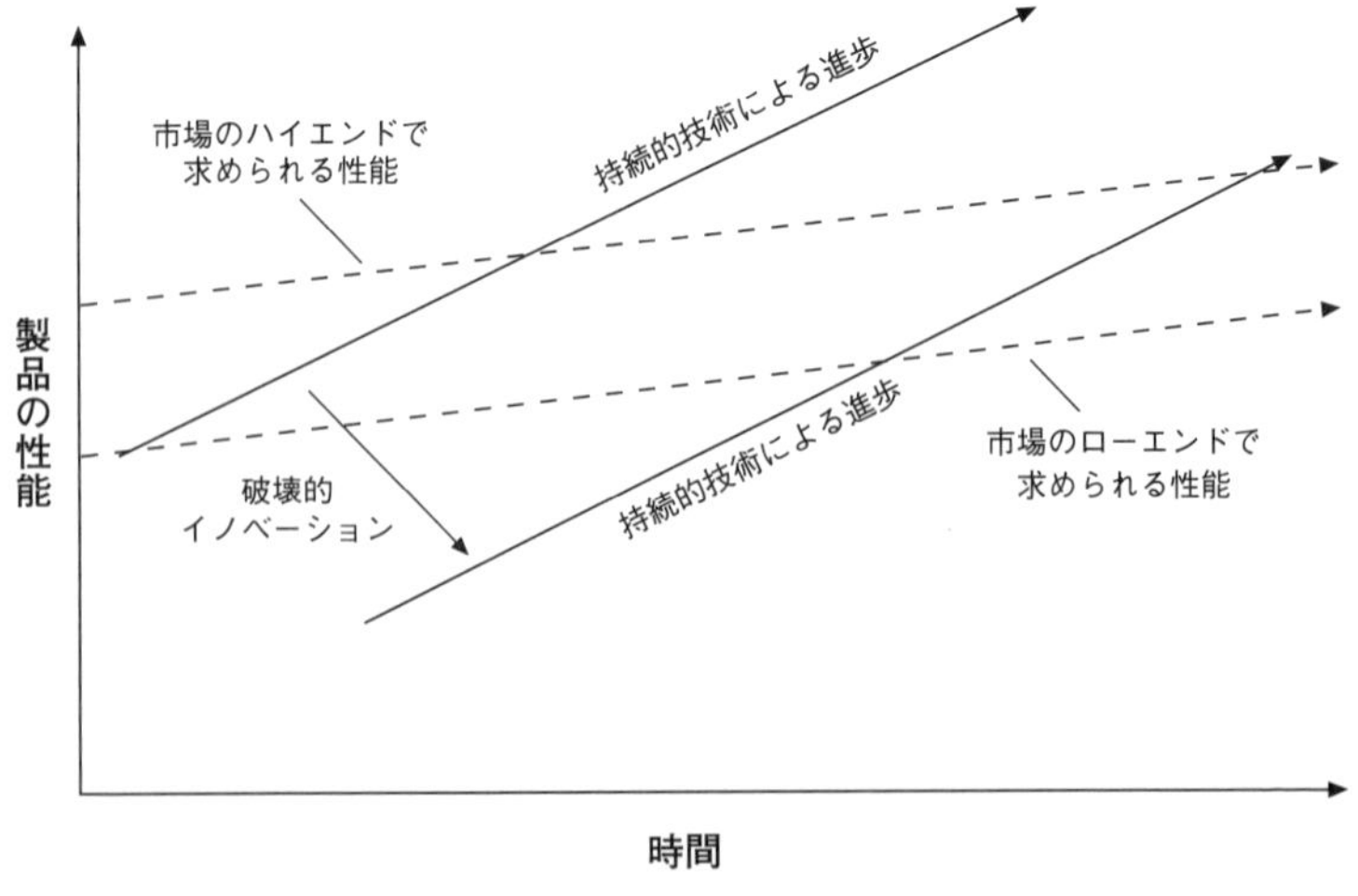

図0.1　持続的イノベーションと破壊的イノベーションの影響

メインフレームの顧客は現在、ファイル・サーバーに接続したデスクトップ・マシンを使って、必要な業務のほとんどができることを知っている。つまり、大方のコンピュータ・ユーザーの需要は、コンピュータ設計者が供給する性能向上より遅いペースで拡大している。同様に、一九六五年の買い物客の多くは、デパートで買い物しなければ期待どおりの品質と品揃えが得られないと感じていたが、現在では、ターゲットやウォルマートで十分である。

破壊的技術と合理的な投資

失敗の構造の最後の要素、安定した企業が、破壊的技術に積極的に投資するのは合理的でないと判断することには、三つの根拠がある。第一に、破壊的製品のほうがシンプルで低価格、利益率も低いのが通常であること。第二に、破壊的技術が最初に商品化されるのは、一般に、新しい市場や小規模な市場であること。第三に、大手企業にとって最も収益性の高い顧客は、通常、破壊的技術を利用した製品を求めず、また当初は使えないこと。概して、破壊的技術は、最初は市場で最も収益性の低い顧客に受け入れられる。そのため、最高の顧客の意見に耳を傾け、収益性と成長率を高める新製品を見いだすことを慣行としている企業は、破壊的技術に投資するころには、すでに手遅れである場合がほとんどだ。

失敗の理論の検証

本書では、破壊的技術の問題を定義し、仮説の「内面的」有効性と「外面的」有効性を立証するよう注意しながら、破壊的技術にどのように対処すればよいかを説明する。第一章と第二章では、ディスク・ドライブ業界の失敗の理論を展開し、四章から九章までの各章の冒頭では、ディスク・ドライブ業界の話に戻って、優秀なマネージャーにとって破壊的技術が扱いづらい理由について理解していく。一つの業界を徹底的に説明するのは、失敗の理論の内面的有効性を立証するためである。この理論またはモデルが、一つの業界のなかで起きた現象を確実に説明できないなら、確信を持ってほかの状況にあてはめることもできない。

第三章と、四章から九章までの後半のセクションでは、失敗の理論の外面的有効性、つまり、この理論をもとに有益な洞察が得られそうな諸々の状況について考える。第三章では、この理論をもとに、ケーブル式掘削機の大手メーカーが、油圧式掘削機のメーカーによって市場から追われた理由を説明し、第四章では、世界の総合鉄鋼メーカーがミニミル技術に直面して苦しんでいる理由を述べる。第五章では、このモデルを使って、ディスカウント・ストアが従来型のチェーン店やデパートより成功したことを検証し、コンピュータ業界とプリンター業界における破壊的技術の影響を探る。第六章では、初期のPDA（携帯情報端末）業界を検証し、電気式モーター制御装置業界が破壊的技術によってどのような打撃を受けたかを復習する。第七章では、オートバイ業界と論理回路業界で、破壊的技術を使った新規参入企業がどのように業界リーダーを追い落としたかを詳しく述べる。第八章では、コンピュータ・メーカーが破壊的技術の犠牲になった過程と、その理由を示す。第九章では、会計ソフト業界とインシュリン業界における同様の現象に注目する。第十章は、この理論を電気自動車のケーススタディに適用し、ほかの業界の研究から学んだ教訓をまとめ、それを利用して電気自動車のチャンスとリスクを評価する方法と、電気自動車を商業的に成功させる方法を示す。第十一章は、本書の結論である。

これらの章全体では、破壊的技術を理解するために、理論的に強力で広範囲に適用でき、経営においいて実践可能な枠組みを提供し、歴史的に見ても特にすぐれた経営を行ってきた企業が、破壊的技術によってどのようにリーダーの座を追われたかを示す。

破壊的イノベーションの法則との調和

一章から四章の内容をまとめた筆者の論文を読んだ同僚は、その運命論のようなものに衝撃を受けたという。成功してきた企業が破壊的イノベーションに直面したときに、すぐれた経営慣行が失敗する要因となるなら、問題に対する一般的な解決策として、これまで以上に綿密に計画し、懸命に努力し、顧客の意見を受け入れ、長期的な視点に立つことは、すべて問題を悪化させることになる。安定した実行力、商品化のスピード、総合的な品質管理、プロセス・リエンジニアリングも悪影響を与える。これが未来の経営者を教育する人びとにとって不穏なニュースであることは言うまでもない。

しかし、五章から十章では、一般的な優良経営の要素のなかにないものの、実は、破壊的技術にうまく対応する現実的な方法があることを示す。あらゆる業界のあらゆる企業は、組織の性質の法則という力のもとに動いており、この法則は、企業になにができ、なにができないかを決める際に強力に作用する。破壊的技術に直面した経営者は、この力に負けたとき、企業を失敗させる。

これは、翼を腕にくくりつけ、高い場所から力一杯羽ばたいて飛びおりた古代の人びとが、例外なく失敗したのに似ている。夢を抱き、必死に努力したが、強力な自然の力に逆らっていたのだ。この戦いに勝てるほど強い人間はいなかった。飛行が可能になったのは、人間が、世界の動きをつかさどる自然の法則や原理、すなわち重力の法則、ベルヌーイの原理、揚力、抗力、抵抗の概念を理解するようになってからのことだ。その後、これらの法則や原理と戦うのではなく、それを認め、その力と調和する飛行システムを設計することによって、人間はついに、かつては想像もできなかった高度と距離を飛行できるようになった。

　五章から十章により、破壊的技術の五つの原則があきらかにされる。人力飛行の例と同様、これらの法則はきわめて強力であり、無視したり戦おうとしても、この嵐をくぐって会社を導いていくには、経営者は無力に等しい。しかし、その力を理解し、戦うのではなく調和すれば、破壊的イノベーションに直面したときにみごとに成功できることを、これらの章では示している。五章から十章は、簡単な答えを求めるためではなく、理解するために読んでいただきたいのだ。本書で述べるようなすぐれた経営者は、個々の状況に応じた最適の答えをみずから見いだす力を備えているにちがいない。しかし、それにはまず、そのような状況が生じた原因と、解決策の実現を左右する力を理解しなければならない。以下の各項では、これらの原則に調和し、順応するために経営者がどうすればよいかをまとめておく。

原則一：企業は顧客と投資家に資源を依存している

　ディスク・ドライブ業界の歴史をみると、実績ある企業は、持続的技術（顧客が求める技術）の新しい波がつぎからつぎへと押し寄せても頂点を守ってきたが、それより単純な破壊的技術に襲われたときには、かならずつまずいている。この事実は、「資源依存の理論」を裏づけている。第五章では、経営者は会社の資源の流れを自分が管理していると考えているかもしれないが、顧客と投資家を満足させる投資パターンを持たない企業は生き残れないため、実質的に資金の配分を決めるのは顧客と投資家であるという理論を要約する。業績のすぐれた企業ほどこの傾向が強く、顧客が望まないアイデアを排除するシステムが整っている。その結果、このような企業にとって、顧客がその技術を求めるようになる前に、顧客が望まず利益率の低い破壊的技術に十分な資源を投資することはきわめて難しい。そして、顧客が求め始めてからでは遅すぎる。

第五章では、経営者がこの法則にしたがいながら破壊的技術に対処する方法を提案する。ごく少数の例外を除いて、主流企業が迅速に破壊的技術で地位を築くことに成功したのは、経営者が自律的な組織を設立し、破壊的技術の周辺に新しい独立事業を立ち上げる任務を与えたときだけである。このような組織は、主流組織の顧客の力から解放され、破壊的技術の製品を求める別の顧客層の間で活動する。つまり、企業が破壊的技術で成功するには、経営者が資源依存の力を無視したり、戦ったりせずに、その力と組織を調和させる必要がある。

この原則が経営者に対して持つ意味は、脅威的な破壊的技術に直面したとき、主流組織の人とプロセスでは、小規模な新しい市場で強力な地位を開拓するために必要な財源と人材を自由に配分できないことである。上位市場で競争するためのコスト構造を持った企業にとって、下位市場でも同様の収益性を達成することは難しい。たいていの破壊的技術の特徴である低い利益率で収益性を達成するためのコスト構造を持った独立組織を設立することが、実績ある企業がこの原則に調和する唯一の有効な手段である。

原則二：小規模な市場では大企業の成長ニーズを解決できない

破壊的技術は、新しい市場を生み出すのが普通である。このような新しい市場にいち早く参入した企業には、遅れた企業に対して、先駆者として大幅な優位を保てることが実証されている。しかし、こういった企業が成功し成長すると、将来大規模になるはずの新しい小規模な市場に参入することがしだいに難しくなってくる。

成功している企業は、株価を維持し、社員の職務範囲が広がるようチャンスを設けるため、成長しつづける必要がある。しかし、四〇〇〇万ドルを売り上げる企業が二〇%の成長率を達成するには、翌年の売上高を八〇〇万ドル増やすだけでよいが、四〇億ドル企業では八億ドルの増収が必要である。これほどの規模を持つ新市場はない。そのため、組織が大規模になり、成功するにしたがい、新しい市場を成長の原動力とすることに無理が生じる。

大企業は、新しい市場が「うまみのある規模に成長する」まで待つことが多い。しかし、第六章で述べる事実は、この戦略が成功しないことが多い理由を示している。

伝統的な大企業の中で、破壊的技術によって生み出された新しい市場で強力な地位をつかんだ企業は、目標とする市場の大きさに見合った規模の組織に、破壊的技術を商品化する任務を与えることによって成功している。小規模な組織のほうが、小規模な市場での好機に容易に対応できる。大企業が定めている、あるいは暗黙のうちに持っている資源配分プロセスのため、その市場がいつか大規模になるとわかっていても、小規模な市場に十分なエネルギーと人材を集中することは難しい。

原則三：存在しない市場は分析できない

確実な市場調査と綿密な計画のあとで計画どおりに実行することが、すぐれた経営の王道である。このような慣行は、持続的イノベーションにおいて、計り知れない価値がある。実際、ディスク・ドライブ業界の歴史のなかで、実績ある企業があらゆる持続的イノベーションのチャンスでリードした最大の理由は、このような慣行にある。持続的技術に対応する際は、市場の規模と成長率がおおむねわかっており、技術の進歩の軌跡が確立され、主な顧客の需要があきらかになっているため、このような合理的なアプローチをとることができる。イノベーションのほとんどは持続的な性質のものなので、たいていの経営者は、分析と計画が可能な持続的環境のなかでイノベーションをマネジメントすることを覚えてきた。

しかし、新しい市場につながる破壊的技術を扱う際には、市場調査と事業計画が役に立った実績はほとんどない。第七章で取りあげるディスク・ドライブ、オートバイ、マイクロプロセッサーの各業界の実績から確実に言えるのは、新しい市場がどの程度の規模になるかについて専門家の予測はかならず外れるということだけだ。

情報が入手でき、計画を立案できる持続的技術では、リーダーシップをとることは、競争上、重要でないことが多い。このような場合、追随者も先駆者も実績は変わらない。先駆者が圧倒的に有利なのは、市場のことがほとんどわからない破壊的イノベーションの場合である。これがイノベーターのジレンマである。

投資のプロセスで、市場規模や収益率を数量化してからでなければ市場に参入できない企業は、破壊的技術に直面したときに、身動きがとれなくなるか、取り返しのつかない間違いをおかす。データがないのに市場データを必要とし、収益もコストもわからないのに、財務予測にもとづいて判断をくだす。持続的技術に対応するために開発された計画とマーケティングの手法を、まったく異なる破壊的技術に適用することは、翼をつけた腕で羽ばたくようなものだ。

第七章では、破壊的技術を追求するための適切な市場と正しい戦略は事前にはわからないという法則を踏まえたうえで、戦略と計画に対する別のアプローチを検討する。この「発見志向の計画」は、予測が外れること、自分たちの戦略もまちがっている可能性があることを、経営者が想定しておくものだ。このように投資とマネジメントを行えば、知るべきことを学ぶための計画を立て、はるかに効率よく破壊的技術に対応することができる。

原則四：組織の能力は無能力の決定的要因になる

経営者はイノベーションの問題に取り組むとき、直観的に、能力のある人材に仕事を任せようとする。しかし、ほとんどの経営者は、適切な人材を見つけると、その人材が働く組織も仕事をうまくやれると考えてしまう。これは危険なことである。組織の能力は、その中で働く人材の能力とは無関係だからだ。組織の能力は二つの要素によって決まる。一つはプロセスである。これは、組織の人員が習得した労働力、エネルギー、原材料、情報、資金、技術といった「インプット」を価値の向上という「アウトプット」に変える方法である。もう一つは組織の価値基準である。これは、組織の経営者や従業員が優先事項を決定するときによりどころとする基準である。人間はきわめて柔軟性が高く、訓練しだいでさまざまな物事をうまくやれる。たとえば、ＩＢＭのような巨大企業の元社員でも、いとも簡単に働き方を変え、小さな新会社で仕事をこなすことができる。しかし、プロセスや価値基準に柔軟性はない。たとえば、ミニコンの設計を管理するのに有効なプロセスは、デスクトップ・パソコンの設計には不適切だろう。また、収益性の高い商品を開発するためにプロジェクトの優先順位を決定する際の価値基準は、収益性の低い商品に当てはめることはできない。組織の能力を生みだすはずのプロセスや価値基準も、状況が変わると組織の無能力の決定的要因になる。

第八章では、経営者が自社の組織のどこに能力があり、どこが無能力かを正確に把握するための枠組みを示す。ディスク・ドライブ業界とコンピューター業界の研究をもとに、組織が手持ちのプロセスや価値基準では新しい問題にうまく対処できない場合に、新しい能力を生みだすために利用できる手段を提供する。

原則五：技術の供給は市場の需要と等しいとはかぎらない

破壊的技術は、当初は主流から離れた小規模な市場でしか使われないが、いずれ主流市場で確立された製品に対抗しうる性能を身につける点が、「破壊的」と呼ぶゆえんである。図0・1に示したように、これは、製品の技術が進歩するペースが、時として主流顧客が求める、または吸収できる性能向上のペースを上回るために起きる。その結果、現在は市場の需要に見合った特徴と機能を持つ製品が、上昇の軌跡をたどり、明日には主流市場のニーズを超える場合がある。また、現在は主流市場の顧客の期待にとうてい及ばない製品が、明日には性能競争力を持つ可能性がある。

第九章では、ディスク・ドライブ、会計用ソフト、糖尿病治療薬などの幅広い市場でこの事態が起きたとき、競争の基盤、すなわち顧客が製品を比較して選択する際の基準が変化することを示す。競合する複数の製品の性能が市場の需要を超えると、顧客は、性能の差によって製品を選択しなくなる。製品選択の基準は、性能から信頼性へ、さらに利便性から価格へと進化することが多い。

経営学の研究者は、製品のライフサイクルの各段階について、さまざまな説明を挙げている。しかし、第九章では、製品の性能が市場の需要を追い抜く現象が、製品のライフサイクルの段階を移行させる最大のメカニズムであると考える。

企業は、競争力の高い製品を開発し優位に立とうとするために、急速に上位市場へと移行する。多くの場合、高性能、高利益率の市場をめざして競争するうちに、当初の顧客の需要を満たしすぎたことに気づかない。そのため、低価格の分野に空白が生じ、破壊的技術を採用した競争相手が入り込む余地ができる。主流顧客がどのように製品を使うのかといった動向を注意深く見きわめる企業だけが、市場で競争の基盤が変化するポイントをとらえることができる。

破壊的技術の脅威と機会を正しく理解するために

破壊的技術によって市場が侵食されると、優秀な経営者でさえ大きくつまずくことが明確に実証されている。これらの知識を理解した経営者や研究者のなかには、ここまでの話から不安を感じている人もいるだろう。なによりも、自分の事業が破壊的技術の攻撃対象になるかどうか、どうすれば手遅れにならないうちに攻撃から事業を守れるかを知りたいと考える。また、起業のチャンスをねらって、新しい企業や市場をつくれそうな破壊的技術を見いだすにはどうすればよいかと考える人もいるだろう。

第十章では、少々変わった方法でこれらの疑問に答える。質問事項や分析事項のチェックリストを提供するのではなく、技術革新のなかでも特にやっかいだが広く知られた問題、電気自動車について事例研究を試みる。筆者自身を、カリフォルニア州大気資源委員会による州内の電気自動車販売の義務化に取り組む大手自動車メーカーの電気自動車開発担当マネージャーと想定し、電気自動車がほんとうに破壊的技術かどうかという問題を検証したうえで、このプログラムを計画し、戦略を設定し、成功に導く方法を提案する。ほかのすべての事例研究と同様、この章の目的は、この挑戦に対する正しい回答と思われるものを提案することではなく、破壊的イノベーションをマネジメントする問題について、さまざまな状況で役立つと考えられる方法論や思考方法を提案することである。

第十章では、「優良」企業の失敗は、最も収益性の高い顧客が求める製品やサービスに積極的に投資することから始まるというイノベーターのジレンマについて、理解を深めていく。現在の自動車メーカーで、電気自動車に脅かされている企業はないし、電気自動車分野への大胆な進出を計画している企業もない。自動車業界は健全である。ガソリン・エンジンの信頼性はかつてないほどに高まっている。これほどの低価格で、これほど高い性能と品質が得られたことはかつてない。政府の規制がなければ、実績ある自動車メーカーが電気自動車を追求する理由はないだろう。

しかし、電気自動車は破壊的技術であり、将来、脅威となるポテンシャルがある。イノベーターの責務は、このようなイノベーション、すなわち現時点ではナンセンスな破壊的技術を企業のなかで真剣に受け止め、しかも、利益と成長をもたらす現在の顧客のニーズをないがしろにしないことである。第九章で具体的に示すように、この問題を解決するには、新しい市場を検討し、新しい価値の定義のもとに注意深く開拓すること、その市場独自の顧客ニーズに合わせて慎重に規模と目標を設定した組織に、新しい事業構築の任務を与えることが必要である。

新しい破壊的イノベーションはどこで起きるか

『イノベーションのジレンマ』の初版発行以降、特にうれしかったのは、思いもよらない業界を代表する人びとから、本書に掲げた過去の事例と同様の力学によって、自分たちの業界に破壊が起こりつつあると教えていただいたことだ。その一部を次ページの表に挙げる。インターネットが、多くの業界に破壊をもたらすインフラ技術となっていることは、驚くにあたらない。

この表からわかるように、新しい技術または新しい事業モデルとして挙げたイノベーションが、確立された技術を破壊し始めている。現在、確立された技術を使って業界をリードしている企業は、この攻撃のなかを生き延びることができるだろうか。未来は過去とは違うことを願いたい。また、経営者がこれらの破壊の意味を正しく理解し、本書で説明する基本原則に逆らわず、調和する対応策をとれば、未来は変えられると信じている。

確立された技術	破壊的技術
ハロゲン化銀写真フィルム	デジタル写真
固定電話	携帯電話
回路交換電気通信網	パケット交換通信網
ノート・パソコン	携帯デジタル端末
デスクトップ・パソコン	ソニー・プレイステーションII、インターネット端末
総合証券サービス	オンライン証券取引
ニューヨーク証券取引所、NASDAQ証券取引所	電子証券取引ネットワーク（ECNs）
手数料制新株・債券発行引受サービス	インターネット上のダッチ・オークション方式による新株・債券発行
銀行上層部の個人的判断による信用決定	信用スコア方式による自動融資決定
ブリック・アンド・モルタル式の小売業	オンライン小売業
工業原料流通業者	ケムデックス、Ｅスチールなどのwebサイト
印刷された挨拶状	インターネットでダウンロードできる無料挨拶状
電力会社	分散発電（ガス・タービン、マイクロ・タービン、燃料電池）
経営大学院	企業内大学、社内マネジメント研修プログラム
キャンパスと教室での授業	主にインターネットを利用した遠隔教育
標準的な教科書	カスタム・メイドのモジュール式デジタル教科書
オフセット印刷	デジタル印刷
有人戦闘機・爆撃機	無人航空機
Microsoft WindowsとC++で開発されたアプリケーション	インターネット・プロトコル（IP）とJavaアプリケーション
医師	開業看護婦
総合病院	外来診療所、在宅医療
外科的手術	関節鏡・内視鏡手術
心臓バイパス手術	血管形成術
磁気共鳴断層検査（MRI）とコンピューター断層検査（CT）	超音波断層検査（最初は大型装置、のちにポータブル装置）

第一部　優良企業が失敗する理由

写真: IBMが開発した最初のディスクドライブ
資料: IBM

第一章　なぜ優良企業が失敗するのか
――ハードディスク業界に見るその理由――

なぜ優良企業が失敗するのかという疑問に取り組みはじめたとき、ある友人から賢明な助言を受けた。「遺伝の研究者は人間を研究対象にしない。新しい世代が現れるのは三〇年に一度かそこら、変化の因果関係を理解するには長い時間がかかる。だから、一日のうちに受精し、生まれ、成長し、死に至るショウジョウバエを使うのだ。産業界でなにかが起きる理由を理解したいのなら、ディスク・ドライブ業界を研究するといい。ディスク・ドライブ・メーカーは、産業界で最もショウジョウバエに近い存在だ」。

たしかに、産業界の歴史のなかで、技術、市場構造、全体規模、垂直統合がこれほど広範囲にわたって急速に進化しつづけてきた業界は、ディスク・ドライブ業界をおいてほかにない。このような急激で複雑な変化は、経営者にとっては悪夢かもしれないが、研究対象としては、友人の言うとおりすばらしい。どのような変化が起きたらどのような企業が成功または失敗するという仮説を立て、業界の変化のサイクルが繰り返されるたびにその仮説を検証する機会がこれほど得やすい業界はめったにない。

この章では、複雑なディスク・ドライブ業界の歴史の概略を示す。その歴史自体に興味を持つ読者もいるだろう。* しかし、ディスク・ドライブ業界の歴史を理解することに価値があるのは、複雑ななかにも驚くほど単純で一貫した要因によって、幾度となく業界リーダーの明暗が分かれてきたことに気づくからだ。簡単にいうと、優良企業が成功するのは、顧客の声に鋭敏に耳を傾け、顧客の次世代の要望に応えるよう積極的に技術、製品、生産設備に投資するためだ。しかし、逆説的だが、その後優良企業が失敗するのも同じ理由からだ。顧客の声に鋭敏に耳を傾け、顧客の次世代の要望に応えるよう積極的に技術、製品、生産設備に投資するからなのだ。ここにイノベーターのジレンマの一端がある。すぐれたマネージャーは顧客と緊密な関係を保つという原則に盲目的に従っていると、致命的な誤りをおかすことがある。

＊ここでは、金属の円盤にデータを記録する固定ディスクドライブ、つまりハードディスクのメーカーのみに注目する。これまでのところ、フロッピーディスク・ドライブ（薄いフィルムを酸化鉄でコーティングした取り出し可能なディスクにデータを記録する装置）のメーカーは、ハードディスク・ドライブのメーカーとは別の企業である。

ディスク・ドライブ業界の歴史は、顧客と緊密な関係を保つべきときと、そうすべきでないときを理解する足がかりを与えてくれる。この足がかりの確かさを知るには、業界の歴史を注意深く調べるしかない。その歴史の一部を、この章を始めとする本書のなかで紹介するが、それらと照らして読者自身の業界について考察してみると、自社や競争相手の命運に同様のパターンが潜んでいることが理解できるだろう。

ハードディスクのしくみ

ハードディスク・ドライブは、コンピュータが使う情報を読み書きする装置である。アームの先端に磁気ヘッドが取り付けられ、レコード・プレーヤーのアームと針がレコードの上をすべるよう、ヘッドが回転するディスクの表面を左右に動く。ディスクは、アルミかガラスを磁性体でコーティングしたも

図1.1　一般的なハードディスクの主要部品

のである。電気モーターは、少なくとも、ディスクの回転を駆動するスピン・モーターと、ヘッドをディスク上の適切な位置に移動するアクチュエーター・モーターの二つがある。さらに、ドライブの動作とコンピュータとのインタフェースを制御する各種の電気回路がある。図1・1に、一般的なハードディスクの内部構造を示す。

ヘッドは小さな電磁石で、内部を通る電流の方向に応じて極性が変化する。異なる極性同士が引き合うため、ヘッドの極性がプラスになると、ヘッドの下のディスク領域はマイナスに、ヘッドの極性がマイナスになると、ディスク領域はプラスに切り替わる。ヘッドの下のディスクが回転している状態で、ヘッドの電磁石に電流が通る方向をすばやく切り換えると、ディスク表面に同心円状にプラスとマイナスの磁区が交互にできる。ディスク・ドライブは、ディスク上のプラスの磁区とマイナスの磁区を二進数、つまり1と0に置き換え、ディスクに情報を書き込む。ドライブがディスクから情報を読み取る方法は、逆のプロセスとなる。ディスク表面の磁場が、ヘッドを流れる微弱電流を変化させるのである。

初期のディスク・ドライブの誕生

一九五二年から五六年にかけて、IBMサンノゼ研究所の研究チームが最初のディスク・ドライブを開発した。RAMAC（ランダム・アクセス式計算制御）という名前のこのドライブは、大型冷蔵庫ほどの大きさで、二四インチ・ディスクが五〇枚組み込まれ、五MB《メガバイト》の情報を記憶できた（図1・2）。このほか、今日のディスク・ドライブのデザインを決定づける基本設計概念と部品技術のほとんどは、IBMで開発された。そのなかには、取り替え可能ディスク・パック（一九六一年）、フロッピーディスク・ドライブ（一九七一年）、ウィンチェスター・アーキテクチャー（一九七三年）などがある。いずれも、この業界の技術者がディスク・ドライブの定義とその機能を考える際に、決定的な影響力を持つようになった。

IBMが自社のニーズに対応するためにドライブを開発する一方で、二つの市場にディスク・ドライブを供給する独立した業界が生まれた。数社は六〇年代に互換品の市場を開拓し、IBMのドライブをそのまま高性能にした製品を、割安な価格で直接IBMの顧客に販売した。コントロール・データ、バローズ、ユニバックなど、コンピュータ市場でIBMと競争していた企業のほとんどは、自社用ディス

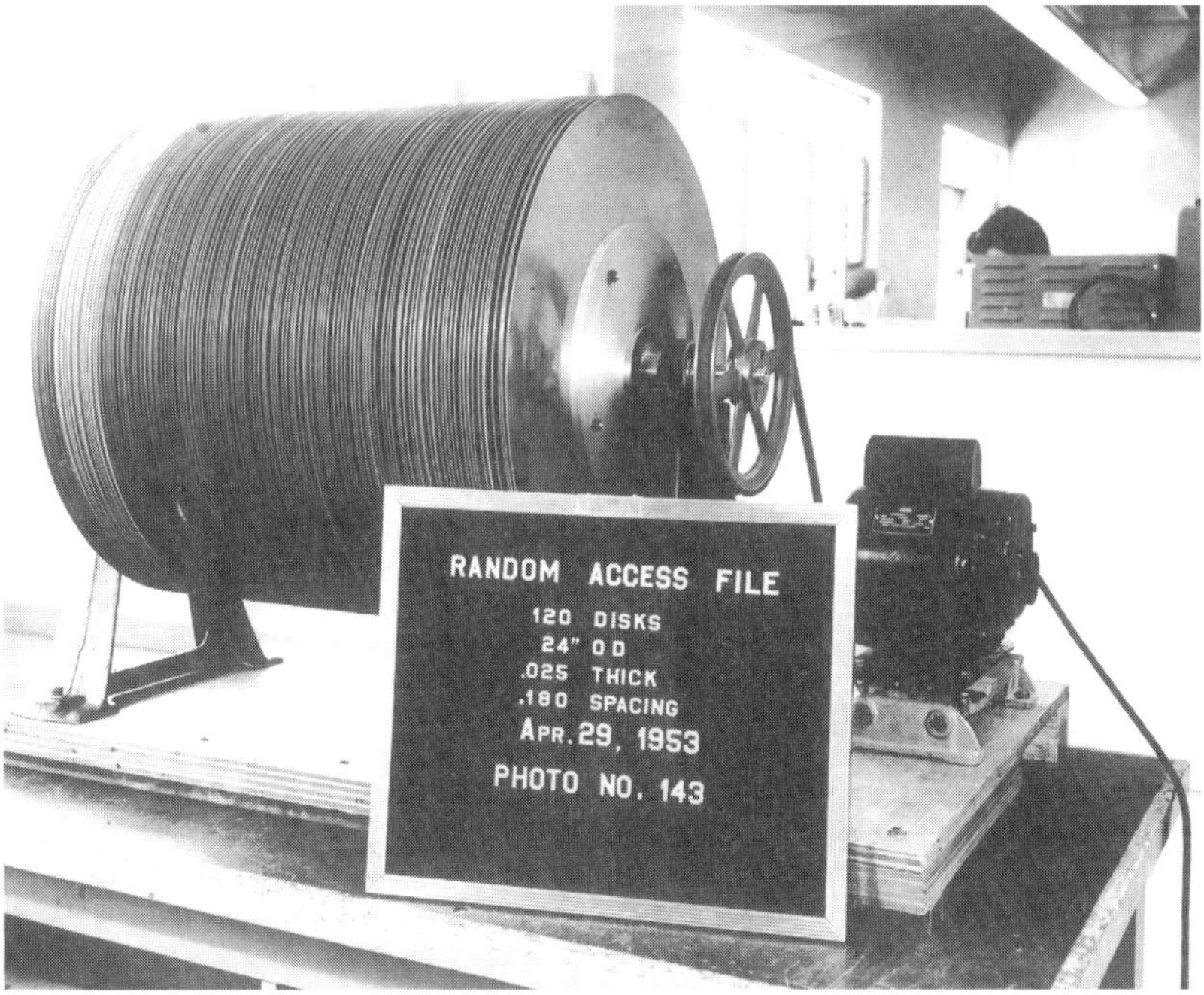

図1.2　IBMが開発した最初のディスク・ドライブ
資料：IBM

ク・ドライブのメーカーを垂直統合していたが、七〇年代になって、ニックスドーフ、ワング、プライムなど、統合されない小規模なコンピュータ・メーカーが現れると、ディスク・ドライブの相手先ブランド供給市場（ＯＥＭ）も急成長した。一九七六年には、ディスク・ドライブの生産高は一〇億ドル規模となったが、そのうち自社生産が五〇％、ＰＣＭとＯＥＭが二五％ずつを占めた。

それからの一二年間、市場の急拡大とともに業界は大きく変動し、技術革新によって高性能化が進んだ。一九九五年には、ディスク・ドライブの生産高は約一八〇億ドルとなった。八〇年代半ばには、ＰＣＭ市場の意義は薄れ、ＯＥＭの生産高が全世界の生産高の約四分の三を占めるに至った。一九七六年に業界を構成していた一七社は、ディアブロ、アンペックス、メモレックス、ＥＭＭ、コントロール・データなど、いずれも比較的規模の大きい多角化した企業だったが、ＩＢＭのディスク・ドライブ事業部を除く全社が、一九九五年までに倒産したか、買収された。この間さらに一二九社が業界に参入し、そのうち一〇九社が失敗した。ＩＢＭ、富士通、日立、ＮＥＣを別として、一九九六年に生き残っているメーカーは、すべて一九七六年以降に新会社として業界に参入した企業である。

最初に業界を創った統合メーカーがほとんど生き残らなかったのは、技術革新のペースがとてつもなく早かったからだという見方もある。たしかに、技術革新の速さは息をのむほどだ。一インチ四方のディスク面に書き込める情報量は、年平均三五％増加し、一九六七年の五〇キロビットから七三年に一・七メガビット、八一年に一二メガビット、九五年には一一〇〇メガビットに達した。ほぼ同じペースで、ドライブの外寸も小さくなっていった。二〇ＭＢのデータを収めるドライブの最小容積は、一九七八年には一万三〇〇〇立方センチメートルだったが、九三年には二三立方センチメートルとなり、年平均三五％縮小したことになる。

図１・３は、業界で過去に出荷されたディスク記憶容量の累積テラバイト数（一テラバイト＝一〇〇〇ギガバイト）と、記憶領域一ＭＢあたりの恒常ドル価格の相関を示すものだが、このグラフを見ると、業界の経験曲線が五三％だったことがわかる。これは、累積出荷テラバイト数が倍増するごとに、一ＭＢあたりの価格が以前の水準の五三％まで下がるということだ。ほかの多くのマイクロエレクトロニクス製品市場では七〇％なのに対し、はるかに急激に低価格化が進んでいる。一ＭＢあたりの価格は、一

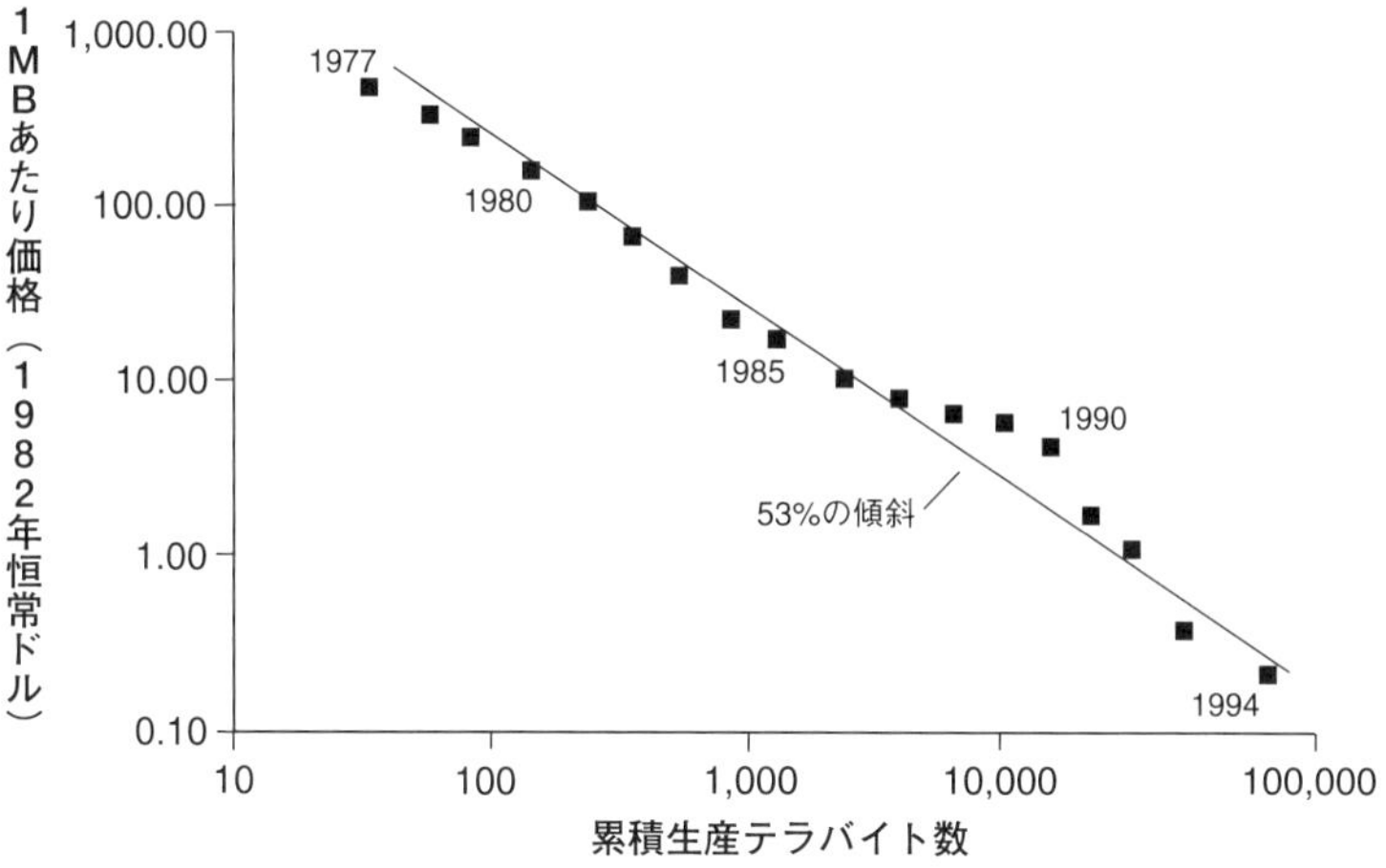

図1.3　ディスク・ドライブ価格の経験曲線
資料：『ディスク／トレンド・レポート』各号のデータ

二年以上にわたって、1四半期あたり約五％のペースで低下している。

技術革新の影響

ディスク・ドライブ業界のリーダーが、その地位を守りつづけることができなかった理由を調べるうちに、わたしは「技術泥流説」という仮説を立てるに至った。仮借なき技術革新の波に対応することは、押し寄せる泥流に逆らって坂を登るのに似ている。頂上にとどまるには、あらゆる手段を駆使してよじ登らなければならず、立ち止まって一息つこうものなら泥に埋もれてしまう。

この仮説を検証するため、世界のディスク・ドライブ業界の企業すべてが一九七五年から九四年の各年に発売したあらゆるモデルのディスク・ドライブについて、技術仕様と性能のデータベースを作成し、分析した*。このデータベースによって、さまざまな新技術を最初に導入した企業を特定し、時間の経過とともに新技術がどのように業界全体に広がっていったかを追跡し、どの企業が進んでいたか、どの企業が遅れていたかを調べ、それぞれの新技術がディスク・ドライブの記憶容量、速度などの性能指標にどのような影響を与えたかを測定することができた。業界の技術革新の歴史を注意深く再現することにより、新規参入企業を成功へと導き、実績ある大手企業を失敗へと追い込んだ変化を見きわめることができた。

＊この分析に使ったデータの大部分は、ディスク・ドライブ・メーカー発表の詳しい製品仕様書などを掲載した、すぐれた年刊市場調査誌、『ディスク／トレンド・レポート』をもとにした。こころよくこのプロジェクトを支援してくださったディスク／トレンド社の編集者とスタッフに感謝したい。

今回の調査で、先人の研究から予想していたのとはまったく別の見方を技術革新に対して持つようになった。要するに、大手企業の失敗の根底にあるのは、技術革新の速さや難しさではないことがわかったのだ。技術泥流説はまちがっていた。

ほとんどの製品のメーカーは、長期にわたって性能向上の軌跡を残している。たとえば、インテルはマイクロプロセッサーの処理速度を一九七九年の８０８８プロセッサーの八ＭＨｚ《メガヘルツ》から九四年のペンティアムの一三三ＭＨｚまで、年率約二〇％で高めている。イーライ・リリーは、インシュリンの不純物濃度を一九二五年の五万ｐｐｍから八〇年には一〇ｐｐｍとし、年率一四％で純度を高めている。こうして性能向上の軌跡を数字にしてみると、新技術によって旧製品より新しい製品のほうが高性能化するかどうかという質問に対しては、考えるまでもない。

しかし、技術革新がまったく別の影響を与えることがある。たとえば、ノート・パソコンはメインフレームよりすぐれているだろうか。この問いに答えるのは難しい。ノート・パソコンは、メインフレームで測定する性能とは次元の異なる性能を持ち、まったく新しい性能の軌跡を確立したからだ。したがって、ノート・パソコンは、まったく別のユーザーに販売されている。

ディスク・ドライブの歴史にみられる技術革新について調べるうちに、技術革新には二通りあり、それぞれが大手企業に対してまったく異なる影響を与えてきたことがわかってきた。一つは、主に記憶容量と記録密度によって測られる性能の向上を持続する技術で、漸進的な改良から抜本的なイノベーションまで多岐にわたる。業界の主力企業は、常に率先してこのような技術の開発と採用を進めてきた。もう一つの技術革新は、性能の軌跡を破壊し、塗りかえるもので、幾度となく業界の主力企業を失敗に導いてきた＊。

＊この研究の結果が、ほかの研究を基礎にしながらも、先人の技術革新に関する研究と異なっていることについては、第二章で詳しく述べる。

以下、この章では、持続的技術と破壊的技術の違いを示すため、両者の典型例を挙げたり、それらが業界の発展にどうかかわってきたかを述べていく。なかでも、新技術の開発や採用に関して、実績ある企業が新規参入企業に比べてどれだけ進んでいたか、あるいはどれだけ遅れていたかに注目する。これらの例を検討する前に、業界の新技術を一つずつ調べた。一つ一つの変化が起きた時点で、どの企業が進んでいて、どの企業が遅れていたかを分析するにあたっては、その技術の出現以前に業界で実績を築き、過去の技術を実践してきた企業を「実績ある企業」とした。また、技術革新の時点で、業界に参入したばかりの企業を「新規参入企業」とした。つまり、業界の歴史のある時点、たとえば、八インチ・ドライブが現れた時点では新規参入企業と見なされた企業が、そのあとで現れた技術について調査した時点では、実績ある企業と見なされるケースもある。

持続的イノベーション

ディスク・ドライブ業界の歴史における技術革新は、確立された性能向上の軌跡を持続し、推し進めるものがほとんどだ。図1・4は、数世代にわたるヘッド技術とディスク技術を採用したドライブの平均記録密度を比較したものだが、この事実を顕著に表している。一本目の線は、従来の酸化物粒子ディスク技術とフェライト・ヘッド技術を使ったディスクの密度をグラフにしたもの。二本目は、新技術である薄膜ヘッドとディスクを使ったドライブの平均密度のグラフ。三本目は、最新のヘッド技術である磁気抵抗（MR）ヘッドによる密度の向上をグラフ化したものである。*

*最初のヘッド製造技術は、鉄酸化物（フェライト）の芯に細い銅線を巻きつけたもので、「フェライト・ヘッド」という。この方法を少しずつ改良するため、フェライトをできるだけ細く成形したり、巻き付けの技法を改良したり、フェライトにバリウムを添加して強化する方法がとられた。「薄膜ヘッド」は、フォトリソグラフィーを使い、シリコン・ウエハーにICを作るのと同様の技術でヘッド表面に電磁石をエッチングしたもの。一般のIC製造よりはるかに分厚い材質を扱うため、難しかった。九〇年代半ばから採用された第三の技術は、「磁気抵抗（MR）ヘッド」という。これも薄膜フォトリソグラフィーによって作られるが、ディスク表面の磁場が変化すると、ヘッドの回路の電気抵抗が変化するという原理を利用する。電流の方向の変化ではなく、抵抗の変化を測定するため、MRヘッドの方がはるかに感度が高く、以前の技術に比べてデータの記録密度を高めることができる。ディスク技術の進化のなかで、ごく初期のディスクは、なめらかなアルミの円盤の表面を、細い針のような鉄酸化物の粒子、つまり錆でコーティングして作られた。そのため、これらのディスクは「酸化物」ディスクと呼ばれる。この技術を漸進的に改良するため、鉄酸化物の粒子をこまかくしたり、それらの粒子を均等に分散させたり、アルミ円盤上のコーティングされていない空間を減らす方法がとられた。この技術にかわって現れたのが、やはり半導体加工から生まれたスパッタ技術で、厚さ数オングストロームの金属薄膜でアルミの円盤を覆う方法である。薄膜ディスクは層が薄いこと、粒子ではなく連続面であること、磁力の強い磁気物質を選んで被覆できることから、酸化物ディスクより高密度の記録が可能になった。

このような新技術が現れ、従来の技術のパフォーマンスを追い越す過程は、技術のSカーブがいくつか交わるのに似ている*。Ｓカーブに沿って技術が進化するのは、通常、既存の技術アプローチのなかで少しずつ改良が進んだ結果であり、つぎの技術曲線に乗り換えることは、抜本的な新技術を採用することを意味する。図１・４の例では、フェライト・ヘッドを細く、精密な寸法に加工したり、ディスクに酸化物粒子をこまかく均等に付着させるといった、ゆっくりとした進化により、一九七六年から八九年の間に、記録密度は一メガビット／平方インチ（Ｍｂｐｓｉ）から二〇Ｍｂｐｓｉまで向上した。Ｓカーブの理論どおり、フェライトと酸化物の技術による記録密度の向上は、この期間の終わり頃には横ばいに近づき、技術が成熟したことを示した。かわって、薄膜ヘッドと薄膜ディスクの技術の影響により、従来どおりの速さで性能の向上は持続した。薄膜ヘッド技術が確立したのは、九

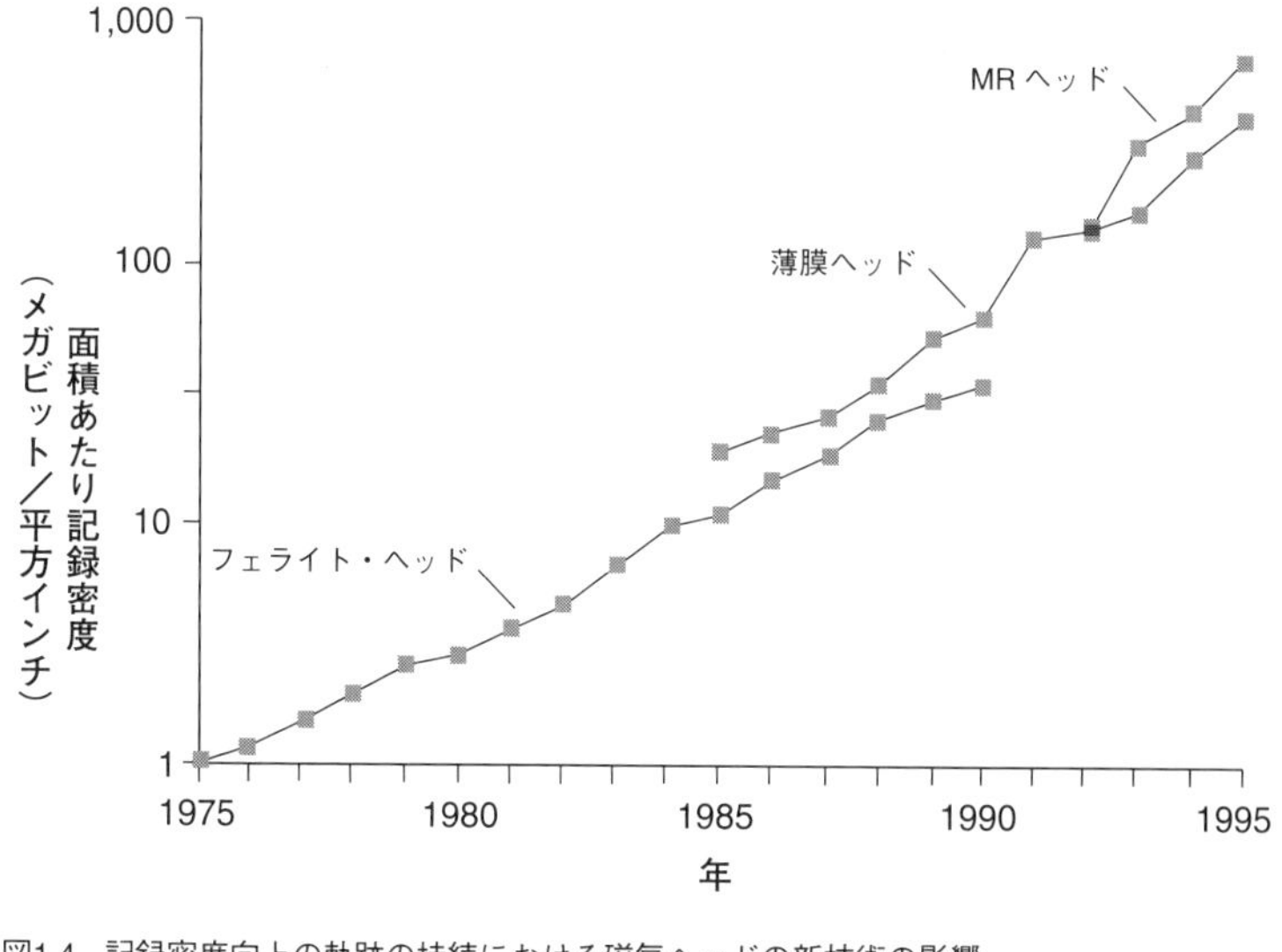

図1.4　記録密度向上の軌跡の持続における磁気ヘッドの新技術の影響
資料：『ディスク／トレンド・レポート』各号のデータ

○年代初期のことだが、このときにはすでに、さらに進化したMRヘッド技術が生まれていた。MR技術の影響で、性能向上の速さは持続、あるいはさらに加速した。

＊リチャード・フォスター著『イノベーション――限界突破の経営戦略』（TBSブリタニカ、一九八七年）

図1・5に、まったく性質の異なる持続的イノベーションをグラフにした。これは、一九六二年から七八年まで主流だった取り替え可能ディスク・パックにかわって一四インチ・ウィンチェスター・ドライブが普及するという、製品アーキテクチャーのイノベーションを表したものだ。フェライトと酸化物にかわって薄膜が現れたときと同様、ウィンチェスター技術の影響で、従来の性能向上のペースは持続した。ほかにも、埋め込みサーボ・システム、RLLやPRMLといった符号化方式、モーターの高回転化、内蔵インタフェースなど、この業界のたいていの技術革新について、同様のグラフを作成できる。これらのなかには、単純な技術改良もあれば、抜本的なイノベーションもある。しかし、業界におよぼす影響はいずれも同様である。メーカーが顧客の期待どおり、従来のペースで性能の向上を持続するのに役立っている。＊

＊図1・1と図1・2に示したような技術革新の例をみると、ジョバンニ・ドージーらが言う「不連続性」という不適切な言葉があいまいに聞こえる。図1・4に示したヘッド技術、ディスク技術のイノベーションは、確立された技術の軌跡におけるプラスの不連続性を表しているが、図1・7のように軌跡を破壊する技術革新は、マイナスの不連続性を表している。以下に述べるように、実績ある企業は、プラスの不連続性を乗り越えて業界をリードしつづける能力は持っているが、マイナスの不連続性に直面すると、業界でのリードを失うのが通常である。

ディスク・ドライブ業界に持続的イノベーションが起きるときには、かならず実績ある企業が率先して開発と商品化をおこなっている。新しいディスク技術とヘッド技術の出現が、このことを物語っている。

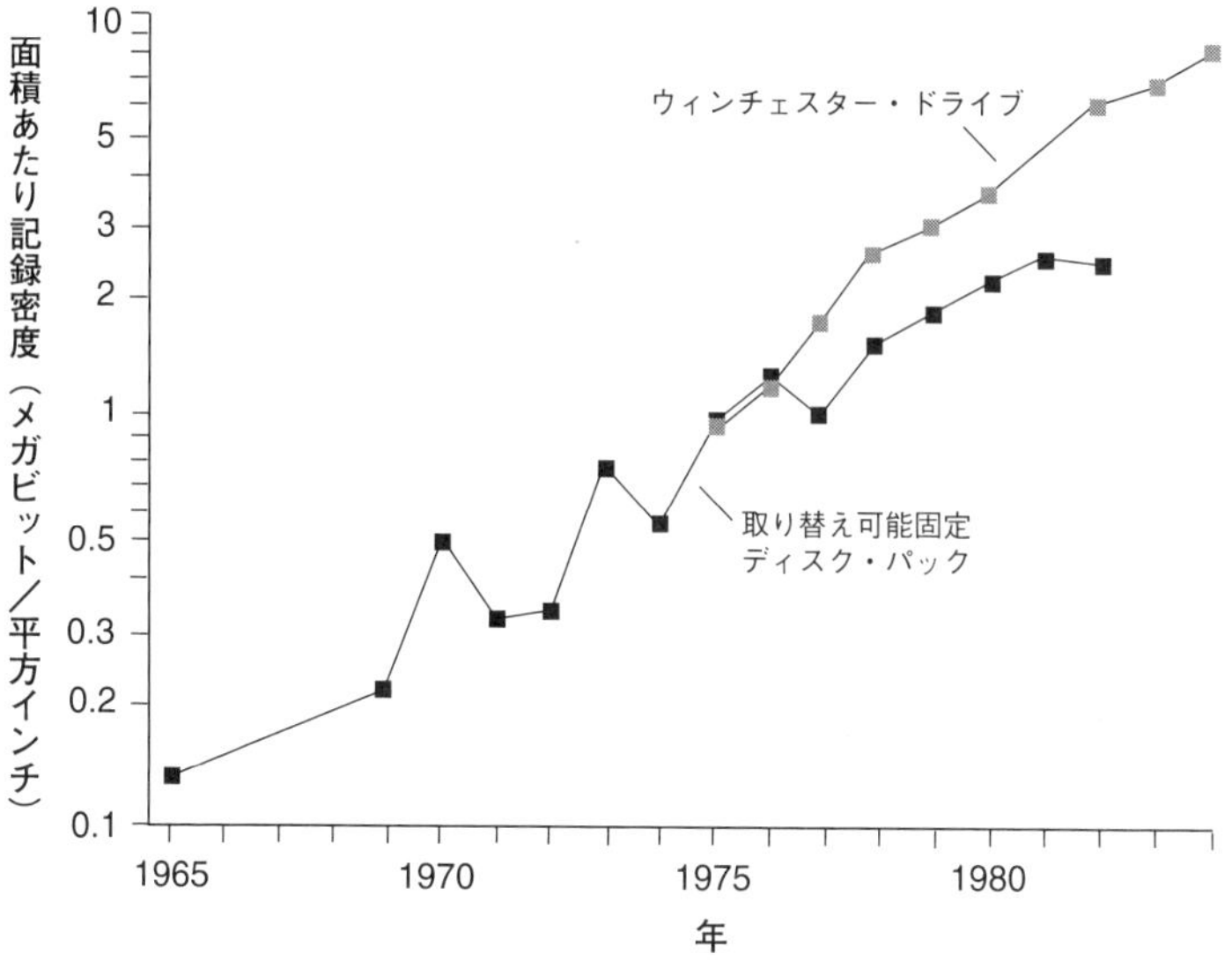

図1.5　ウィンチェスター・アーキテクチャーが14インチ・ディスク・ドライブの記録密度に与えた持続的な影響
資料：『ディスク／トレンド・レポート』各号のデータ

七〇年代には、数社が、酸化物ディスクに詰め込める情報量は限界に近づきつつあると気づいた。対策として、各メーカーは、磁気金属の薄膜でアルミを覆う方法を研究しはじめ、これまでどおりの記録密度の上昇率を維持しようとした。当時、薄膜コーティングの技術はＩＣ業界では広く採用されるようになっていたが、磁気ディスクへの応用はまだ大きな挑戦だった。専門家によると、薄膜ディスク技術の先駆者であるＩＢＭ、コントロール・データ、デジタル・イクイップメント（ＤＥＣ）、ストレージ・テクノロジー、アンペックスなどは、この開発のために、一社あたり平均八年間、五〇〇〇万ドル以上を投じたと推定される。一九八四年から八六年の間に、一九八四年の時点で事業を営んでいたメーカーの約三分の二が、薄膜フィルム・ディスクを使ったドライブを発売している。このうち大多数は、業界で実績のある既存企業である。第一号の製品から薄膜ディスクを使おうとした新規参入企業はわずかで、そのほとんどは、参入してすぐに撤退した。

薄膜ヘッドについても、同様のパターンがみられる。フェライト・ヘッドのメーカーは、一九六五年頃には、この技術の改良が限界に近づきつつあることに気づいていた。一九八一年には、そろそろ精度の限界に達すると考えるメーカーが多かった。研究者は、記録ヘッドに金属の薄膜を付着させ、フォトリソグラフィーによって、フェライト技術の場合よりはるかにこまかい電磁石をエッチングする薄膜技術に転換した。この技術もきわめて難しいものだった。一九七六年にバローズ、一九七九年にIBM、続いてその他の実績ある企業が、初めて薄膜ヘッドをディスク・ドライブに組み込むことに成功した。一九八二年から八六年の間に、約六〇社が固定ディスク・ドライブ業界に参入したが、最初の製品から薄膜ヘッドを採用し、性能で優位に立とうとしたのは四社だけで、そのいずれも商業的には失敗だった。その他の新規参入企業はすべて、マクスターやコナー・ペリフェラルズのような大胆な性能志向の企業でさえも、まず従来のフェライト・ヘッドの使い方を学び、つぎに薄膜技術に取り組んだほうがよいと判断した。

薄膜ディスクの場合と同様に、薄膜ヘッドを導入するには、実績ある企業でなければ対応できないような持続的な投資が必要となった。IBMとその競合相手は、薄膜ヘッドの開発に、各社とも一億ドル以上をつぎ込んだ。次世代のMRヘッド技術でも同じパターンが繰り返された。競争をリードしたのは、業界大手のIBM、シーゲート、カンタムである。

実績ある企業は、薄膜ヘッドや薄膜ディスクのようなリスクもコストも高い複雑な部品技術の開発ばかりでなく、これまでこの業界に起きたすべての持続的イノベーションをリードしていた。ディスクの記録密度を二〜三倍に高めたＲＬＬ符号化技術のような比較的簡単な技術革新でさえ、まず最初に成功したのは実績ある企業であり、新規参入企業はあとから続いた。ウィンチェスター・ドライブの一四インチから二・五インチへの小型化など、性能向上の軌跡を持続する効果のあるアーキテクチャーのイノベーションについても同じことがいえる。実績ある企業は新規参入企業より進んでいた。

図１・６は、新しい持続的技術が現れた時期に、その技術をベースにした製品を提供する企業の間で、実績ある企業と新規参入企業のどちらが技術的に進んでいたかを表している。ここには驚くほど一貫したパターンがみられる。技術革新が抜本的か漸進的か、コストが高いか低いか、ソフトウェアかハードウェアか、部品かアーキテクチャーか、技術蓄積向上型か技術蓄積破壊型かにかかわらず、パターンは変わらない。既存の技術で優位に立つ企業は、いままで以上に既存顧客の要望に沿える持続的な技術革新が見つかれば、率先して新しい技術を開発し、採用してきた。この業界の主力企業が、消極的すぎた、傲慢だった、リスクをおそれたなどの理由で失敗したわけでも、おそるべき速さの技術革新についていかなかったために失敗したわけでもないことはあきらかだ。技術泥流説はまちがっていた。

破壊的イノベーションのなかでの失敗

ディスク・ドライブ業界の技術革新のほとんどは、ここまでに述べたような持続的イノベーションによるものだ。一方、破壊的技術と呼ばれる、異なる種類の技術革新はごくわずかしか存在しなかった。そしてこれこそが、業界のリーダー企業を失敗に追い込んだのである。

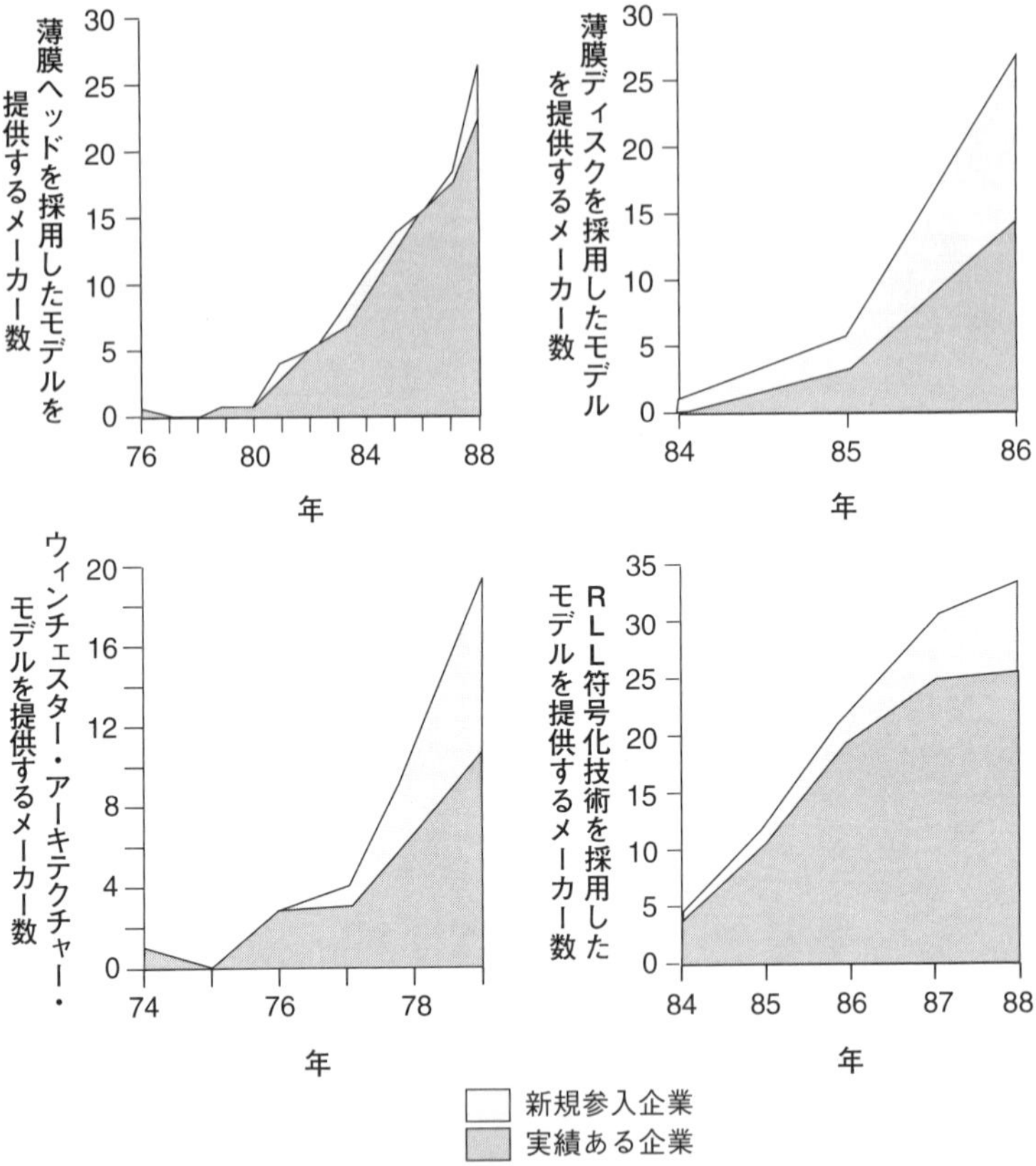

図1.6　持続的技術における実績ある企業のリーダーシップ
資料：『ディスク／トレンド・レポート』各号のデータ

破壊的イノベーションのなかで最も重要なものは、ドライブが小型化する要因となったアーキテクチャーのイノベーションである。ディスクの直径は一四インチから八インチ、五・二五インチ、三・五インチ、そして二・五インチから一・八インチへと縮小した。表1・1は、これらがいかに破壊的かを示すものである。一九八一年のデータにもとづき、まだ市場に出て一年とたっていない新しいアーキテクチャーである五・二五インチ・ドライブの平均的な性能データと、当時ミニコン・メーカーが採用していた標準的なドライブである八インチ・ドライブの平均的な性能データを比較してみた。実績あるミニコン・メーカーにとって重要な指標である容量、一MBあたりコスト、アクセス・タイムでは、八インチ製品のほうがはるかにすぐれている。五・二五インチのアーキテクチャーは、当時認識されていたミニコン・メーカーのニーズに応えていない。むしろ、五・二五インチ・ドライブは、一九八〇年から八二年にかけて成長しはじめたばかりのデスクトップ・パソコン市場にとって魅力的な特徴を備えていた。小型、軽量で価格も二〇〇〇ドル前後なので、コスト的にもデスクトップ・マシンに組み込むことができた。

表1.1　破壊的イノベーション――5.25インチ・ウィンチェスター・ディスク・ドライブ（1981年）

属性	8インチ・ドライブ（ミニコン市場）	5.25インチ・ドライブ（デスクトップ・コンピュータ市場）
容量（MB）	60	10
容積（cm³）	9275	2458
重量（kg）	9.5	2.7
アクセス・タイム（ミリ秒）	30	160
1MBあたりコスト（ドル）	50	200
価格（ドル）	3000	2000

資料：『ディスク／トレンド・レポート』各号のデータ

通常、破壊的イノベーションは技術的には単純で、既製の部品を使い、アーキテクチャーも従来のものより単純な場合がある。確立された市場では、顧客の要望に応えるものではないため、当初はほとんど採用されない。主流からかけ離れた、とるに足りない新しい市場でしか評価されない特徴を備えた別のパッケージなのである。

図1・7のグラフは、これらの単純だが破壊的な技術が、積極的かつ抜け目なく経営してきたディスク・ドライブ・メーカーを滅ぼすものであったことを示している。七〇年代半ばまでは、ディスク・ドライブの売上げの大部分を取り替え可能ディスク・パックが占めていた。つぎに、一四インチ・ウィンチェスター・アーキテクチャーが現れ、記録密度の向上の軌跡を持続した。これらの取り替え可能ディスク・パックとウィンチスター・ドライブのほとんどは、メインフレームのメーカー向けに販売され、ディスク・パックで市場をリードしていた企業が、そのままウィンチェスター技術への移行をリードした。

このグラフから、一九七四年には、平均的な価格の一般的な仕様のメインフレーム・システムが備えていたハードディスク容量は、一台につき約一三〇MBだったことがわかる。この容量は、その後一五年間にわたって年率一五%で増加している。この軌跡は、新しいメインフレームのユーザーが通常必要とするディスク容量を表している。また、各年に新しく発売された一四インチ・ドライブの平均的な容量は、それより速い年率二二%で増加し、メインフレーム市場ばかりでなく、大規模な科学計算機やスーパーコンピュータの市場にもおよんでいる*。

*図1・7の作成のために使ったデータと手順は、付録一・一にまとめてある。

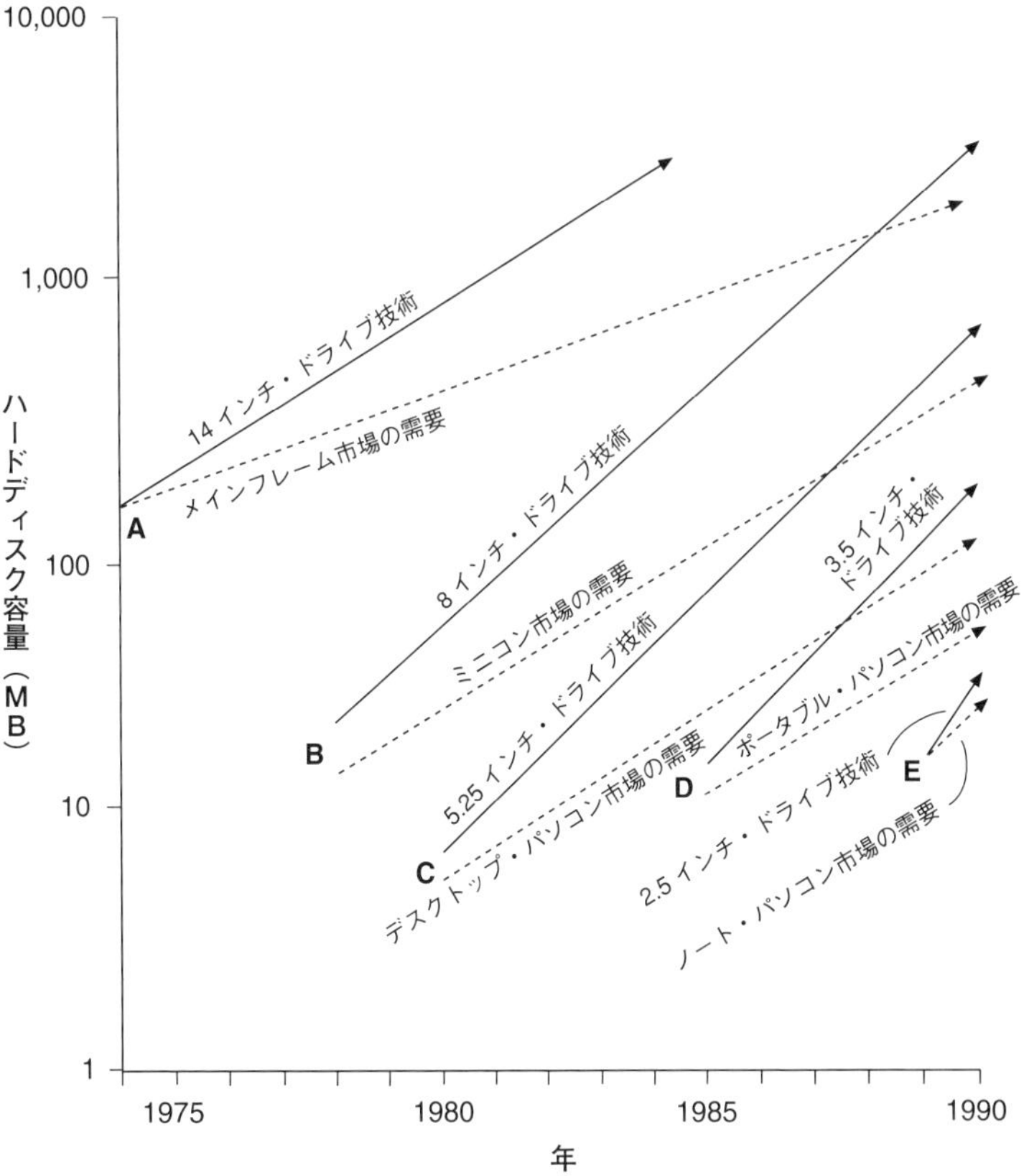

図1.7　固定ディスク・ドライブの需要容量と供給容量の軌跡の交差
資料：クレイトン・M・クリステンセン「固定ディスク・ドライブ業界：商業的・技術的混乱の歴史」（『ビジネス・ヒストリー・レビュー』67, No.4 1993年冬号 559ページ）。転載許可済み。

一九七八年から八〇年にかけて、シュガート・アソシエーツ、マイクロポリス、プライアムなど数社の新規参入企業が、容量が一〇、二〇、三〇、四〇MBの小型の八インチ・ドライブを開発した。これらのドライブは、当時三〇〇〜四〇〇MBの容量を求めていたメインフレーム・メーカーの関心はひかなかった。そこで、八インチを開発した新企業は、この破壊的ドライブをミニコンピュータという新しい用途向けに販売した*。ワング、DEC、データ・ゼネラル、プライム、ヒューレット・パッカードといった顧客は、メインフレームのメーカーではなく、ユーザーも、メインフレームのユーザーとはまったく異なるソフトウェアを使うことが多かった。それまでは、一四インチのモデルは大きすぎて価格も高かったため、これらのメーカーは、デスクサイドに置く小型のミニコンにディスク・ドライブを組み込むことができなかった。最初は、一MBあたりコストは八インチのほうが一四インチより高かったが、この新しい顧客は、自分たちにとって、より重要なほかの特徴、特に小型である点を、高く評価していた。小型であることは、メインフレームのユーザーにはほとんど価値はなかった。

＊一九七八年にはミニコン市場は新しくはなかったが、ウィンチェスター・ディスク・ドライブの用途としては新しかった。

ミニコンで八インチ・ドライブの利用が確立すると、平均的な価格のミニコンに組み込まれるハードディスクの容量は、年率約二五％で増加した。ミニコンの所有者がマシンの使い方を覚えるにしたがい、需要が増加したためである。しかし、八インチ・ドライブのメーカーは、持続的イノベーションを積極的に取り入れることにより、年率四〇％以上のペースで容量を増やせるようになった。これは、自分たちの「本拠地」であるミニコン市場における需要の二倍近いペースである。このため、八〇年代半ばには、八インチ・ドライブのメーカーは、比較的廉価なメインフレームに必要な容量ぐらいを供給できるようになった。出荷台数が大幅に増えたため、八インチ・ドライブの一MBあたりのコストは一四インチ・ドライブのそれを下回り、ほかの長所もあきらかになった。たとえば、一四インチ・ドライブに比べると、同程度の機械的振動によるヘッドの絶対位置の変化がはるかに少ない。このため、三～四年のうちに、八インチ・ドライブは上の市場を侵食しはじめ、ローエンドのメインフレーム市場で一四インチ・ドライブに取ってかわるようになった。

メインフレーム市場で八インチ・ドライブが普及すると、一四インチ・ドライブの実績あるメーカーは追い込まれはじめた。これらのメーカーのうち三分の二は、八インチ・ドライブを生産しなかった。八インチ・モデルを発売した三分の一も、新規参入の八インチ・ドライブ・メーカーに約二年の後れをとっていた。そしてついに、一四インチ・ドライブのメーカーはすべて業界から撤退した。*

＊この部分の記述は、ＯＥＭ市場で競争する独立系ドライブ・メーカーのみを指している。ＩＢＭのように垂直統合されたコンピュータ・メーカーのなかには、自社製品の市場を利用して数世代を生き延びた企業もある。しかし、ＩＢＭでさえ、さまざまな新市場に対応するため、自律的な「新規」ディスク・ドライブ部門を市場ごとに設立した。サンノゼの部門は、メインフレームを中心とするハイエンドの用途に的をしぼり、ミネソタ州ロチェスターの部門は、中型コンピュータとワークステーションを対象とした。さらに、日本の藤沢に設立した部門では、デスクトップ・パソコン市場向けのドライブを生産した。

一四インチ・ドライブのメーカーは、八インチのメーカーが参入してきたとき、技術的な問題で失敗したのではない。八インチ製品では、標準的な既製部品を使うのがあたりまえになっていたため、一四インチ・ドライブのメーカーもようやく同じ方法で八インチ・モデルを生産しはじめたものの、容量、記録密度、アクセス・タイム、一ＭＢあたりの価格などには大差なかった。一九八一年に実績ある企業が発売した八インチ・モデルの性能は、同じ年に新規参入企業が発売した製品の平均的性能とほぼ変わらなかった。さらに、両者の一九七九年から八三年の間の主な性能指標の上昇率には、驚くほど差がない。[*]

＊この点について、半導体製造用アライナー（基板上でパターンの位置合わせと焼き付けを行う装置）のメーカーを調査したレベッカ・M・ヘンダーソンの見方は異なっている。実績あるメーカーが開発した新しいアーキテクチャーのアライナーは、性能的にみて新規参入企業の製品より劣っているという。その理由として考えられるのは、アライナー業界で成功した新規参入企業は、ほかの市場で磨いてきた技術ノウハウや経験を新製品に持ち込んでいることだ。ディスク・ドライブ業界の場合、あらかじめこのようなノウハウを持つ新規参入企業はない。それどころか、実績あるドライブ・メーカーから飛び出した経営者と技術者がつくった企業がほとんどだ。

既存の顧客による束縛

ディスク・ドライブ業界の主力企業が八インチ・ドライブを発売するまでに、これほど時間がかかったのはなぜだろうか。ドライブを開発するだけの技術力があったことはあきらかだ。失敗の原因は、当初、八インチ・ドライブのターゲットとなった新規市場に参入するという戦略的決定が遅れたことだ。これらの企業をよく知るマーケティングや技術担当の幹部は、実績ある一四インチ・ドライブ・メーカーは、顧客に束縛されていたという。メインフレームのメーカーは、八インチ・ドライブを必要としていなかった。そんなものより、容量が大きく、一MBあたりのコストが低いドライブを求めていた。一四インチ・ドライブのメーカーは、既存顧客の声に耳を傾け、その要望に応えようとした。顧客の要求に引っぱられ、ディスク・ドライブ・メーカーも顧客であるコンピュータ・メーカーも気づかないうちに、一四インチ・ドライブの容量は二二％増加の軌跡をたどり、結局、それが命取りとなる。

図1・7では、コンピューター部品の分野で、市場が求める性能向上の軌跡をグラフで示し、それぞ

れの持続的アーキテクチャーの範囲内で実現できるハードディスク容量の変化と比較した。A、B、C、D、Eの各点から始まる実線は、各カテゴリーの平均的価格のコンピュータに装備されたディスク・ドライブの容量を表している。同じ点から始まる点線は、各アーキテクチャー向けに発売されたすべてのディスク・ドライブの平均容量を、年ごとに示したものだ。このグラフに表れる変遷について、これから簡単に説明する。

五・二五インチ・ドライブの登場

一九八〇年、シーゲート・テクノロジー社が五・二五インチ・ディスク・ドライブを発売した。五MBと一〇MBという容量は、四〇～六〇MBのドライブを求めていたミニコン・メーカーの関心をひかなかった。シーゲートをはじめ、ミニスクライブ、コンピュータ・メモリーズ、インターナショナル・メモリーズなど、一九八〇年から八三年の間に五・二五インチ・ドライブをたずさえて新規参入した企業は、製品の新しい用途を開拓する必要があったため、主にデスクトップ・パソコンのメーカーにアプローチした。一九九〇年には、デスクトップ・パソコンでハードディスクを使うのはあたりまえになっている。しかし、市場が成長を始めた一九八〇年頃には、デスクトップ用にハードディスクを買える人、使える人がそれほどいるのかどうかもわからなかった。初期の五・二五インチ・ドライブ・メーカーは、試行錯誤を繰り返し、買い手があればどこへでも売るうちに、この用途を見いだした。あるいは、作りだしたと言ってもいい。

デスクトップ・パソコンでハードディスクを使うのが一般的になると、平均的な価格のマシンに組み込まれるディスク容量、つまり、一般的なパソコン・ユーザーが求める容量は、年率約二五％で増加した。この新しい市場でも、技術は需要のほぼ二倍のペースで向上した。五・二五インチの新製品の容量は、一九八〇年から九〇年にかけて、年率約五〇%で増加した。一四インチから八インチへの移行と同様に、最初に五・二五インチ・ドライブを生産したのは新規参入企業だった。実績ある企業は、平均で二年ほど新規参入企業に後れをとった。一九八五年の時点で、八インチ・ドライブのメーカーのうち、五・二五インチ・モデルを発売していたのは半数にすぎなかった。残りの半数は、ついに発売することはなかった。

五・二五インチ・ドライブ普及の波は二度にわたってやってきた。最初は、デスクトップ・コンピュータという、従来の用途では重要ではなかった、ドライブの大きさなどの要素が重視される新しい用途がハードディスクに生まれたことによる波である。つぎに、五・二五インチ・ドライブの容量が急増し、ゆるやかに増加していた従来のミニコン市場やメインフレーム市場の容量需要を追い越したため、これらの市場で、大型ドライブにかわって五・二五インチが採用されるようになった。八インチ・ドライブの四大メーカーであったシュガート・アソシエイツ、マイクロポリス、プライアム、カンタムのうち、五・二五インチ・ドライブの主要メーカーとして生き延びたのはマイクロポリスだけであり、それも第五章で述べるように、超人的な経営努力によってようやくなし得たことである。

歴史は繰り返す――三・五インチ・ドライブの登場

三・五インチ・ドライブは、一九八四年、スコットランドの新規参入企業、ロダイムによって開発された。しかし、このアーキテクチャーが売れ出したのは、五・二五インチ・ドライブ・メーカーのシーゲートとミニスクライブからスピンオフしたコナー・ペリフェラルズが、一九八七年に製品の出荷を始めてからだ。コナーは、五・二五インチ・ドライブよりはるかに頑丈な小型軽量ドライブのアーキテクチャーを開発した。それまで機械部品で操作していたことは電子的に処理し、それまで電子処理していた機能はマイクロコードに置き換えた。初年度売上げの一億一三〇〇万ドル＊の大部分は、コナーの設立時に三〇〇〇万ドルを投資したコンパック・コンピュータ向けのものだ。コナーのドライブは、主に、ポータブル・パソコンとラップトップ・パソコン、さらに「スペースをとらない」小型デスクトップ・マシンという新しい用途に使われた。この分野の顧客は、軽くて耐久性にすぐれた省電力のディスク・ドライブを手に入れるためなら、容量の少なさや一MBあたりコストの高さは容認した。

＊一億一三〇〇万ドルの売上げは、米国の製造業者の初年度売上げとしては史上最高であった。

シーゲートの技術者は、三・五インチ・アーキテクチャーの出現に気づかなかったわけではない。それどころか、ロダイムが最初の三・五インチ・ドライブを発売してから一年とたたず、コナー・ペリフェラルズが製品を出荷しはじめるより二年も前の一九八五年初め、三・五インチ・ドライブのプロトタイプを顧客に見せて評価を求めている。この新しいドライブを発案したのは、シーゲートの技術部門である。計画に反対したのは、主に、マーケティング部門と経営陣だった。市場が求めているのは一MBあたりコストの低い大容量ドライブであり、三・五インチ・ドライブは一MBあたりのコストを五・二五インチ・ドライブより低く生産できるはずがないといったのだ。

シーゲートの営業は、既存顧客であるIBMなどのデスクトップ・コンピュータ・メーカーや、標準サイズのデスクトップ・コンピュータ・システムの付加価値再販業者《VAR》に三・五インチ・ドライブのプロトタイプを見せた。予想どおり、顧客は小型ドライブにほとんど関心を示さなかった。各社が次世代マシンのために求めていたのは四〇〜六〇MBの容量だが、三・五インチ・アーキテクチャーの容量はたったの二〇MBで、しかも割高だった。*

*この見解は、ロバート・バーゲルマンの意見と一致している。バーゲルマンは、起業家にとってきわめて難しいのは、顧客と対話しながら製品を開発、洗練できる適切な「ベータ・テスト・サイト」を見つけることだとしている。一般に、新しい事業の顧客窓口になるのは、その会社の既存製品を担当する営業担当者である。これは、既存の市場向けに新製品を開発するにはよいが、新しい技術の新しい用途を見いだすには適切な方法ではない。R・A・バーゲルマン、L・R・セイルズ著『企業内イノベーション――社内ベンチャー成功への戦略組織化と管理技法』（ソーテック、一九八七年）

顧客の熱のこもらない返事を聞いて、シーゲートのプロジェクト・マネージャーは三・五インチの売上げ予想を引き下げ、経営陣は企画を中止した。理由は、五・二五インチ製品の市場のほうが規模が大きく、三・五インチの新製品を開発するより、五・二五インチの新製品の開発に力を入れたほうが収益増を見込めるというものだ。

いまになってみると、シーゲートの経営陣は、市場を――少なくとも自分たちの市場を、きわめて正確にとらえていた。彼らの顧客は、独自の用途と、IBM XT、ATなどの独自の製品アーキテクチャーを確立していたため、三・五インチ製品による耐久性の向上、小型軽量化、省電力化には価値を見いださなかった。

シーゲートがようやく三・五インチ・ドライブの出荷を始めたのは、一九八八年前半だが、同年、三・五インチ・ドライブの性能向上の軌跡は、デスクトップ・コンピュータの容量需要を上回っている（図1・7）。すでに、業界全体の三・五インチ製品の累積出荷額は、約七億五〇〇〇万ドルになっていた。おもしろいことに、業界関係者によれば、一九九一年当時、シーゲートの三・五インチ製品はポータブル、ラップトップ、ノートブックのメーカーにはほとんど販売されていない。シーゲートの主要顧客は、あいかわらずデスクトップ・コンピュータ・メーカーであり、同社の三・五インチ・ドライブの多くは、五・二五インチ・ドライブ用に設計されたコンピュータに三・五インチ・ドライブを取り付けるためのフレームとともに出荷されている。

実績ある企業が新技術の導入を遅らせる理由として、既存製品の売上げが侵食されるのを懸念するためだとよくいわれる。しかし、シーゲートとコナーの例が示すように、新技術によって新しい用途の市場が生まれるとしたら、新技術を導入したからといって既存製品が侵食されるとはかぎらない。しかし、実績ある企業が、新技術の新しい用途が商業的に成熟するまで待ち、自分たちの市場への攻勢をかわすためだけに新技術を導入すると、既存製品が侵食されるとの懸念は現実になる。

ここでは、三・五インチ・アーキテクチャーの発展に対するシーゲートの対応を見てきたが、どの企業も同じように行動したわけではない。一九八八年には、デスクトップ・パソコン用五・二五インチ製品で実績を築いたメーカーのうち、三・五インチ・ドライブを発売した企業は三五％にすぎない。それまでの製品アーキテクチャーの移行と同様、競争力のある三・五インチ製品を開発できなかったのは、技術力の問題ではない。一四インチから八インチへの移行のときも、八インチから五・二五インチへの移行のときも、五・二五インチから三・五インチへの移行のときも、既存の実績ある企業が発売した新しいアーキテクチャーのドライブは、性能の面では新規参入企業の製品に遜色なかった。むしろ、五・二五インチ・ドライブのメーカーは、ＩＢＭとその競合企業、あるいは再販業者をはじめとする既存顧客のために、誤った方向へ進んでいったように思われる。これらの顧客も、シーゲートと同様、ポータブル・コンピューティングとそれを実現する新しいディスク・ドライブ・アーキテクチャーの利点と可能性に気づいていなかった。

プレーリーテックとコナーと二・五インチ・ドライブ

一九八九年、コロラド州ロングモントの新規参入企業、プレーリーテックは、他社に先駆けて二・五インチ・ドライブを発表し、生まれたばかりの三〇〇〇万ドル市場のほぼすべてを掌握した。しかし、一九九〇年初めにはコナー・ペリフェラルズも二・五インチ製品を発表し、同年末には二・五インチ・ドライブ市場で九五％のシェアを獲得した。プレーリーテックは一九九一年後半に破産したが、それまでには、ほかのカンタム、シーゲート、ウェスタン・デジタル、マクスターなどの三・五インチ・ドライブ・メーカーも自社製の二・五インチ・ドライブを発売していた。

なにが変わったのか。ついに既存の大手企業も歴史の教訓を学んだのだろうか。そうではない。図1・7から、二・五インチ・ドライブの容量は三・五インチ・ドライブの容量よりはるかに少ないことがわかるが、その販売対象であるポータブル・コンピュータ市場は、それ以外の重量、耐久性、消費電力、大きさといった特長を重視した。これらの特性からいえば、二・五インチ・ドライブの性能は、三・五インチ・ドライブの性能を上回っている。これは持続的な技術なのだ。事実、コナーの三・五インチ・ドライブを買っていた東芝、ゼニス、シャープなどのラップトップ・メーカーは、ノートブック・パソコンの主要メーカーでもあり、小型化の進んだ二・五インチ・ドライブ・アーキテクチャーを求めていた。このため、コナーと三・五インチ市場の競争相手は、顧客の要望に応じて、継ぎ目なく二・五インチ・ドライブへと移行した。

しかし、一九九二年になると、あきらかに破壊的性質を持つ一・八インチ・ドライブが現れた。これについてはあとで詳しく述べることにして、ここでは、一九九五年現在、一億三〇〇〇万ドルの一・八インチ・ドライブ市場の九八％を支配しているのは、新規参入企業であるとだけ言っておく。さらに、

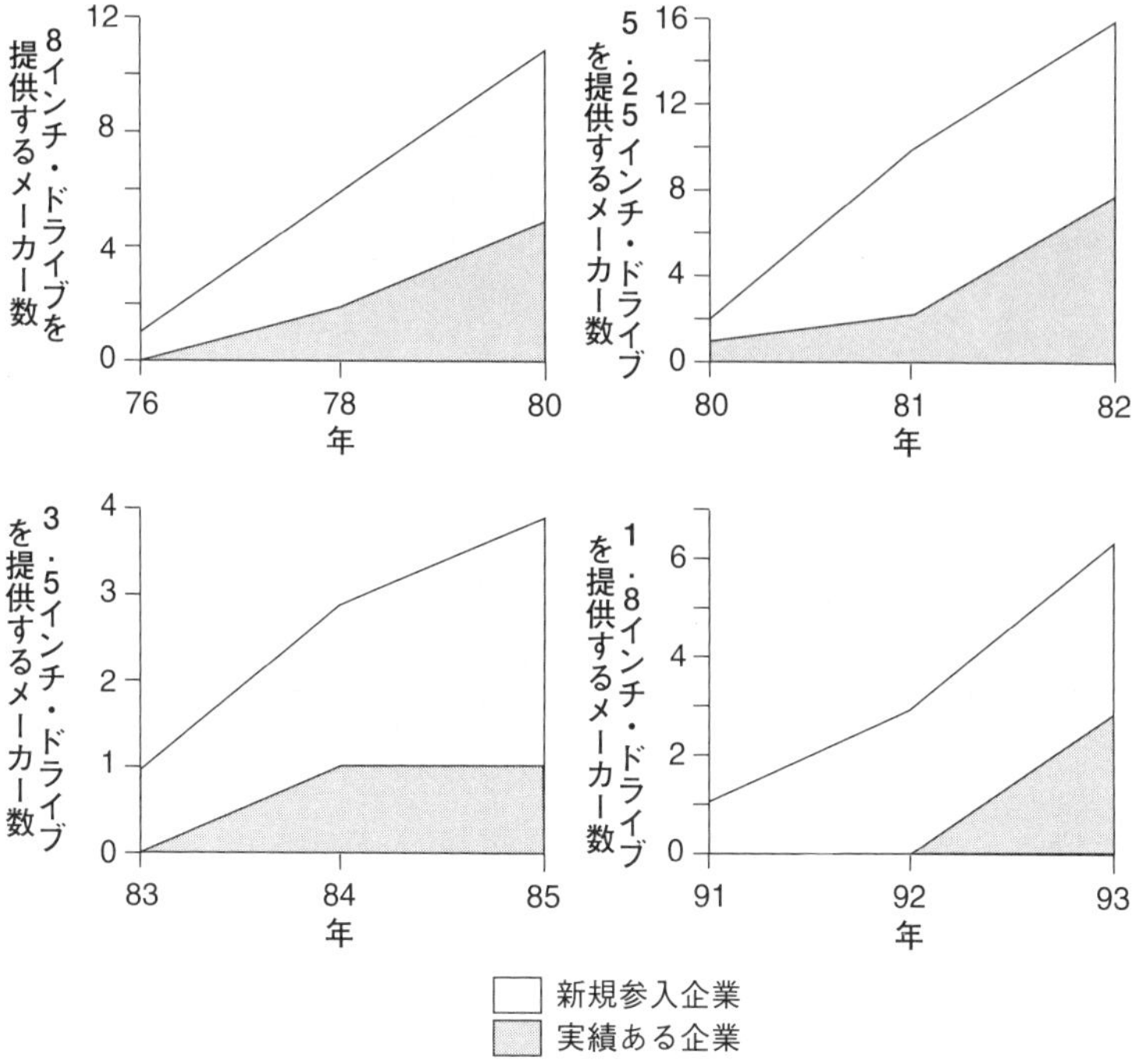

図1.8　破壊的技術における新規参入企業のリーダーシップ
資料：『ディスク／トレンド・レポート』各号のデータ

一・八インチ・ドライブの初期の最大の市場は、コンピュータですらなかった。携帯用心臓モニター装置に使われたのである。

図1・8は、破壊的技術を新規参入企業がリードするパターンをまとめたものだ。たとえば、八インチ・ドライブが発売された二年後、そのメーカーの三分の二（六社中四社）は新規参入企業だった。また、五・二五インチ・ドライブが発売された二年後、この破壊的ドライブのメーカー

のうち八〇%は新規参入企業である。

まとめ

ディスク・ドライブ業界のイノベーションの歴史には、いくつかのパターンがみられる。第一に、破壊的イノベーションは、技術的には簡単なものである。通常は、既存の技術を独自のアーキテクチャーにパッケージ化し、それまでは技術的、または経済的な理由で磁気データの記録や読み取りができなかった分野で、製品を利用できるようにしている。

第二に、この業界の先端技術開発は、つねに、確立された性能向上の軌跡を持続すること、つまり、性能を高め、軌跡グラフの右上の利益率の高い領域に達することを目的としてきた。このような技術は、抜本的な難しいものも多いが、破壊的ではない。大手ディスク・ドライブ・メーカーは、顧客の示唆するままにこれらの目標に向かった。したがって、持続的な技術が失敗を早めたわけではない。

第三に、実績ある企業は、ごく単純な改良から抜本的なイノベーションまで、持続的イノベーションをリードする技術力を持ってはいたが、破壊的技術を率先して開発し、採用してきたのは、いつも既存の大手企業ではなく、新規参入企業である。

本書は、「積極的、革新的で顧客の意見に敏感な組織と評価された企業が、戦略的にきわめて重要な技術革新を無視したり、参入が遅れたのはなぜか」という疑問から始まった。ここまでのディスク・ドライブ業界の分析をみると、この問題をかなりはっきりさせることができる。実績ある企業が、あらゆる種類の持続的イノベーションに対して、「積極的、革新的で顧客の意見に敏感」な姿勢をとったことは事実だ。しかし、実績ある企業がうまく対処できなかったのは、軌跡グラフの下位市場への展望と柔軟性に対するアプローチである。これらの企業は、業界に参入したときには新製品の新しい用途と市場を見いだす能力を示したが、その後失ってしまったように思える。大手企業は顧客に束縛されていたため、破壊的技術が現れるたびに、新規参入企業が既存のリーダーを追い落とすこととなった。[*]なぜこのようなことが起き、いまだに続いているのかを、つぎの章でとりあげる。

＊攻撃する側の企業が、破壊的イノベーションでは有利だが、持続的イノベーションではそうではないということの見解は、攻撃者の優位に関するフォスターの主張を裏づけるものであって、矛盾するものではない。フォスターがこの理論を実証するために使った過去の例のほとんどは、破壊的イノベーションであったと考えられる。リチャード・フォスター著『イノベーション――限界突破の経営戦略』（ＴＢＳブリタニカ、一九八七年）

付録一・一――図1・7の作成に使用したデータと手法

図1・7に示した軌跡は、つぎの方法で計算した。コンピュータに組み込まれているディスク容量のデータは、すべてのコンピュータ・メーカーが販売しているすべてのコンピュータ・モデルの技術仕様を一覧にした年刊誌、『データ・ソーシズ』から入手した。同じモデルで機能や構成が異なるバージョンがいくつかある場合、メーカーは「標準的」なシステム構成のメモリー容量、ディスク・ドライブを含む周辺機器の性能仕様、定価、発売年を『データ・ソーシズ』に提供する。同じモデルが数年にわたって販売された場合、標準的な構成に組み込まれるハードディスク容量は、増えていくのが通常である。『データ・ソーシズ』は、コンピュータをメインフレーム、ミニコンまたは中型機、デスクトップ・パ

ソコン、ポータブルおよびラップトップ、ノートブックに分類している。一九九三年現在、一・八インチ・ドライブは携帯用コンピュータには使われていないため、この潜在的な市場に関するデータはない。

図1・7では、各年に販売中のすべてのモデルをコンピュータの種類ごとに価格順に並べ、平均的価格のモデルのハードディスク容量を調べた。解釈しやすいように時間軸に沿って近似線を引き、標準的なコンピュータのトレンドを示したものが、図1・7の実線グラフである。もちろん実際には、データは、これらの直線の周りに広い範囲で散らばっている。性能の境界、つまり、最も高価なコンピュータに組み込まれている最大の容量は、このグラフの標準的な値をはるかに上回る。

図1・7の点線グラフは、各年に発売されたすべてのディスク・ドライブの容量を、アーキテクチャーの種類ごとに非加重平均し、近似線を引いたものである。このデータは、『ディスク／トレンド・レポート』をもとにした。ここでも、解釈しやすいように、平均線だけを示した。各年に発売された容量は広範囲におよぶため、その年に発売された境界、つまり最大容量のドライブは、このグラフに示した平均を大きく上回る。言いかえれば、購入が可能であった全製品と標準的なシステムとは異なることに注意しなければならない。図1・7に示した中央値、平均値の上下の分散幅は、この直線にほぼ平行している。

市場では、平均的な価格のシステムに組み込まれたものより大容量のドライブが手に入ったため、本文でも述べたように、図1・7の実線グラフは、各市場の容量の「需要」を表している。つまり、マシン一台あたりの容量は、技術的な問題によって制約を受けたわけではない。むしろ、コンピュータ・ユーザーが実勢価格を考慮し、どの程度のハードディスク容量を選択したかを表している。

第二章　バリュー・ネットワークとイノベーションへの刺激

イノベーションの問題を研究するにあたり、研究者、コンサルタント、経営者は、業界をリードする企業が技術革新に直面するとなぜ失敗するのかを説明しようとしてきた。そのほとんどは、技術革新に対するマネジメント上の対策や、組織的、企業文化的対応に焦点を当てるか、あるいは実績ある企業が抜本的な新技術を扱う能力を問題にしている。すなわち、抜本的な新技術に対応するには、実績ある企業がつちかってきたノウハウとはまったく別のノウハウが必要になるというものである。技術革新にあって企業がつまずく理由に関する二つのアプローチを、以下にまとめる。しかし、この章の最大の目的は、優良企業が失敗する理由について、「バリュー・ネットワーク」という概念にもとづく第三の理論を提唱することにある。バリュー・ネットワークの概念を使えば、ほかの二つよりはるかに的確に、ディスク・ドライブ業界で起きた現象を説明できるだろう。

組織とマネジメントにみる失敗の理由

優良企業が失敗する理由の一つとして、組織的な障害が問題の原因になると指摘される。この種の分析の多くは、官僚主義、自己満足、「リスクを避けたがる」土壌などの単純な理由を挙げているが、なかには深い洞察に満ちた研究もある。たとえば、レベッカ・ヘンダーソンとキム・クラークは、たいていの製品開発組織は部品ごとにサブグループに分かれているため、企業の組織構造は、部品レベルのイノベーションを促すことが多いとしている。製品の基本的なアーキテクチャーを変更する必要がなければ、このようなシステムは効果的である。しかし、アーキテクチャーの技術革新が必要な場合には、人々とグループが新たな方法でコミュニケーションをとり、連携して働く必要のあるイノベーションにとって、このような組織構造が妨げになるという。

この考え方は、かなり正しいように思われる。ピューリッツァー賞を受賞したトレイシー・キダーの『超マシン誕生』のなかに、DEC製品に対抗するためデータ・ゼネラルで次世代ミニコンを開発していた技術者チームが、真夜中にメンバーの友人の仕事場へ潜入し、買ったばかりのDECの最新のコンピュータを見る話がでてくる。長年勤めたDECを辞め、データ・ゼネラルのプロジェクト・リーダーになったトム・ウェストは、DECのミニコンのカバーを外して内部の構造を調べ、「製品の設計はDECの組織図そのもの」であることに気づく。*

*トレイシー・キダー著『超マシン誕生――コンピュータ野郎たちの五四〇日』(ダイヤモンド社、一九八二年)

組織の構造と、組織を構成するグループは、その組織の主要製品を設計しやすいように作られているかもしれず、因果関係の方向が逆転することもありえる。その場合、組織の構造と、構成グループの関係は、新製品の設計能力に影響を与えかねない。

能力と抜本的な技術にみる失敗の理由

優良企業が失敗する理由を考えるとき、従来とはまったく別の技術力が必要な「抜本的イノベーション」と、従来の技術力をもとに築かれた「漸進的イノベーション」を区別することがある。* そして、技術革新の度合いを企業の能力と比較してみると、ある技術が業界に出現したあとでどの企業が勝者になるかがわかるという。この見解を支持する研究者は、実績ある企業は既存の技術を改良する能力には長けているが、新規参入企業は、ほかの業界で開発し、実践してきた技術を持ち込むため、抜本的な新技術の探究に向いていると考えている。

＊抜本的イノベーションと漸進的イノベーションによる技術発展の度合いを正確に比較した研究者もいる。たとえば、ジョン・イーノスは、新しい石油精製法の経験的研究によって、新技術による経済効果の半分は、新技術が商業的に確立したあとのプロセス改良によるものであるとした。ディスク・ドライブ業界に関する筆者の研究でも、同じ結果が出ている。記録密度（ディスク面一平方インチあたりの記録メガビット数）の向上の半分は新しい部品技術によるものであり、あとの半分は、既存部品の改良とシステム設計の改善によるものである。

たとえば、キム・クラークは、自動車などの製品の技術力は、経験のなかで階層的に蓄積されるとしている。* どの技術的問題を解決し、どの問題を解決しないかという過去の選択の積み重ねによって、組織が蓄積する能力と知識の種類が決まる。製品やプロセスの性能上の問題を解決するために、過去に蓄積してきた知識とまったく異なる知識が必要になるとき、その企業はつまずく可能性が高い。マイケル・タッシュマン、フィリップ・アンダーソンらのグループの研究も、クラークの説を支持している。企業は、過去に築いてきた能力の価値が技術革新によって破壊されたときに失敗し、新技術によって能力を高められれば成功するという。

＊クラークによれば、たとえば、自動車業界の技術者が、早い時点で蒸気エンジンや電気エンジンではなくガソリン・エンジンを選択したために、その後数世代におよぶ技術的方向性が決まり、技術者は電気推進や蒸気推進を追究しなかった。そのため、今日の企業が持つ設計能力や技術知識は、技術者がなにに取り組み、なにを捨てるかという選択を積み重ねてきた結果であるという。既存の知識の蓄積にもとづき、それらを延長するような技術改良に関しては、その業界で実績を築いてきた企業が有利であるとクラークは断定する。逆に、まったく異なる知識体系を必要とする変化に関しては、すでにほかの業界などで別の階層的知識体系を蓄積してきた企業に比べ、実績ある企業のほうが不利だという。

これらの研究者が指摘する要因は、新しい技術に直面したときの企業の命運を左右する。しかし、ディスク・ドライブ業界には、いずれの理論でも説明のつかない特殊な事例がいくつもある。業界のリーダーは、アーキテクチャーのイノベーションや構成部品のイノベーションなど、従来の能力が意味を持たなくなったり、技術と資産に対する過去の莫大な投資が無駄になるようなものまで、あらゆる種類の持続的技術を導入してきた。しかし、八インチ・ドライブのように、技術的には単純だが破壊的な変化がおとずれると、このような企業がつまずくことになる。

ディスク・ドライブ業界の歴史をみると、実績ある大手企業にとって抜本的イノベーションの意味は、まったくちがったものだ。すでに見たように、関連技術の性質（部品かアーキテクチャーか、漸進的か抜本的か）、リスクの大きさ、リスクをとる必要のある期間などは、市場をリードするか、後れをとるかといったパターンにはほとんど関係がなかった。むしろ、顧客が製品の改良を求めた場合、大手企業は、その開発と採用に必要な資源と手段をかき集めてきた。逆に、顧客が必要としなければ、技術的には簡単なイノベーションでも、商品化は不可能と判断した。

バリュー・ネットワークと失敗の原因に関する新しい見方

それでは、新規参入企業と実績ある企業の成功と失敗を分ける原因はどこにあるのだろう。ここでは、ディスク・ドライブ業界の歴史をもとに、技術や市場構造の変化、成功と失敗の関係について、新しい見方を組み立てていく。その中心となるのは「バリュー・ネットワーク」という概念である。企業はこの枠組みのなかで顧客のニーズを認識し、対応し、問題を解決し、資源を調達し、競争相手に対抗し、利潤を追求する。* バリュー・ネットワークのなかでは、各企業の競争戦略、とりわけ過去の市場の選択によって、新技術の経済的価値をどう認識するかが決まる。各企業が、持続的イノベーションや破壊的イノベーションを追求することによってどのような利益を期待するかは、この認識によって異なる。** 実績ある企業は、期待する利益のために、資源を持続的イノベーションに投下し、破壊的イノベーションには与えない。このような資源配分の仕方が、実績ある企業が持続的イノベーションではつねにリーダーシップをとりつづけ、破壊的イノベーションでは敗者となった要因である。

＊「バリュー・ネットワーク」の概念は、ジョバンニ・ドージーの「技術のパラダイム」という概念にもとづいている。ドージーの技術のパラダイムとは、「自然科学から派生する選択された原則と、選択された物質的技術にもとづく、選択された技術的問題の解決のパターン」である。新しいパラダイムとは、以前のパラダイムのなかで確立された進歩の軌跡の不連続性を表す。進歩の意味そのものが変化し、技術者は、技術革新を追求するにあたって、新しい種類の問題を目標とするようになる。ドージーが研究した、新しい技術がどのように選択され維持されるのかという問題は、そのような変化の結果、なぜ企業が成功したり失敗したりするのかという問題と深く関連している。

＊＊ここで述べるバリュー・ネットワークの概念は、筆者がリチャード・S・ローゼンブルームとともに構成したものである。

バリュー・ネットワークが製品アーキテクチャーを映し出す

企業はバリュー・ネットワークのなかに組み込まれている。企業の製品は、ほかの製品のなかに、ひいては最終利用システムのなかに部品として組み込まれたり、階層的におさまっているからだ。図2・1に示す八〇年代の大企業の経営情報システム（MIS）を考えてみよう。MISのアーキテクチャーは、さまざまな構成要素を連結したものである（メインフレーム・コンピュータ、ライン・プリンターやテープ・ドライブやディスク・ドライブなどの周辺機器、ソフトウェア、空調やフリー・アクセス・フロアの整った大きな部屋など）。つぎの階層は、メインフレーム自体が構造を持ったシステムであり、CPU、チップセットと回路基板、RAM回路、端末、コントローラー、ディスク・ドライブなどの部品で構成されている。さらに内側をみると、ディスク・ドライブは、モーター、アクチュエーター、スピンドル、ディスク、ヘッド、コントローラーなどの部品で構成されるシステムである。さらに分析すると、ディスク自体もアルミ円盤、磁性体、接着剤、研磨剤、潤滑剤、被膜剤で構成されるシステムである。

AT&TやIBMなどの巨大な統合企業では、利用システムを構成する製品やサービスを、すべて自社で生産することもあるが、たいていは一般に入手可能なものが使われる。とりわけ成熟した市場ではそのような傾向にある。したがって、図2・1は、製品システムの物理的な入れ子構造を示すと同時に、入れ子構造になった生産者と市場のネットワークが存在することを表している。各階層の構成要素は、このネットワークのなかで生産され、一つ上の階層でシステムを統合する生産者に販売される。たとえば、カンタムやマクスターのように、ディスク・ドライブの設計と組み立てをおこなう企業は、磁気ヘッドの製造を専門とする企業から磁気ヘッドを調達し、別の企業からディスクを購入し、さらにほかの

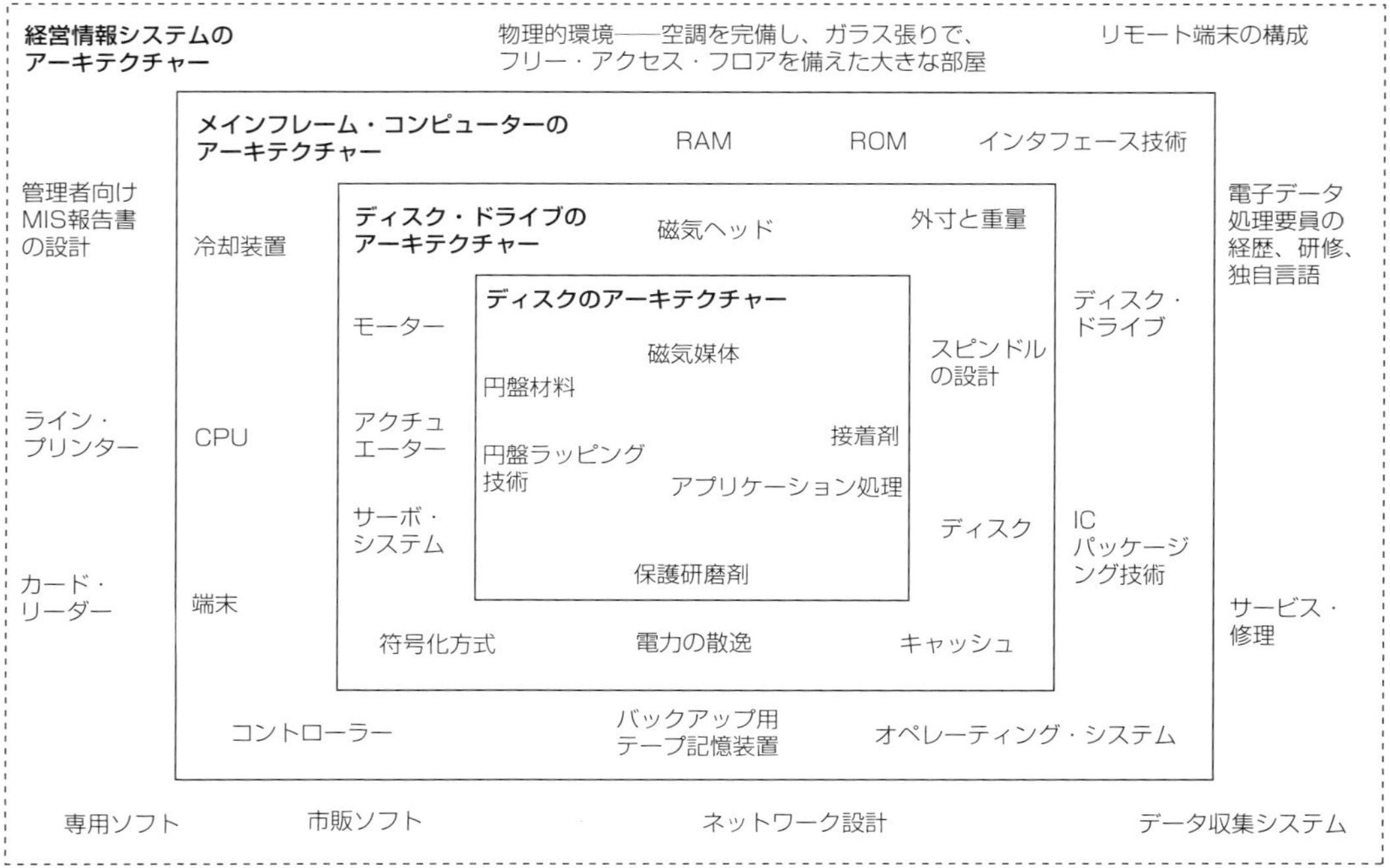

図2.1　入れ子構造をとる製品アーキテクチャーのシステム
資料：クレイトン・M・クリステンセン、リチャード・S・ローゼンブルーム「攻撃者の優位――技術のパラダイム、組織の力学、バリュー・ネットワーク」（『リサーチ・ポリシー』24号、1995年）233～257ページより転載。

企業からスピン・モーター、アクチュエーター・モーター、ICを購入する。もう一つ上の階層では、コンピュータの設計と組み立てをおこなう企業が、IC、端末、ディスク・ドライブ、チップセット、電源などを、それぞれの製品のメーカーから購入する。このような入れ子構造になった商業システムを「バリュー・ネットワーク」と呼ぶ。

図2・2は、コンピュータに関連する三種類のバリュー・ネットワークを表したものである。上から順に、企業の経営情報システム、ポータブル・パソコン、コンピュータ利用設計（CAD）のバリュー・ネットワークである。なお、この図は、ネットワークの範囲と、それぞれにどのような違いがあるかを大まかに示すものであり、構造全体をもらさず図式化したものではない。

価値の測定基準

価値を測る基準は、ネットワークによって異なる。* バリュー・ネットワークの境界は、製品の性能を表すさまざまなデータの重要性を順位づけることにより定義される。図2・2の例では、構成要素を示す中央のボックスの右側に、主な性能指標のランキングを示してあるが、これは同じ製品であっても、バリュー・ネットワークによってまったく異なる。企業経営情報システムのバリュー・ネットワークでは、ディスク・ドライブの性能は記憶容量、処理速度、信頼性によって測られるが、ポータブル・パソコンのバリュー・ネットワークでは、耐久性、省電力、大きさが重要である。したがって、なにをもって製品に価値があるとするか、それぞれ定義の異なる複数のバリュー・ネットワークが、広い意味で同じ業界のなかに共存していることがある。

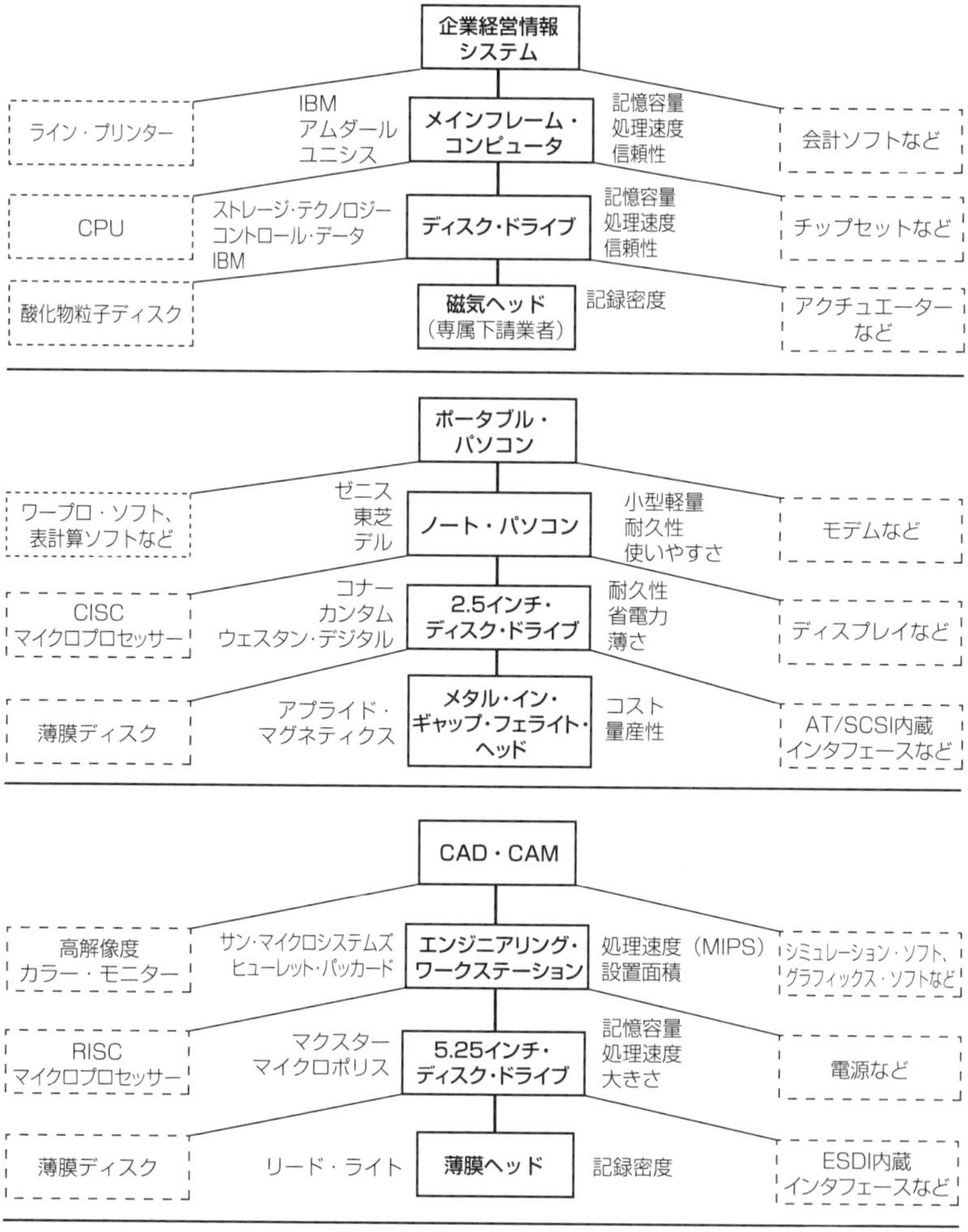

図2.2　3種類のバリュー・ネットワーク例
資料：クレイトン・M・クリステンセン、リチャード・S・ローゼンブルーム「攻撃者の優位――技術のパラダイム、組織の力学、バリュー・ネットワーク」（『リサーチ・ポリシー』24号、1995年）233～257ページより転載

*この点についても、バリュー・ネットワークの概念と、ドージーの「技術のパラダイム」の概念には深い関係がある（六三ページの注を参照）。バリュー・ネットワークの範囲と境界は、広く採用されている技術のパラダイムと、その上の階層で採用される技術の軌跡によって決まる。ドージーによれば、「価値」とは、バリュー・ネットワークの最終利用システムにおいて広く採用されている技術のパラダイムの役割を意味する。

図2・2では、各ネットワークに表示される磁気ヘッド、ディスク・ドライブ、RAM、プリンター、ソフトウェアなどのように、異なる利用システムのなかでも同じ名前を持つ構成要素がいくつもあるが、使用される構成要素の性質は、まったく異なる場合がある。通常、ネットワーク図のそれぞれの枠には、独自のバリューチェーン*を持ち、競合しあう複数の企業が関与しており、製品やサービスを供給する企業がネットワークによって異なることがある（図2・2では、中央の構成要素の左側に企業名を列挙してある）。

*マイケル・ポーター著『競争優位の戦略——いかに高業績を持続させるか』（ダイヤモンド社、一九八五年）

企業は、あるバリュー・ネットワークのなかで経験を積むと、そのネットワークに際立ってみられる需要に合わせて能力、組織構造、企業文化を形成することが多い。生産量、量産に至るまでの生産量増加の勾配、製品開発サイクルの周期、顧客とそのニーズを見きわめる組織的コンセンサスなどは、バリュー・ネットワークによって大きく異なる。

一九七六年から八九年の間に販売された数千モデルのディスク・ドライブの価格、特徴、性能指標をもとに、「ヘドニック回帰分析」という方法を用い、市場が個々のデータをどのように評価していたか、その価値が時間とともにどのように変化したかを知ることができる。ヘドニック回帰分析とは、製品の個々の性能指標に対して市場がどのような価格を与えるかを示す「潜在価格」（正数に限らず、負数の場合もある）の合計として製品の総価格を表す方法である。図2・3は、同一の性能指標に対する評価が、バリュー・ネットワークによってどれほど異なるかを示した分析結果である。一九八八年当時、メインフレームのバリュー・ネットワークの顧客は、一MBの記憶容量の増加に対し、平均一・六五ドルを支払う意思があった。しかし、ミニコン、デスクトップ、ポータブル・パソコンのバリュー・ネットワークへと移ると、一MBの容量増に対する潜在価格は、一・五〇ドル、一・四五ドル、一・一七ドルと低下する。逆に、ポータブル・パソコンやデスクトップ・パソコンの顧客は小型化に対して高い価格を支払う意思を持っているが、ほかのネットワークの顧客はこの特性をまったく評価していなかった。

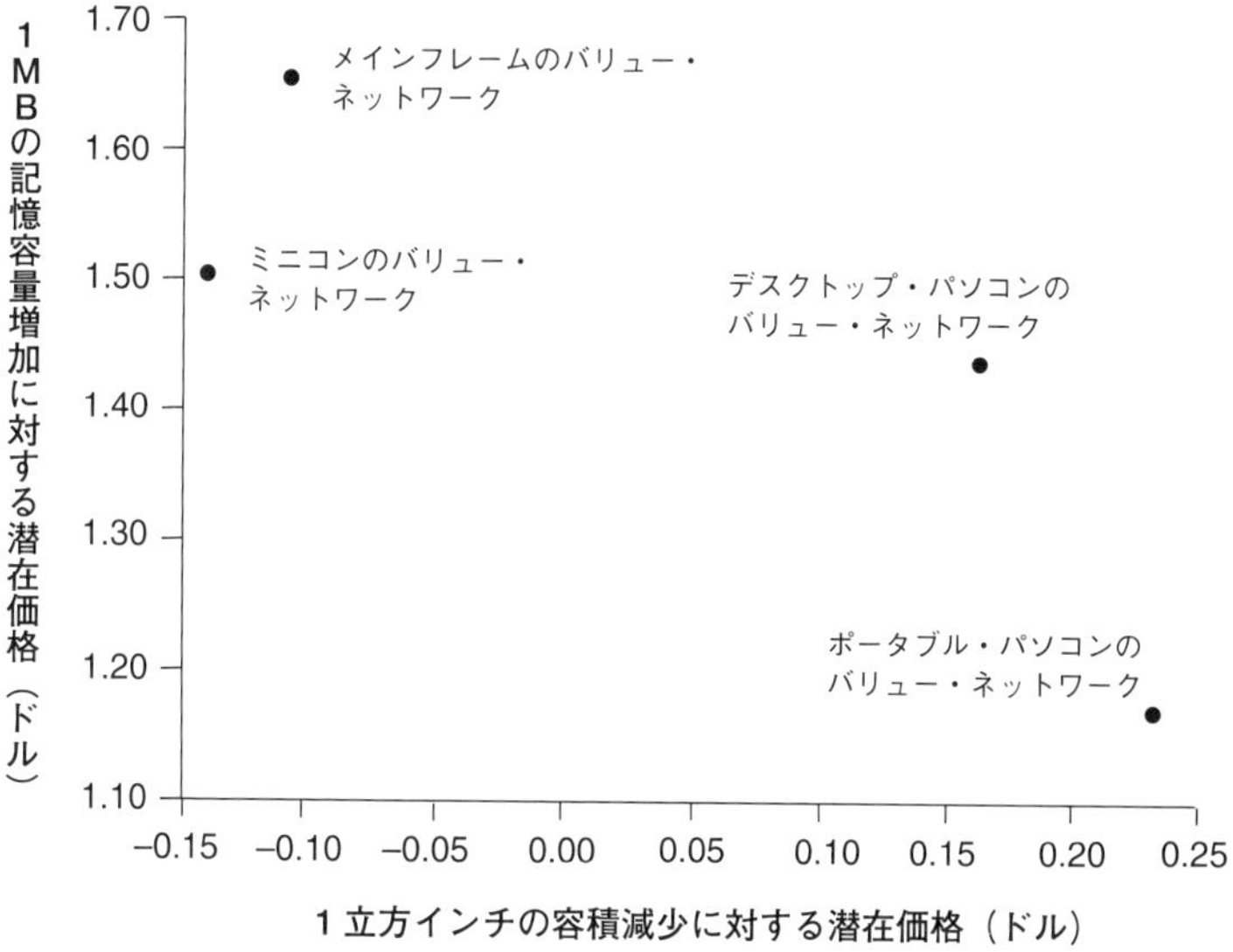

図2.3　バリュー・ネットワークによる特性に対する評価の違い（1988年）

コスト構造とバリュー・ネットワーク

バリュー・ネットワークは、製品の特性だけで決まるものではない。たとえば、図2・2に示したメインフレームのネットワークのなかで競争する場合、特有のコスト構造がある。研究費、エンジニアリング・コスト、開発費は高い。生産量が少なく、製品の構成をカスタマイズするため、製造間接費は直接原価より高い。エンド・ユーザーに直接販売するため、膨大な営業費がかかり、複雑なマシンのサポートを提供するサービス網にも、継続的にかなりのコストがかかる。このバリュー・ネットワークの顧客が必要とする製品やサービスを提供するには、これらのコストをすべて負わなければならない。このため、メインフレームのメーカーと、メインフレーム向けに販売される一四インチ・ディスク・ドライブのメーカーは、自分たちが参加するバリュー・ネットワークの間接費構造をカバーするため、五〇～六〇％の粗利益率を必要としてきた。

しかし、ポータブル・パソコンのバリュー・ネットワークで競争する場合、コスト構造はまったく別ものになる。これらのメーカーは、部品技術の研究にはほとんどコストをかけず、部品メーカーから既存の部品技術を調達し、製品を構成する。製造工程では、低い労働コストで膨大な数の標準部品を組み立てる。販売のほとんどは、全国小売チェーンか通信販売を利用する。そのため、このバリュー・ネットワークの企業は、一五～二〇％の粗利益率でも収益をあげられる。バリュー・ネットワークの特徴は、性能指標に対する顧客の評価のランクづけとともに、その製品やサービスを供給するために必要なコスト構造によって決まる。

各バリュー・ネットワークのコスト構造を図2・4に示す。一四インチ・ディスク・ドライブのメーカーの平均的な粗利益率は約六〇％で、メインフレーム・メーカーの粗利益率である五六％に近い。同

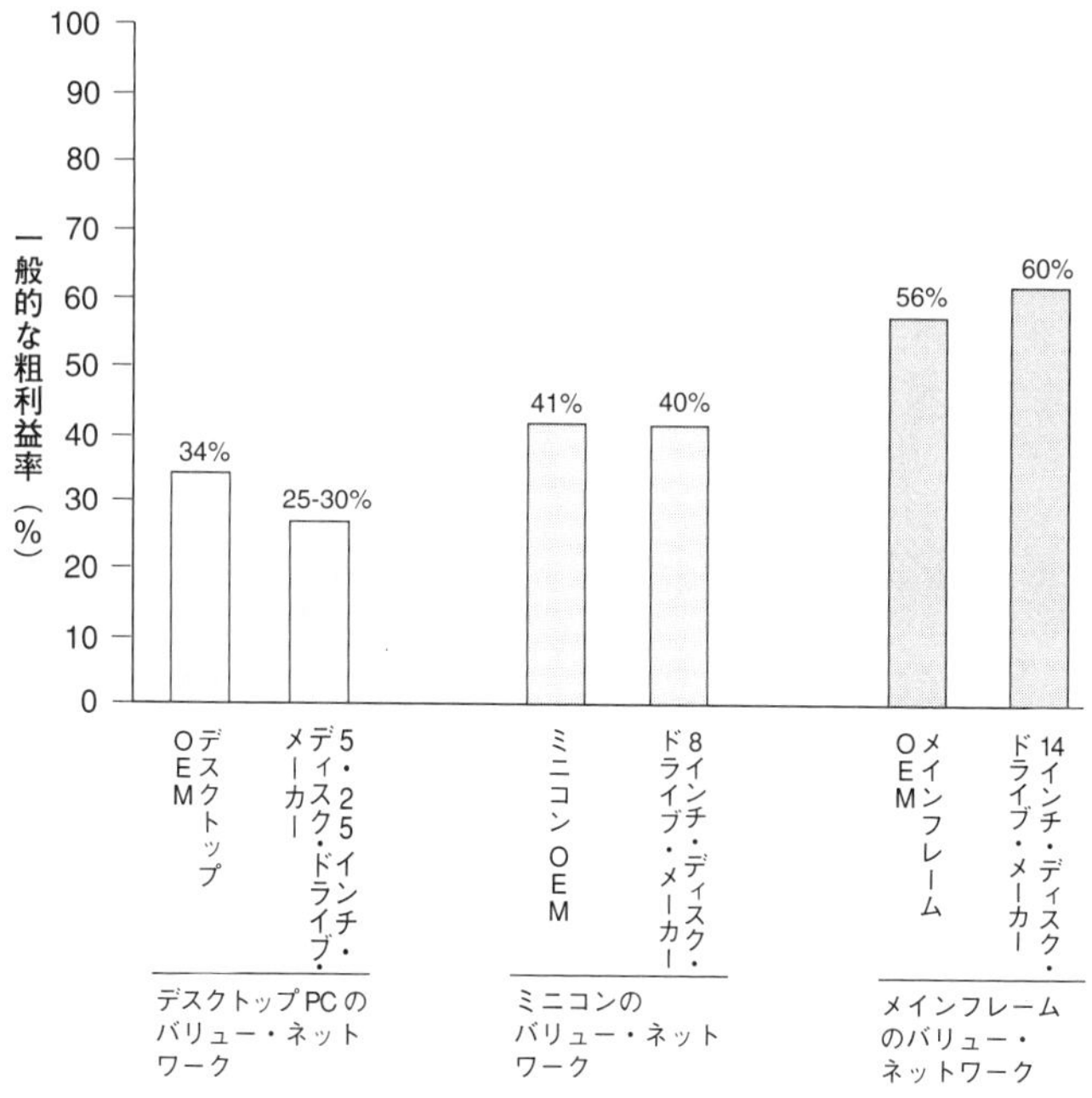

図2.4　各種バリュー・ネットワークを特徴づけるコスト構造
資料：各ネットワークを代表する企業数社の年次報告書と経営陣の取材による。

様に、八インチ・ドライブ・メーカーの粗利益率は、ミニコン・メーカーの粗利益率（約四〇％）に近く、デスクトップ・メーカーのバリュー・ネットワークでも、パソコン・メーカーとディスク・ドライブ・メーカーの粗利益率（約二五％）は近い。

各バリュー・ネットワークのコスト構造は、どのようなイノベーションが利益に結びつくと企業が考えるかに、多大な影響を与える。要するに、企業が属するバリュー・ネットワーク、または粗利益率で上回るネットワークのなかで評価されるイノベーションが、利益に結びつくとみなされる。しかし、粗利益率の低いネットワークでしか評価されない技術は、利益に結びつくとはみなされず、投資家や経営陣の関心をひきつける可能性は低い（各バリュー・ネットワークのコスト構造が、実績ある企業の柔軟性や命運に与える影響については、第四章で詳しく述べる）。

ある技術的なチャンスが魅力的かどうかと、生産者がそれを追求するのが難しいかどうかは、特に、関連するバリュー・ネットワークのなかで、企業がどこに位置しているかによって決まる。実績ある企業が持続的イノベーションにはあきらかに強く、破壊的イノベーションには弱いこと、また、新規参入企業がその反対であることは、既存企業と新規参入企業の技術力や組織力の違いによるのではなく、業界内のさまざまなバリュー・ネットワークのなかでの位置による。

技術のSカーブとバリュー・ネットワーク

技術のSカーブは、技術戦略を考える際に最も重要なものである。Sカーブは、一定期間、または一定量の技術努力によって得られる性能向上の幅が、技術が成熟するにしたがって変化することを示している。この理論によれば、ある技術の初期段階では、性能向上の速度は比較的遅い。その技術が理解され、扱いやすくなって普及すると、技術の向上は加速する。しかし、成熟段階に達すると、徐々に物理的な限界に近づき、いままで以上に時間をかけたり、技術努力を費やさなければ、性能が向上しないようになる。その結果、図2・5のようなパターンが現れる。

研究者の多くは、戦略的技術マネジメントの本質は、Sカーブの変曲点を見きわめ、現在の技術に取ってかわる後継技術を開発することにあると主張している。つまり、図2・5の点線のように、古いS

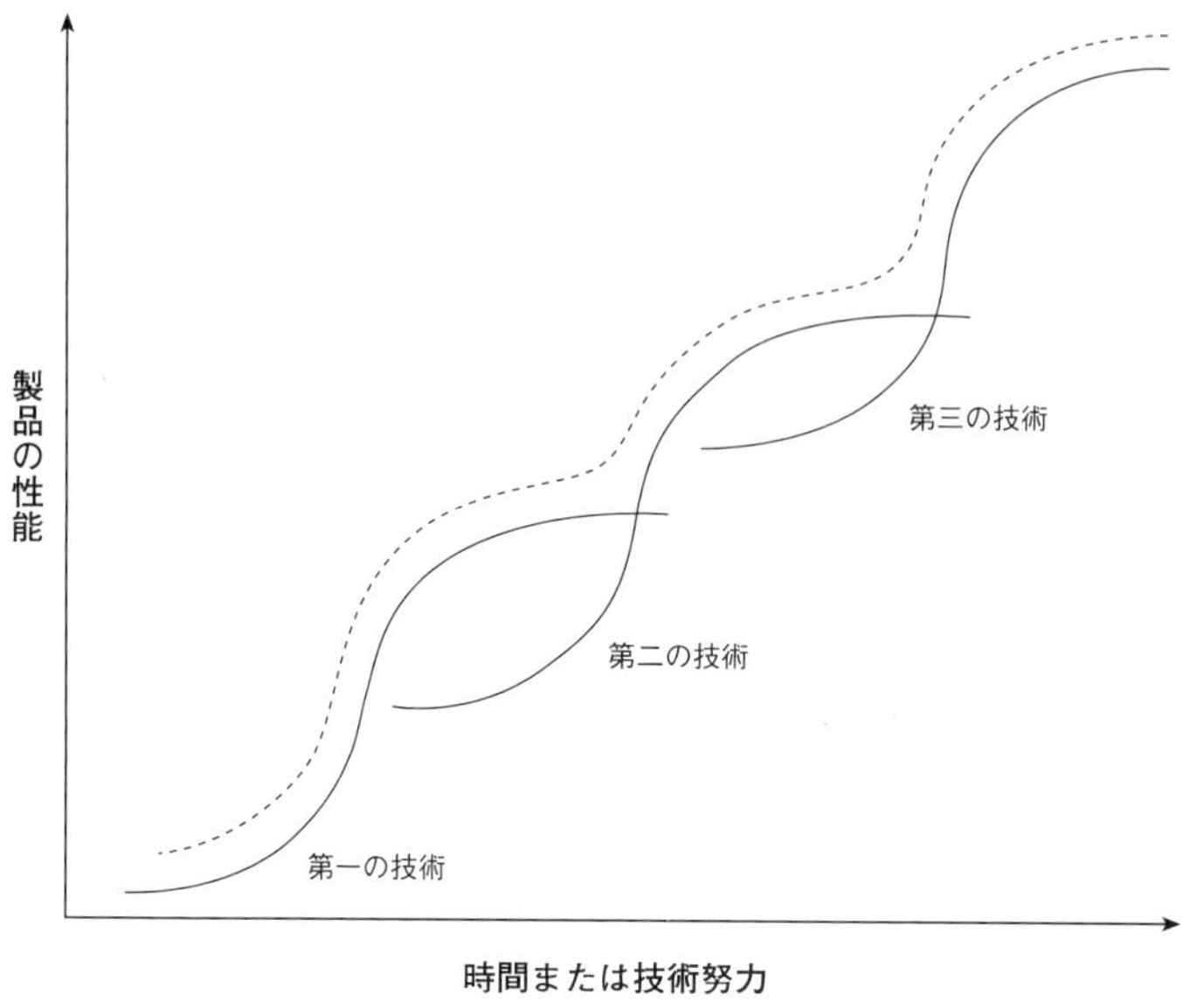

図2.5　一般的な技術のSカーブ
資料：クレイトン・M・クリステンセン「技術のSカーブの限界追求　第一部：部品技術」（『プロダクション・アンド・オペレーションズ・マネジメント』1, No.4 1992年秋号 340ページ）。転載許可済み。

カーブと新しいSカーブが交差する時期がきたら、うまく技術を乗り換えることが課題となる。下から改め上ってくる新技術の脅威を予測し、適時に乗り換えられなかったことが、実績ある企業が失敗する原因であり、新規参入企業や攻撃する側の企業が優位に立つきっかけになると言われてきた＊。

＊この意見の提唱者のなかで特に知られているのは、リチャード・フォスターである。『イノベーション――限界突破の経営戦略』（TBSブリタニカ、一九八七年）など。

Sカーブの概念とバリュー・ネットワークの概念は、どのような関係にあるだろうか。図2・5のようにSカーブが交差する典型的な構図は、一つのバリュー・ネットワークのなかで持続的イノベーションが起きるようすを表している。その場合、縦軸は、製品のいずれかの性能を表す尺度、つまり性能指標のランクづけである。この図が、新しい記録ヘッド技術がディスク・ドライブの記録密度に与える持続的影響を表した図1・4に似ている点に注目したい。漸進的な技術改良により、性能はそれぞれの曲線に沿って向上するが、新しいヘッド技術に移行すると、急激な飛躍が起こる。ディスク・ドライブ業界におけるイノベーションの歴史上、持続的な改良によって業界をリードしたり、成功した市場地位を築いた新規企業など、ただの一社もなかったことを思い出してほしい。いずれの場合も、現行の技術がいずれ横ばいになることを予測し、全体的な進歩を持続するために新技術を見きわめ、開発、実用化した企業は、以前の技術の専門家である。これらの企業は、一〇年以上も前から新技術に目を向け、既存の資産やノウハウを一掃することによって、莫大な財務リスクを負うことがある。しかし、このような困難な状況のなかでも、実績ある企業の経営陣は、一貫して鋭敏な対応をとり、図2・5の点線に沿って進んできた。

しかし、破壊的イノベーションは、図2・5のように描くことはできない。破壊的イノベーションの縦軸には、確立されたバリュー・ネットワークとは別の性能指標をとらなければならないからである。破壊的技術は、まず新しいバリュー・ネットワークで商品化され、つぎに確立されたネットワークを侵食するため、これを図式化するには、図2・6のような別のSカーブが必要である。破壊的技術は、独自のバリュー・ネットワークのなかで、独自の軌跡に沿って出現し、発展していく。別のバリュー・ネットワークで求められるレベルと品質を満たすまで性能が上がると、そのネットワークを侵食しはじめ、おそるべきスピードで既存の技術と、既存の実績ある企業を駆逐することができる。

図2・5と図2・6が、大手企業を失敗に追い込むイノベーターのジレンマを示していることはあき

らかだ。ディスク・ドライブ業界や、後述するその他の業界では、研究開発投資の増強、投資と計画期間の延長、技術に関する調査や予測、共同研究や共同事業などはいずれも、理想的には図2・5のような形を描く持続的イノベーションの課題に取り組むための手段である。実績ある企業の多くがこれらの措置をとり、正しくマネジメントすれば持続的な技術に対応できるという証拠はある。しかし、図2・6の状況は根本的に性質の異なる破壊的脅威であるため、これらの対策では対処できない。

経営上の意思決定と破壊的イノベーション

バリュー・ネットワーク内での競争は、さまざまな意味で、そこに属する企業の利益に影響を与える。また、企業の製品やサービスによって対応すべき顧客の問題や、それらを解決するために必要なコストは、ネットワークによって決まる。バ

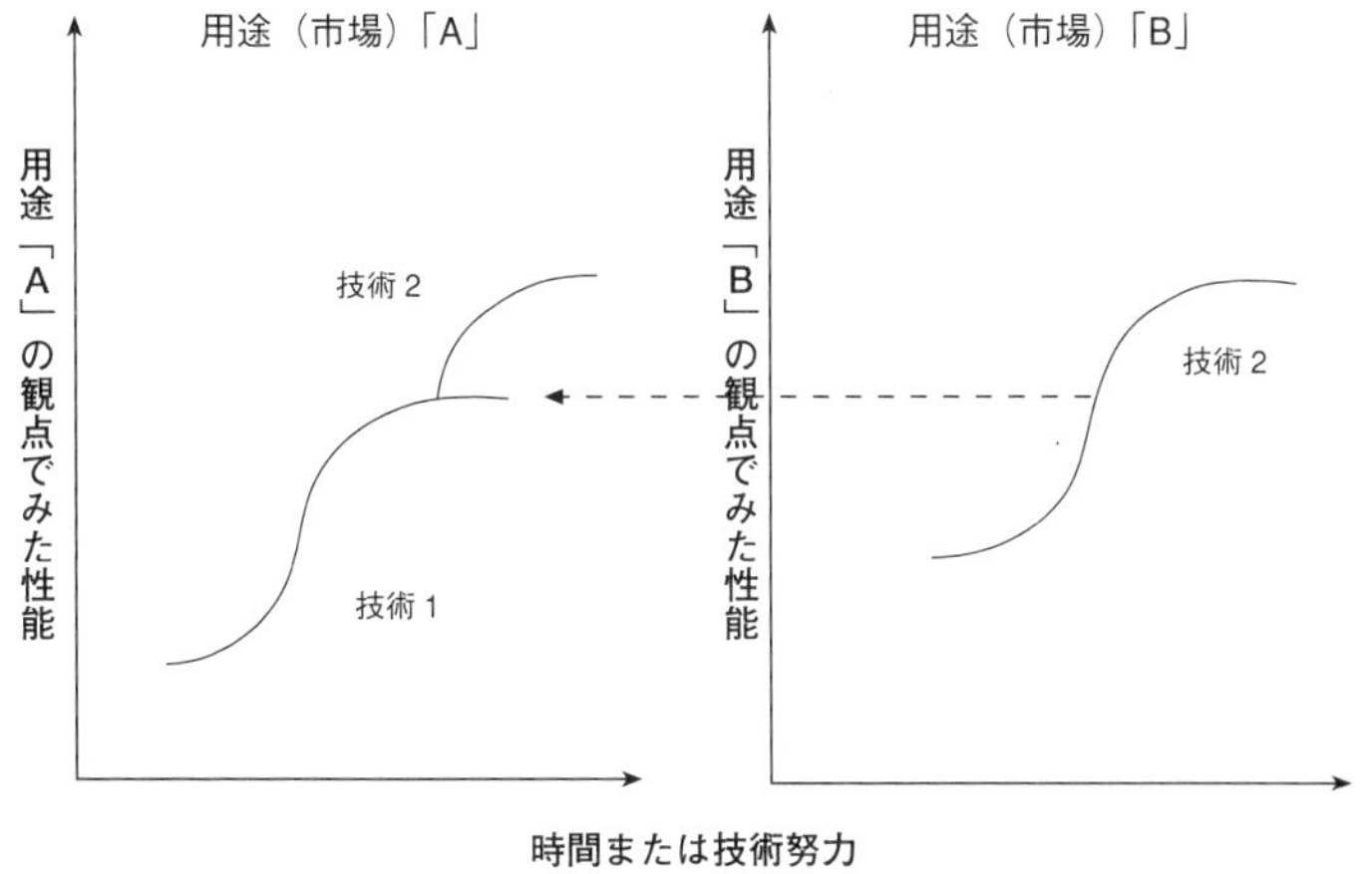

図2.6　破壊的技術のSカーブ
資料：クレイトン・M・クリステンセン「技術のSカーブの限界追求　第一部：部品技術」(『生産・操業管理』1, No.4 1992年秋号 361ページ)。転載許可済み。

リュー・ネットワーク内の競争や顧客の需要は、さまざまな点で、企業のコスト構造、競争力を維持するために必要な企業の規模、必要な成長率などを形成する。そのため、バリュー・ネットワークの外にいる企業にとって意味のあるマネジメント判断が、ネットワーク内の企業にとってはまったく無意味であったり、非常に有効であったりする。

第一章では、実績ある企業が持続的イノベーションの導入に成功し、破壊的イノベーションの扱いに失敗するという、驚くほど一貫したパターンを見た。同じパターンが繰り返されるのは、そのような結果を招いたマネジメント判断が意味のあるものだったからだ。すぐれたマネージャーは意味のあることを実行し、なにが意味を持つかは、主に、その企業の属するバリュー・ネットワークによって決まる。

以下に述べる六つのステップから成る意思決定のパターンは、既存企業、新規参入企業を問わず、ディスク・ドライブ業界の主要企業で、破壊的技術が現れたときに重要な地位を占めていた八〇人以上の幹部を取材して得られたものである。これらの取材では、各企業がその時点で属していたバリュー・ネットワークにとって重要な技術、重要でない技術について、その開発と商品化にかかわる意思決定プロセスに影響を与えた要因を、できるだけ正確に、できるだけ多角的な観点から再現するよう努めた。結論はいつも同じで、実績ある企業は、破壊的イノベーションに直面したとき、必要な技術を開発することには苦労しない。それどころか、マネージャーの意思決定を求める前に、新しいドライブのプロトタイプが開発されている場合もあった。しかし、競合する製品や技術の開発に少ない資源しか配分しない（たとえば、図2・6の右と左の二つのバリュー・ネットワークの間で資源配分する）となると、破壊的プロジェクトは頓挫する。ほとんどの場合、市場規模が小さく顧客の需要もはっきりしない破壊的技術より、企業にとって最も有力な顧客の需要に応える持続的プロジェクト（図2・5に示した同じバリユー・ネットワークのなかの新しい技術の波）が優先される。

この特徴的な意思決定のパターンを以下にまとめる。パターンの各ステップを説明するにあたっては、特に典型的な例として、五・二五インチ・ドライブの業界最大手であったシーゲート・テクノロジーが、破壊的な三・五インチ・ドライブの商品化に手こずった話を詳しく取り上げる。

ステップ一：破壊的技術は、まず既存企業で開発される

破壊的技術の商品化にあたっては新規参入企業のほうが進んでいたが、開発段階では、実績ある企業の技術者が、ひそかに資源を使って作ったケースも多い。このように革新的なアーキテクチャーを持つデザインは、上層部の指示で開発されることはめったになく、市販部品を使ったものがほとんどである。こうして一九八五年、五・二五インチ・ドライブの最大手だったシーゲート・テクノロジーの技術者は、業界で二番目に、三・五インチ・モデルの実用プロトタイプを開発した。上層部に正式なプロジェクトの承認を求めるまでに、約八〇のプロトタイプ・モデルが開発された。その前に、一四インチ・ドライブの主要メーカーであるコントロール・データとメモレックスでも同じことをやっていた。八インチ・ドライブが市場に現れるより二年も前に、技術者は社内で実用モデルを設計していた。

ステップ二：マーケティング担当者が主要顧客に意見を求める

つぎに、技術者はプロトタイプをマーケティング担当者に見せ、小型で低価格の（性能の低い）ドライブに市場があるかどうかをたずねる。マーケティング部門は、新しいドライブの市場における魅力を調べるときの手順にならい、既存製品の主要顧客にプロトタイプを見せ、意見を求める[*]。こうしてシー

ゲートのマーケティング担当者は、新しい三・五インチ・ドライブを、IBMのPC部門や、その他のXT、ATクラスのデスクトップ・パソコン・メーカーに見てもらう。このドライブの記憶容量が、主流デスクトップ市場の求める容量をはるかに下回っていたにもかかわらず、である。

＊この点は、起業家にとってきわめて難しい問題の一つが、顧客と対話しながら製品を開発、洗練できる適切な「ベータ・テスト・サイト」を見つけることだというロバート・バーゲルマンの見解と一致している。一般に、顧客窓口をつとめるのは、その会社の既存製品を販売する営業担当者である。この方法は、既存の市場向けに新製品を開発するにはよいが、新しい技術の新しい用途を見いだすには適していない（R・A・バーゲルマン、L・R・セイルズ著『企業内イノベーション――社内ベンチャー成功への戦略組織化と管理技法』（ソーテック、一九八七年）を参照のこと）。レベッカ・ヘンダーソンによれば、新しい技術をいつも主流顧客に持ち込もうとするこの傾向は、マーケティング能力の不足を示している。この問題を、技術的能力の問題として片づける研究者が多いが、新しい技術の新しい市場を見つけられないことは、イノベーションにおいて、企業にとってきわめて不利な条件になりかねない。

IBMがシーゲートの破壊的な三・五インチ・ドライブにまったく関心を示さなかったのも無理からぬことだった。IBMの技術者とマーケティング担当者は、四〇〜六〇MBのドライブを求めており、コンピュータにはすでに五・二五インチ・ドライブのスロットを組み込んでいた。IBMが必要としていたのは、確立してきた性能の軌跡をさらに向上させる新しいドライブである。シーゲートのマーケティング担当者は、顧客の関心をほとんど得られなかったため、悲観的な売上げ予想を立て、さらに、新しい製品のほうが単純で性能も低いため、利益率も高性能の製品より低いと見込んだ。したがって、シーゲートの財務アナリストも、マーケティング部門に同調して破壊的プログラムに反対した。このような情報をもとに検討したため、上層部も三・五インチ・ドライブの商品化を棚上げした。ちょうど、三・五インチ・ドライブがラップトップ市場で地位を確立し始めたころである。

これは、既存顧客への競争力を維持しながら、積極的な成長目標、収益目標を達成するためにマーケティング部門が不可欠と考えている新製品の開発に同等の資源を配分する、という無理のある計画を検討したうえでの決定であった。シーゲートの元役員は「第二のST412となりうる新モデルが必要だった。ラップトップ市場は立ちあがったばかりだったので、三・五インチ・ドライブの収益予想は五〇〇〇万ドルにも満たず、目標を達成するには三・五インチ製品では不十分だった」と語っている。

＊ライフサイクルの末期にあったデスクトップ市場で、年間三億ドルを売り上げた人気商品。

シーゲートの経営陣ははっきりと、破壊的技術を追求しないという決定をくだした。経営陣が、破壊的製品の開発に資源を投入することを承認したケースもある。しかし、具体的にどれだけの時間と資金を割り当てるかという決定の段階で、企業の利益を第一に考える技術者とマーケティング担当者は、それを意識したかどうかわからないが、破壊的プロジェクトを迅速に完成させるために必要な資源を投入しなかった。

一四インチ・ドライブの最大手、コントロール・データの技術者が、同社初の八インチ・ドライブの開発を正式に承認されたとき、同社の顧客はコンピュータ一台につき平均三〇〇MBの記憶容量を求めていたが、最初の八インチ・ドライブの記憶容量は六〇MB以下であった。八インチ・ドライブの優先順位は引き下げられ、八インチ・ドライブ開発担当の技術者は、大切な顧客のために設計中の一四インチ・ドライブの問題解決に駆り出されることが多かった。カンタムとマイクロポリスの五・二五インチ製品の発売が遅れた背景にも、同様の問題があった。

ステップ三：実績ある企業が持続的技術の開発速度を上げる

マーケティング部門のマネージャーは、既存顧客の要望に応えて、ヘッドの改良や新しい符号化方式の開発など、新しい持続的プロジェクトに力を入れる。それによって、顧客の求めるものが提供され、成長を続けるために必要な売上げと利益を得られる大規模市場に狙いを定めることができた。ときには開発コストがかさんだものの、こういった持続的技術への投資のほうが、破壊的技術への投資よりはるかにリスクが小さいように思われた。確実に顧客がいて、そのニーズもわかっていたからだ。

たとえば、一九八五年から八六年にかけての、三・五インチ・ドライブを棚上げするというシーゲートの決定は、きわめて合理的であった。ディスク・ドライブの軌跡グラフで下位にある市場について、一九八七年の三・五インチ・ドライブの市場規模は取るに足らないと予想していたのだ。製造部門の幹部は、この市場の粗利益率は不透明だが、三・五インチ・ドライブの一MBあたりコストは、五・二五インチ・ドライブのそれをはるかに上回ると予測していた。上位市場に対するシーゲートの見方は、まったく違っていた。記憶容量六〇〜一〇〇MBの五・二五インチ・ドライブの売上げは、一九八七年には五億ドルに達すると予想していたのだ。六〇〜一〇〇MBの市場に位置する企業は三五〜四〇％の粗利益率を得ていたが、販売台数の多い二〇MBドライブでのシーゲートの利益率は二五〜三〇％である。ＳＴ２５１製品を開発し、上位市場へ移行する企画案が活発に検討されている時期に、三・五インチ・ドライブに資源を投入するのは、同社にとって意味のないことだった。

経営陣が三・五インチ・ドライブを棚上げしたあと、シーゲートは五・二五インチの新モデルを矢継ぎ早に発売しはじめる。一九八五年、八六年、八七年に新たに発売されたモデルの数は、前年に販売されていた全モデル数の五七％、七八％、一一五％であった。この間にシーゲートは、薄膜ディスク、ボイスコイル・アクチュエーター[*]、ＲＬＬ符号化方式、内蔵ＳＣＳＩインタフェースなどの複雑で高度な新しい部品技術を導入している。その背景にあったのは、下からの新規参入企業の攻撃に備えるのでなく、同様の改良を進めているほかの実績ある企業との競争に勝つという思惑があったことはまちがいない。

＊ボイスコイル・モーターは、それまでシーゲートが使っていたステッピング・モーターよりコストが高かった。市場では新しい技術ではなかったが、シーゲートにとっては新しかった。

ステップ四：新会社が設立され、試行錯誤の末、破壊的技術の市場が形成される

破壊的な製品のアーキテクチャーを開発するために新会社が設立され、その多くには、実績ある企業内で不満を募らせていた技術者が加わる。三・五インチ・ドライブの大手、コナー・ペリフェラルズを設立したのは、五・二五インチの二大メーカー、シーゲートとミニスクライブの元社員である。八インチ・ドライブのメーカー、マイクロポリスの創業者は一四インチ・ドライブ・メーカーの出身であり、シュガートとカンタムの創業者はメモレックスを飛び出している[*]。

＊北米のディスク・ドライブ・メーカーの設立者はすべて、元をたどれば、ＩＢＭの磁気記録製品を開発、製造していたサンノゼ部門に行き着く。

しかし、新興企業も元の雇い主と同様、破壊的アーキテクチャーで実績あるコンピュータ・メーカーを引きつけることには失敗する。したがって、新しい顧客を見つけなければならない。この先行き不透明な調査プロセスのなかで見えてきた用途は、ミニコン、デスクトップ・パソコン、ラップトップ・パソコンである。いま考えれば、これらがハードディスクの市場になるのは当然と思われるが、当時は、

これらの市場がどれほどの規模になり、どのような意味をもつようになるかは、見当もつかなかった。マイクロポリスは、同社の製品が使われるようになるデスクサイド・ミニコンとワープロの市場が現れる前に設立された。シーゲートは、IBMがPCを発売する二年前、パソコンがマニアのおもちゃにすぎなかった時代に設立された。コナー・ペリフェラルズは、コンパックがポータブル・パソコン市場の潜在規模に気づく前に事業を始めた。これらの企業の創立者は、明確なマーケティング戦略もなく製品を販売しはじめ、買うと言われればだれにでも売っていた。試行錯誤の繰り返し、製品の主要な用途が生まれたのである。

ステップ五：新規参入企業が上位市場へ移行する

新会社は、新しい市場に事業基盤を見いだすと、部品技術*を持続的に改善することによって、この新しい市場の需要より速いペースでドライブの容量を増やせることに気づく。年五〇％もの性能向上の軌跡をたどり、性能グラフではすぐ上に位置する実績ある大手コンピュータ・メーカーに狙いを定める。

＊これらの部品技術は、新規参入企業より上位の確立された市場を支配している最大手の既存企業で開発されることが多い。新しい部品は、いつもとはかぎらないが、技術の軌跡に持続的な影響を与えることが多いためである。このような上層の実績ある企業が、最も熱心に持続的イノベーションを追求することが多い。

実績ある企業の下位市場に対する見方と、新規参入企業の上位市場に対する見方は異なっている。実績ある企業は、新しく現れた単純なドライブの市場には、利益率の点でも市場規模の点でも魅力を感じないが、新規参入企業は、上位の高性能製品市場の潜在規模と利益率に大いに魅力を感じる。新しいドライブが必要な容量と処理速度の条件を満たすようになると、サイズが小さくアーキテクチャーが単純なことから、価格、速度、信頼性のすべてにおいて以前のアーキテクチャーを上回るため、確立された市場の顧客も、以前は拒否した新しいアーキテクチャーを受け入れるようになる。こうして、デスクトップ・パソコン市場からスタートしたシーゲートは、ミニコン、エンジニアリング・ワークステーション、メインフレームのディスク・ドライブ市場を侵食し、支配するようになる。一方、デスクトップ・パソコンのディスク・ドライブ市場では、三・五インチ・ドライブの先駆者であるコナーとカンタムに追われるようになる。

ステップ六：実績ある企業が顧客基盤を守るために遅まきながら時流に乗る

小型モデルが確立された市場分野を侵食するようになると、当初その市場を支配していたドライブ・メーカーは、ステップ三で棚上げしていたプロトタイプを持ち出し、自分たちの顧客基盤を守るために発売する。当然、このころには新しいアーキテクチャーの破壊的特徴は薄れ、確立された市場の大型ドライブと性能的にも、完全に競えるようになっている。遅まきながら新しいアーキテクチャーを導入し、自分の市場での地位を守ることができた既存メーカーもあるが、すでに新規参入企業が製造・設計コストの面で圧倒的な優位を築いているため、市場から撤退せざるをえなくなったメーカーも多い。下のバリュー・ネットワークから攻撃してきた企業は、粗利益率が低くても収益をあげるコスト構造を持っているため、製品に有利な価格設定ができ、守る側の実績ある企業は熾烈な価格競争に巻き込まれる。

新しいアーキテクチャーの導入に成功した既存メーカーにしても、生き残るのが精一杯である。新しい市場で十分なシェアを勝ち取った企業はない。新しいドライブは、既存顧客向けの旧製品の売上げを侵食するだけである。一九九一年現在、シーゲートの三・五インチ・ドライブは、ポータブル、ラップトップのメーカーにはほとんど販売されていない。同社の三・五インチ・ドライブを購入しているのは、以前と同じデスクトップ・パソコン・メーカーであり、あいかわらず、たいていの三・五インチ・ドライブには、五・二五インチ・ドライブ用に設計されたXTやATなどのパソコンに取り付けるためのフレームが付属している。

一四インチの最大手、コントロール・データは、ミニコン市場で一％のシェアも獲得できなかった。同社が八インチ・ドライブを発売したのは、新会社が最初に八インチを発売してから三年近くたってからのことで、ドライブの販売先はすべてメインフレーム業界の既存顧客であった。ミニスクライブ、カンタム、マイクロポリスも、破壊的技術のドライブを遅れて発売したものの、自社の旧製品との共食いに終わった。新しい市場で十分なシェアを獲得できず、従来の事業の一部を守るのがせいぜいであったのである。

「顧客の意見に耳を傾けよ」というスローガンがよく使われるが、このアドバイスはいつも正しいとはかぎらないようだ*。むしろ顧客は、メーカーを持続的イノベーションに向かわせ、破壊的イノベーションのリーダーシップを失わせ、率直に言えば誤った方向に導くことがある**。

*顧客の意見が貴重である証拠として引き合いに出されることの多いエリック・フォン・ヒッペルの研究によれば、新製品のアイデアの大半は顧客から生まれるという（エリック・フォン・ヒッペル著『イノベーションの源泉――真のイノベーターはだれか』ダイヤモンド、一九九一年）。今後は、ここに提示した理論に照らしてヒッペルのデータを検証してみると、なんらかの成果がみえるだろう。バリュー・ネットワークの理論で考えれば、ヒッペルの研究した顧客が企業を導いていくイノベーションとは、持続的イノベーションであることがわかる。破壊的イノベーションの源泉はほかにある。

**ヘンダーソンも、半導体製造用アライナーのメーカーを調査し、顧客が誤った方向に導く危険性があることに気づいた。

フラッシュ・メモリーとバリュー・ネットワーク

バリュー・ネットワークの理論を使って将来を予測できるかどうかは、現在、「フラッシュ・メモリー」の出現によって検証されようとしている。これは、シリコンのメモリー・チップにデータを記憶するソリッド・ステート半導体メモリー技術である。フラッシュ・メモリーが従来のダイナミック・ランダム・アクセス・メモリー（DRAM）技術と異なるのは、電源を切ってもチップにデータが保持される点である。フラッシュ・メモリーは破壊的技術である。フラッシュ・チップは、同等の記憶容量を持つディスク・ドライブの五％未満の電力しか消費せず、可動部分がないため、ディスク記憶装置よりはるかに耐久性にすぐれている。もちろん、フラッシュ・メモリーにも欠点はある。記憶容量にもよるが、フラッシュ・メモリーの一MBあたりのコストはディスク記憶装置の五倍から五〇倍にもなる。また、書き込み耐久性はさほどすぐれていない。ディスク・ドライブが数百万回の上書きに耐えるのに対し、数十万回の上書きで消耗してしまう。

フラッシュ・メモリーが最初に使われたのは、コンピュータとはまったく別のバリュー・ネットワークである。携帯電話、心臓モニター装置、モデム、産業用ロボットなどの装置に、個別にパッケージ化されたフラッシュ・メモリーが内蔵されている。ディスク・ドライブは、これらの市場で使うには大きすぎ、壊れやすく、電力を消費しすぎる。これらの個別にパッケージ化されたフラッシュ・メモリー（業界用語で「ソケット・フラッシュ」）は、一九八七年には皆無だったが、一九九四年には一三億ドルの売上げを計上した。

九〇年代初頭、フラッシュ・メモリーのメーカーは、フラッシュ・カードという新しい形態の製品を開発した。クレジットカード大の装置に、コントローラーで接続、制御される複数のフラッシュ・チップが組み込まれたものだ。フラッシュ・カードのチップは、ディスク・ドライブに使われるのと同じSCSIという制御回路によって制御されるため、理論上、フラッシュ・カードはディスク・ドライブと同様に大容量記憶装置として使えることになる。フラッシュ・カード市場は、一九九三年の四五〇〇万ドルから九四年には八〇〇〇億ドルに成長し、九六年には二億三〇〇〇万ドルに達すると予想されている。

フラッシュ・カードはディスク・ドライブ・メーカーの主要市場を侵食し、磁気記憶装置に取ってかわるだろうか。もしそうなら、ディスク・ドライブ・メーカーはどうなるだろうか。自分たちの市場をリードしつづけ、この新しい技術の波をとらえるのか。それとも、追い落とされるのか。

能力の観点

クラークによる技術の階層の概念（六二ページの注を参照）は、製品やプロセスの技術的問題に取り組んできた結果として企業に蓄積された能力や技術知識に注目したものだ。ディスク・ドライブ・メーカーに対するフラッシュ・メモリーの脅威を検討するとき、クラーク、タッシュマン、アンダーソンらの理論によれば、ディスク・ドライブ・メーカーがIC設計の技術や、複数のICで構成される装置の制御技術を、過去にどれだけ蓄積してきたかが問題となる。したがって、これらの分野のノウハウが少ないドライブ・メーカーはフラッシュ製品の開発に失敗し、経験やノウハウを十分に持っているドライブ・メーカーは成功すると予想される。

一見、フラッシュ・メモリーは、ディスク・ドライブ・メーカーのコア・コンピタンスである磁気と機械の分野とは根本的に異なる電子技術に関係している。しかし、カンタム、シーゲート、ウェスタン・デジタルなどの企業は、しだいに高度になる制御回路やキャッシュ・メモリーをドライブに組み込むうちに、カスタムＩＣの設計ノウハウを身につけてきた。ＡＳＩＣ（特定用途向け集積回路）業界とほぼ同じ技術を使うこれらのコントローラー・チップは、クリーンルームの半導体処理設備を所有している第三者の独立組立業者が製造している。

現在の主要ディスク・ドライブ・メーカーは、最初はドライブを設計し、独立納入業者から部品を調達し、それを自社の工場か下請けによって組み立てて販売している。フラッシュ・カード事業もよく似ている。フラッシュ・カード・メーカーは、カードの設計、部品となるフラッシュ・チップの調達、ドライブとコンピュータ装置とのやりとりを管理するＳＣＳＩなどのインタフェース回路の設計・組み立てを行い、それらを社内または下請けで組み立てて販売している。

つまり、フラッシュ・メモリーは、多くのドライブ・メーカーが築いてきた能力を基盤としている**の**である。したがって、能力の観点からいえば、ディスク・ドライブ・メーカーは、フラッシュ記憶装置技術の商品化には失敗しないだろうと予想できる。さらにはっきりいうなら、特にＩＣ設計の経験豊富なカンタム、シーゲート、ウェスタン・デジタルなどの企業は、すぐにフラッシュ製品を発売すると予測できる。しかし、従来から電子回路設計の大部分を外注してきた企業は、苦しむかもしれない。

実際、現状もそのとおりになっている。シーゲートは一九九三年、サンディスクの二五％持分を取得してフラッシュ市場に参入した。シーゲートとサンディスクは、共同でチップとカードを設計している。チップは松下、カードは韓国のアナムが組み立てている。カードはシーゲートがみずから販売している。カンタムは別のパートナー、シリコン・ストレージ・テクノロジーと提携し、チップを設計したのち、組み立てを下請けに出している。

組織構造の理論

フラッシュ技術は、ヘンダーソンとクラークが「抜本的」技術と呼ぶものである。その製品アーキテクチャーと基本的な技術コンセプトは、ディスク・ドライブより新しい。組織構造の観点からいえば、フラッシュ製品を設計するために組織的に独立した部門を創設しなければ、実績ある企業はつまずくことになる。実際、シーゲートとカンタムは独立部門を設置し、競争力のある製品を開発している。

技術Sカーブ理論

新しい技術が確立された技術に取ってかわるかどうかを予測するために、技術のSカーブが使われることがある。つぎのSカーブに移るきっかけになるのは、確立された技術のカーブの傾きの変化である。カーブが変曲点を通過すると、その二次導関数はマイナスになり（技術向上のペースが衰え）、確立された技術にかわる新しい技術が現れると予想される。図2・7は、磁気ディスクのSカーブがまだ変曲点に達していないことを示している。一九九五年現在、記録密度は上昇しているばかりか、そのペースが速くなっている。

したがって、技術Sカーブ理論によれば、実績あるディスク・ドライブ・メーカーにフラッシュ・カードを設計する能力があるかどうかにかかわらず、磁気記憶装置のSカーブが変曲点を通過し、記録密度の向上の速度が衰えはじめなければ、フラッシュ・メモリーがディスク・ドライブ・メーカーの脅威になることはないと予想される。

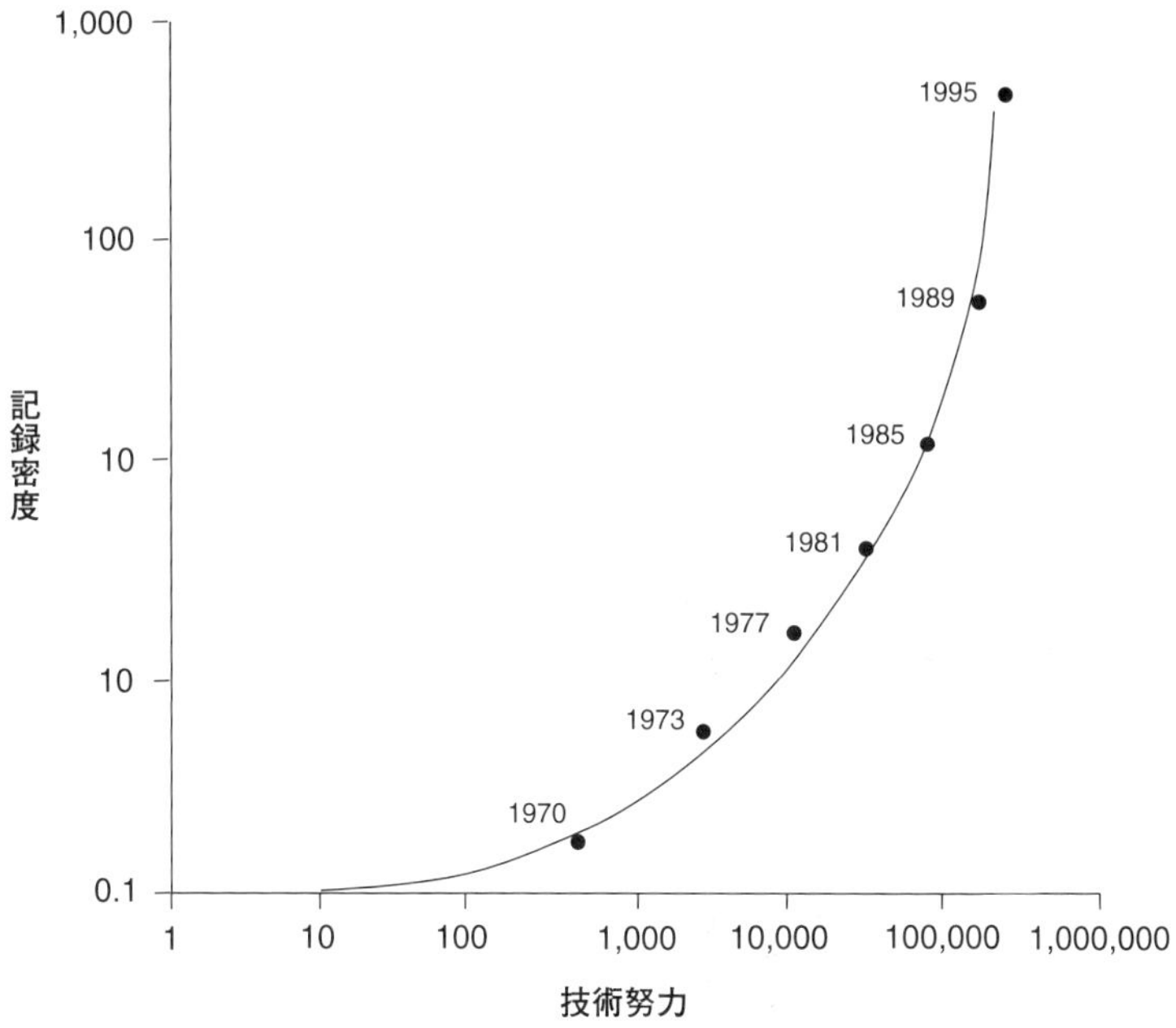

図2.7　ディスク・ドライブ新製品の記録密度の向上（メガビット／平方インチ）
資料：『ディスク／トレンド・レポート』各号のデータ

バリュー・ネットワーク理論による洞察

　バリュー・ネットワークの理論を使うと、上記の理論はいずれも、成否を予測するには不十分であることがわかる。具体的には、実績ある企業は、新技術を開発するのに必要な技術力を持っていなくても、顧客が求めれば、技術を開発または買収するための資源を集めるだろう。さらに、技術のSカーブによる予測が有効なのは、持続的技術に関してのみである。破壊的技術は、既存の技術と並行して向上していくのが通常であり、両者の軌跡は交差しない。したがって、Sカーブ理論を破壊的技術の評価に用いるのは、誤った問題の考え方である。重要なのは、破壊的技術が軌跡に沿って改良され、市場の需要と交差するかどうかである。

バリュー・ネットワークの理論によれば、シーゲートやカンタムなどの企業が競争力のあるフラッシュ・メモリー製品を開発することが技術的に可能であったとしても、その技術によって市場で強力な地位を築くために資源や経営努力をつぎ込むかどうかは、その企業が属するバリュー・ネットワークのなかで、初期にフラッシュ・メモリーが評価され、採用されるかどうかにかかっている。

一九九六年現在、フラッシュ・メモリーは、一般のディスク・ドライブ・メーカーとは別のバリュー・ネットワークでしか使われていない。これを、一九九二年から九五年の間に発売されたフラッシュ・カードの平均記憶容量をグラフにして、二・五インチ・ドライブと一・八インチ・ドライブの容量、ノート・パソコン市場で求められる容量と比較し、図2・8に表した。フラッシュ・カードは、耐久性や電力消費の少なさではすぐれているものの、記憶容量の点では、まだノート・パソコンの大容量記憶装置に追いついていない。また、ポータブル・パソコン市場で最低限求められる容量（一九九五年現在、約三五〇ＭＢ）を満たすには、フラッシュ・カードの容量あたりの価格は高すぎる。これだけの容量を持つフラッシュ・カードの価格は、同じ容量のディスク記憶装置の五〇倍になる。* フラッシュ・カードが省電力で耐久性にすぐれていることは、デスクトップ市場では価値がなく、価格プレミアムに値しないことはたしかである。言い換えれば、現在カンタムやシーゲートなどの企業が収益を得ている市場では、フラッシュ・カードを使う意味がない。

＊業界関係者によれば、ディスク・ドライブの製造コストには、一台あたり一二〇ドル前後の下限があり、どれほどすぐれた企業でも、この限界は超えられない。これは必要な部品を設計、生産し、組み立てるための基本コストである。ドライ

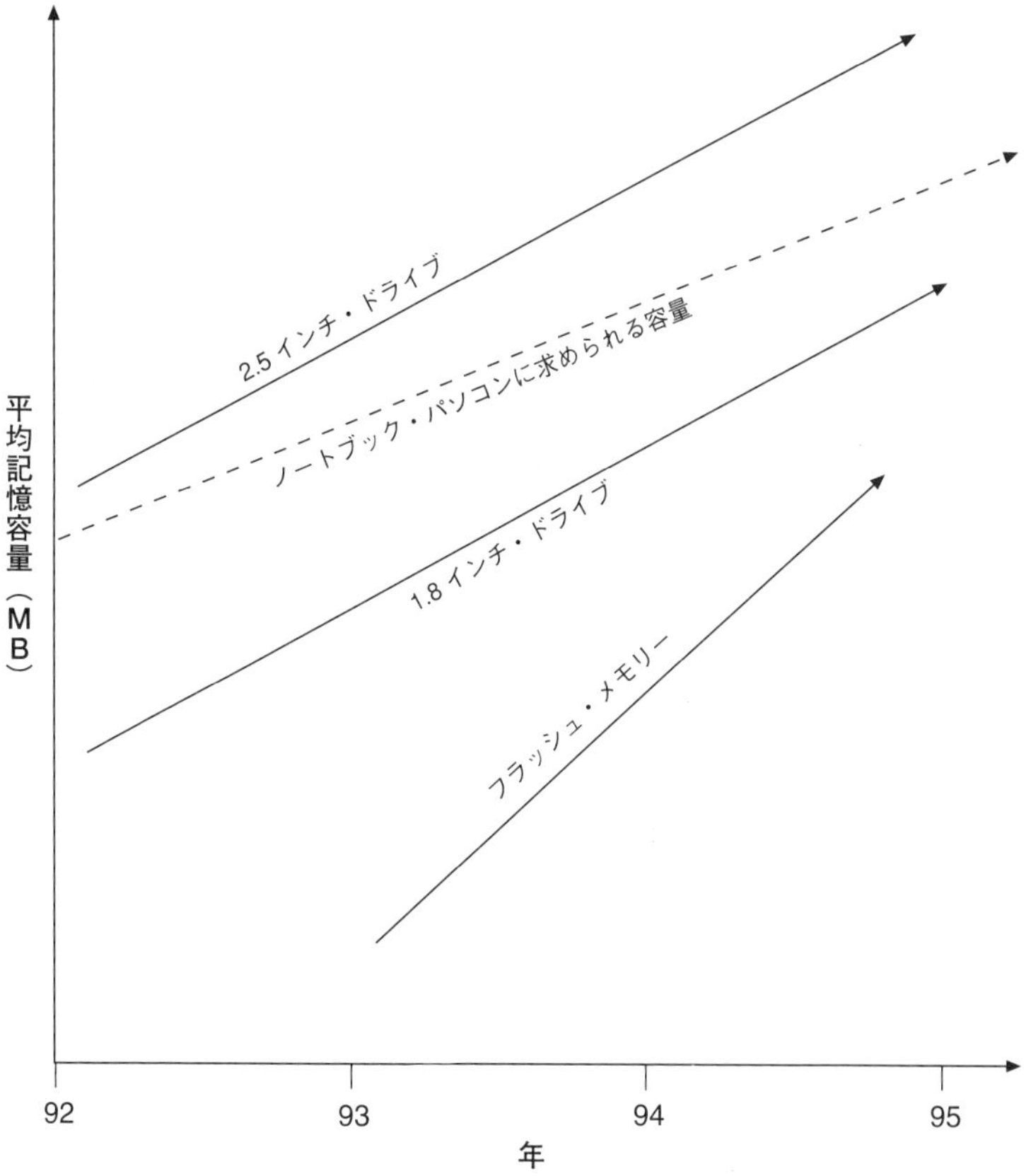

図2.8　ドライブの記憶容量とフラッシュ・カードの記憶容量の比較
資料：『ディスク／トレンド・レポート』各号のデータ

ブ・メーカーは、この一二〇ドルの箱に詰め込む記憶容量を増やしつづけることにより、一MBあたりのコストを引き下げている。この下限コストがディスク・ドライブとフラッシュ・カードの競争に与える影響はあきらかだろう。フラッシュ・メモリーの価格が低下すれば、記憶容量の少ない用途では、フラッシュ・カードがコスト競争力でディスク・ドライブに勝るようになる。磁気ディスク・ドライブのほうがフラッシュ・カードより一MBあたりのコストが低くなる境界は、大型ディスク・ドライブのアーキテクチャーが上の市場へと移動したのとまったく同じように、上の市場へと移動しつづけるだろう。事実、専門家は、一九九七年には、四〇MBのフラッシュ・カードの価格は、四〇MBのディスク・ドライブの価格と同等になると予想している。

フラッシュ・カードは、パームトップ・コンピュータ、電子文具、レジスター、電子カメラなど、カンタムやシーゲートが参加している市場とはまったく別の市場で使われているため、バリュー・ネットワークの理論によれば、カンタムやシーゲートのような企業は、フラッシュ・メモリーでは市場をリードする地位を築けないだろう。これは、技術が難しすぎるからでもなければ、組織構造が効率的な開発を妨げるからでもなく、これらの企業が、現在収益を得ている主流のバリュー・ネットワークで、できるだけ多くのシェアを守るために資源を投入するようになるからである。

実際、ある大手フラッシュ・カード・メーカーのマーケティング・マネージャーはこう考えている。「ハードディスク・メーカーは、ギガバイトの領域に移ると、記憶容量の低い領域ではコスト競争力を失うだろう。その結果、ディスク・ドライブ・メーカーは一〇～四〇MBの市場から撤退し、その空白はフラッシュが埋めることになるだろう」

ドライブ・メーカーのフラッシュ・カード事業を構築しようとする動きは、停滞している。一九九五年当時、カンタムとシーゲートのいずれも、フラッシュ・カード市場で一％もシェアを獲得しないうちにまだ実質的なビジネスチャンスはないとして、同年のうちに市場から撤退している。しかし、シーゲートは現在もサンディスク（ＳｕｎＤｉｓｋからＳａｎＤｉｓｋに社名変更）の株式の一部を所有しており、この戦略は、破壊的技術への効果的な対応方法となるだろう。

バリュー・ネットワークの理論がイノベーションに対して持つ意味

バリュー・ネットワークは、そこに属する企業にとって何が可能で何が不可能かを、はっきりと定める。この章のまとめとして、バリュー・ネットワークの視点から見た技術革新の性質と実績ある企業が直面する問題について、五つの見解を提示する。

一、企業が競争する環境、つまりバリュー・ネットワークは、イノベーションを妨げる技術的、組織的障害を克服するために必要な資源や能力を集約する能力にはっきりと影響を与える。バリュー・ネットワークの境界を定めるのは、製品の性能に対する独自の評価である。つまり、周知の業界の最終利用システムで採用されている性能指標とはまったく別の、いくつかの性能指標の順位づけによって決まる。バリュー・ネットワークを定めるもう一つの要因は、ネットワーク内の顧客ニーズへの対応にともなうコスト構造である。

二、イノベーションへの努力が商業的に成功するかどうかを決定する重要な要因は、バリュー・ネットワーク内の関係者のニーズにどこまで対応するかである。既存企業は、アーキテクチャーの革新であれ構成部品の革新であれ、みずからのバリュー・ネットワーク内のニーズに応えるあらゆる種類のイノベーションを、技術的な性質や難度にかかわりなく率先して進める傾向にある。これらは単純なイノベーションであり、その価値や用途はあきらかだ。一方、新しいバリュー・ネットワークの顧客ニーズにしか応えない技術革新では、技術的に単純なものであろうと、既存企業のほうが遅れをとる傾向にある。破壊的イノベーションが複雑なのは、既存企業の基準に照らしてみた場合、その価値や用途が不透明だからである。

三、実績ある企業が、顧客ニーズに応えない技術を無視しようと決めたことは、二つの異なる軌跡が交わったときに致命的な結果を招く。一方は、あるバリュー・ネットワークのなかで長期的に求められる性能の軌跡で、もう一方は、ある技術のパラダイムのなかで技術者が提供できる性能の軌跡である。技術によって実現できる性能向上の軌跡は、下位のバリュー・ネットワーク内の顧客が最終利用システムに対して求める性能向上の軌跡とは、あきらかに傾きが異なる。これらの二つの軌跡の傾きが近ければ、その技術は、概ね当初のバリュー・ネットワークのなかにとどまると考えられる。しかし、傾きが異なる場合、当初は新しいバリュー・ネットワーク、あるいは商業的にかけ離れたバリュー・ネットワークのなかだけで性能競争力を持っていた新技術が、ほかのネットワークに侵食してくる可能性があり、新しいネットワークのイノベーターにとって、既存のネットワークを攻撃する手段になる。このような攻撃が起きるのは、技術の進歩によって、二つのバリュー・ネットワーク間の性能指標の順位づけに違いがなくなるためである。たとえば、ディスク・ドライブのサイズや重量などの特性は、デスクトップ・パソコンのバリュー・ネットワークでは、メインフレームやミニコンのバリュー・ネットワークにおいてより、はるかに重要な意味を持つ。五・二五インチ・ドライブの技術の進歩により、メーカーが、デスクトップのネットワークで重視される特性ばかりでなく、メインフレームやミニコンのネットワークで最重視される特性、すなわち記憶容量や処理速度の条件も満たせるようになると、それぞれのバリュー・ネットワーク間の境界は、五・二五インチ・ドライブ・メーカーの参入を妨げる障壁ではなくなる。

四、確立された技術の軌跡における進歩の水準、速度、方向などを破壊し、塗りかえるようなイノベーション（たいていは、技術的にはほとんど新しさのない新しい製品アーキテクチャー）については、実績ある企業より新規参入企業のほうに攻撃者としての優位性がある。これは、そのような技術が、確立されたネットワークのなかでは価値を持たないためである。このような技術の商品化で、実績ある企業が優位に立つ唯一の方法は、その技術が価値を生み出せるバリュー・ネットワークに参入することである。リチャード・テドローが米国の小売業の歴史（そこでは、スーパーマーケットとディスカウント・ストアが破壊的技術に相当する）に関して書いているように、「実績ある企業が直面する最も強固な障壁は、企業自身がそこへ入りたくないと考えていること」である。*

*リチャード・テドロー著『マス・マーケティング史』（ミネルヴァ書房、一九九三年）

五、このような場合、この「攻撃者の優位」が破壊的イノベーションに関連していることはたしかだが、攻撃者優位の本質は、既存企業より新規参入企業のほうが、新しい用途の市場、つまり新しいバリュー・ネットワークを攻撃し、開発するための戦略を見きわめ、立案しやすいことにある。したがって、本質的な問題は、実績ある企業が新規参入企業に比べて、いかに柔軟に技術ではなく戦略とコスト構造を革新できるかであろう。

これらの見解は、技術革新の分析に新たな一面をもたらす。破壊的技術に直面した企業は、新技術と組織の改革のために必要となる能力にくわえ、自社の属するバリュー・ネットワークにイノベーションがもたらす影響を検証しなければならない。検討すべき点はつぎのとおりである。そのイノベーションにかかわる性能指標が、すでに企業が属しているバリュー・ネットワークのなかで評価されるかどうか。イノベーションの価値を実現するために、ほかのネットワークに参入したり、新しいネットワークを創設する必要があるかどうか。将来的に市場の軌跡と技術の軌跡が交わり、現在は顧客のニーズに応えられない技術が、いずれ応えられるようになるかどうか。

これらの検討事項は、この章で取り上げた電子、機械、磁気技術のように、進歩が速く複雑で高度な最先端技術に取り組む企業だけにあてはまることではない。第三章では、まったく別の業界、掘削機業界を対象に、これらを検証していく。

第三章　掘削機業界における破壊的イノベーション

掘削機と、その前身である蒸気ショベルは、掘削工事業者にとっては莫大な資本財である。この業界は、変化の激しいハイテク業界とは異なるが、ディスク・ドライブ業界と共通点がある。業界の歴史のなかで、大手企業が幾度となく、部品やアーキテクチャーの漸進的、抜本的な持続的イノベーションに成功してきたこと、しかし、大手企業の顧客と経済構造の問題から、当初は無視されていた破壊的技術、油圧式によって、ほとんどの機械式ショベルのメーカーが追い落とされたことである。ディスク・ドライブ業界では、破壊的技術が出現してから数年のうちに、確立された市場への侵食が起きたが、油圧式掘削機が勝利するには、二〇年がかかった。しかし、掘削機業界の破壊的技術による侵食は、ディスク・ドライブ業界の場合と同じく、止めることのできない確固とした動きであった。

持続的イノベーションのリーダーシップ

一八三七年にウィリアム・スミス・オーティスが蒸気ショベルを発明してから一九二〇年代初頭まで、機械的掘削機械の動力は蒸気であった。中央ボイラーから配管を通じて、機械が動力を必要とする各ポイントにある小型蒸気エンジンに、蒸気が送り込まれた。これらのエンジンは、図3・1に示した

図3.1　オズグッド・ゼネラルが製造したケーブル駆動の機械式ショベル
資料：ハーバート・L・ニコルズ著『土を動かす――掘削便覧』（コネチカット州グリニッジ、ノースキャッスル、1955年）のオズグッド・ゼネラルの写真

ように、プーリー、ドラム、ケーブルで構成されるシステムによって、前方に向かってショベル部を操作する。最初は、蒸気ショベルはレールに取り付けられ、鉄道や運河の建設で土を掘削するために使われた。米国の掘削機メーカーは、オハイオ州北部とミルウォーキー周辺に密集していた。

米国に三二社以上の蒸気ショベル・メーカーがあった二〇年代初頭、蒸気エンジンにかわってガソリン・エンジンが現れ、業界は大きな技術変動に直面した。* このガソリン・エンジンへの移行は、ヘンダーソンとクラークの言う抜本的な技術革新にあたる。主要部品であるエンジンの基本的な技術コンセプトは蒸気から内燃機関に変わり、製品の基本アーキテクチャーが変化した。蒸気ショベルは、蒸気圧を利用して複数の蒸気エンジンを動かし、バケットを作動させるケーブルを伸縮させたが、ガソリン・ショベルは、一基のエンジンと、ギア、クラッチ、ドラム、ブレーキなどまったく異なるシステムを使い、ケーブルを巻き伸ばしする。しかし、技術変化の性質は抜本的なものだが、ガソリン技術が機械式掘削機業界に与えた影響は持続的なものであった。ガソリン・エンジンは馬力が大きいため、よほど大型のものを除いて、どの蒸気エンジンより速く、確実に、低コストで土砂を移動できた。

＊この項のグラフを計算するために使用した情報とデータは、歴史的建設機械協会の全米理事であるディミトリー・トスとキース・ハドックの提供による。同協会は、掘削機業界に関する豊富な資料を保管しており、トスとハドックには、快く知識と情報を提供していただいた。この章の草稿に対しても貴重な意見を賜った。

ガソリン・エンジン技術のイノベーションをリードしたのは、ビュサイラス、シュー、マリオンなど、業界の主力企業である。蒸気ショベルの大手メーカー二五社のうち二三社までが、ガソリン動力への移行をうまく乗り越えた。[＊] 図3・2からわかるように、二〇年代のガソリン技術のリーダーのなかには新規参入企業も数社あったが、この移行を支配したのは実績ある企業である。

＊おもしろいことに、この成功率が高いのは、業界の上位二五社だけの話である。蒸気ショベル・メーカー下位七社のうち、ガソリン内燃機関への持続的イノベーションを生き延びたのは一社だけである。これらの企業については、製品カタログ以外にほとんど情報は入手できない。しかし、大・中規模の企業がこの移行を乗り切り、小規模な企業が壊滅したのは、資源の有無が明暗を分けたためと考えられ、第二章でまとめた理論的見解が裏づけられる。持続的技術のなかには、開発と実現にコストがかかったり、専有知識や稀少なノウハウに依存するものもあるため、単純に移行に失敗する企業もある。この件に関しては、リチャード・ローゼンブルームの貴重な見解を参考にした。

一九二八年頃から、ガソリン・ショベルの実績あるメーカーは、つぎの大きな、ただしそれほど抜本的ではない持続的な技術の移行に着手し、ディーゼル・エンジンと電気モーターを動力とするショベルを開発した。さらに、第二次世界大戦後の移行では、アーチ型ブームの設計が導入され、作業範囲が広く、バケットが大きくなり、地表付近での柔軟性が高まった。これらのイノベーションも、実績ある企業が採用し、成功した。

　掘削工事業者も、その他さまざまな重要な持続的イノベーションを開拓した。まず、現場の自社設備を改良して性能を高め、つぎに、それらの特徴を盛り込んだ掘削機を製造し、広範な市場に向けて販売した。*

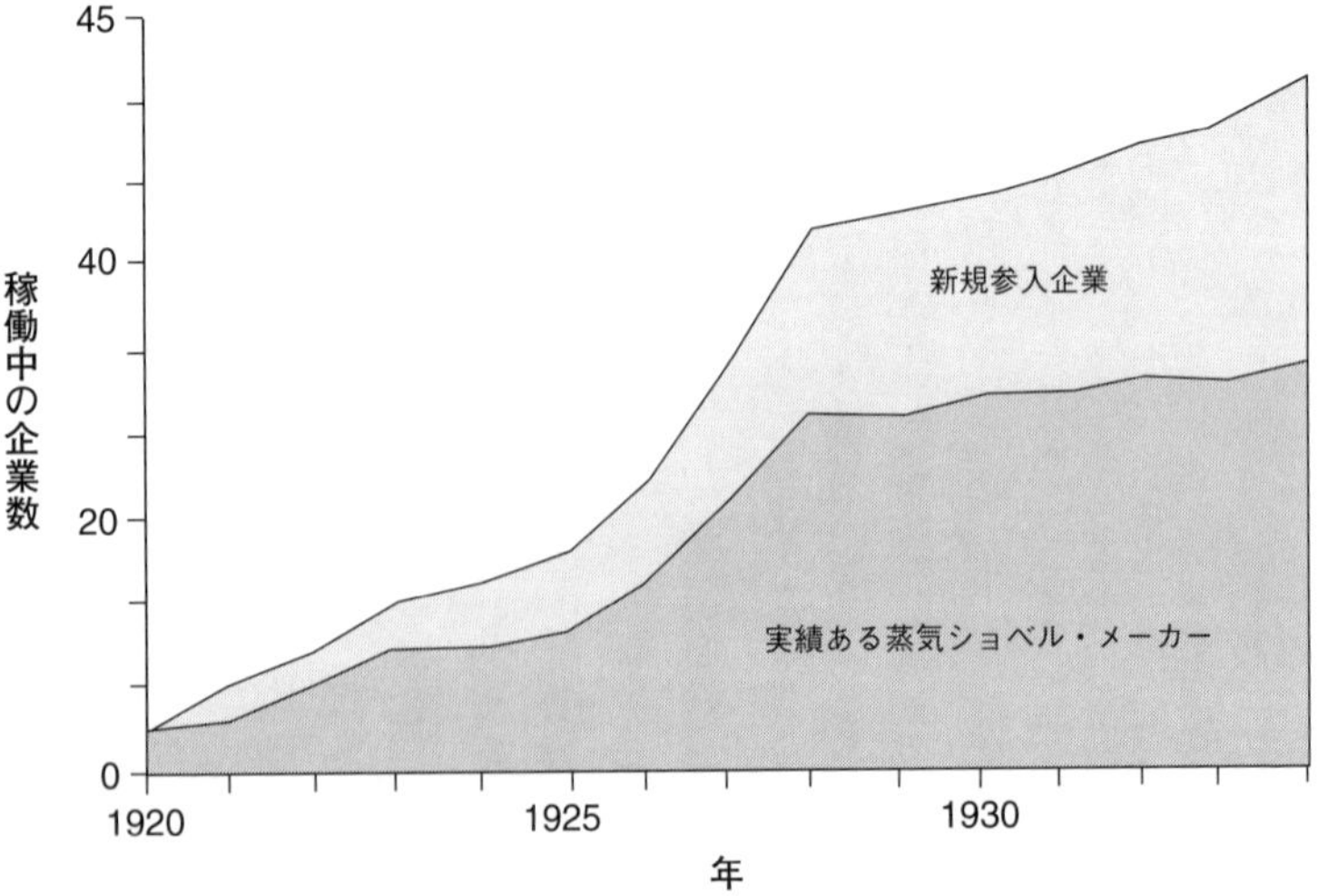

図3.2　ガソリン・エンジン・ケーブル・ショベルのメーカー（1920～1934年）
資料：歴史的建設機械協会と『トーマス・レジスター』各号のデータ

＊この例として、シカゴ地域の工事業者、ページによる最初のドラグラインの開発がある。ページは、シカゴの運河システムを掘削しており、一九〇三年に作業の効率化のためにドラグラインを発明した。ページのドラグラインは、のちに、ビュサイラス・エリーとマリオンが製造した蒸気ショベルとともに、パナマ運河の掘削に幅広く利用された。顧客が持続的イノベーションの重要な源泉になるというこの見解は、エリック・フォン・ヒッペルの主張と一致する。エリック・フォン・ヒッペル著『イノベーションの源泉――真のイノベーターはだれか』（ダイヤモンド社、一九九一年）。

破壊的な油圧技術の影響

つぎの大きな技術革新は、業界の多くを失敗に追い込むものとなった。第二次大戦の少し後から六〇年代後半まで、主な動力源は依然ディーゼル・エンジンだが、バケットを伸ばしたり持ち上げたりするための新しい機構が現れた。ケーブル駆動システムにかわって油圧駆動システムが生まれたのである。インスレー、ケーリング、リトル・ジャイアント、リンク・ベルトなど、五〇年代に事業を行っていたケーブル式掘削機の実績あるメーカー約三〇社のうち、七〇年代までに存続可能な油圧式掘削機メーカーへと移行したのは、わずか四社である。ほかに、露天掘りやしゅんせつ用の大型ケーブル式ドラグラインなどの機器製造に逃れて生き残ったメーカーが数社ある[*]。ほかの企業はほとんど失敗した。この時点で掘削機業界にひしめいていた企業は、J・I・ケース、ジョン・ディア、ドロット、フォード、J・C・バンフォード、ポクレーン、インターナショナル・ハーベスター、キャタピラー、O&K、デマッグ、ライベル、小松製作所、日立建機など、すべて油圧式世代の新規参入企業である[**]。なぜこのようなことになったのだろうか。

＊この方法で油圧システムの侵食を逃れた企業は、特にハイエンド市場に安全な場所を見いだした。たとえば、ビュサイラ

ス・エリーとマリオンは、露天掘り用の大型ストリッピング・ショベルの大手メーカーとなった。マリオンのモデル6360ストリッピング・ショベルは、前方掘削式のショベルとしては最大のもので、バケットで一四〇立方メートルの土を持ち上げることができた（六三六〇の横にポール・バニヤンが立っている広告は、筆者が見たあらゆる広告のなかでも特に印象的であった）。ハーニッシュフェジャーは、世界最大の電気採鉱ショベル・メーカーであり、ユニットは、海底油田用の大型脚付きクレーンにニッチを見いだした。ノースウェストは、大洋航路しゅんせつ用のドラグラインで生き延び、P&Hとロレーンは大型クレーンとドラグラインを製造した（すべてケーブル駆動）。

＊＊油圧式掘削機が成熟すると、これらの企業はそれぞれに成功をおさめた。一九九六年現在、世界最大の販売台数を誇るデマッグとO&Kは、ドイツ企業である。

機械式掘削機市場で求められる性能

掘削機は、建設機械の一つである。ブルドーザー、ローダー、グレーダー、スクレーパーなどの機械は、基本的に、土を押し、ならし、運搬するためのものである。掘削機[*]は、主に三つの市場で、穴や溝を掘るために使われている。最大の市場は、一般掘削工事市場で、建物の基礎や運河建設などの土木工事のために穴を掘る建設業者で構成される。第二は、通常、長い溝を掘削する下水・配管工事業者である。第三は、露天採鉱である。これら各市場の顧客は、機械式掘削機の機能を、作業半径とバケット容量によって測ることが多い[**]。

＊厳密には、前方にバケットを出して掘削する掘削機をパワー・ショベルという。これは、一八三七年から一九〇〇年代初頭までデザインの主流で、今世紀初頭から最近まで重要な市場分野であった。運転台のほうへ土をかき寄せる掘削機はバックホーという。八〇年代に油圧式掘削機が主流になると、いずれのタイプも掘削機と呼ばれるようになった。油圧駆動のためにブームを本体に固定する必要が生じるまでは、工事業者がさまざまなブームやアームを基本部分に取り付けることができたため、一つの本体をショベル、バックホー、クレーンのいずれにも使うことができた。同様に、運搬する資材の種類に応じて、バケットを替えることもできた。

＊＊掘削性能の本当の尺度は、一分間に運搬できる土の容積である。しかし、この値はオペレーターの技術や掘削する土の

性質によって異なるため、工事業者は、バケットの寸法のほうを信頼性のある確実な尺度として使っている。

一九四五年、下水・配管工事業者は、比較的狭い溝を掘るのに適しているバケット容量が平均約一立方メートルの機械を使っていたが、一般掘削業者は、平均バケット容量が約四立方メートルのショベルを使っていた。これらの各市場で使われる平均バケット容量は、年率約四%で増加したが、この増加率は、利用システム全体のさまざまな要因によって制約を受けていた。たとえば、大型建機を一般の工事用地に運搬する輸送上の問題から、工事業者が求める容量の増加率には限度があった。

油圧式掘削機の出現と向上の軌跡

最初の油圧式掘削機は、一九四七年、イギリスのJ・C・バンフォード社によって開発された。同じ四〇年代後半、カンザス州トピーカのヘンリー・カンパニー、ミシガン州ロイヤルオークのシャーマン・プロダクツなど、米国の数社も同様の製品を開発した。この方式は「油圧稼動式パワー・テイクオフ」と名づけられ、四〇年代後半に油圧式掘削機業界に三番目に参入した企業、HOPTOの社名の由来にもなっている。*

*イギリスと米国の先駆者に続き、フランスのポクレーン、イタリアのブルネリ・ブラザーズなどのヨーロッパ企業が参入したが、いずれも掘削機業界へは初めての参入であった。

これらの機械は、工業用または農業用トラクターの後部に取り付けられたため、「バックホー」と呼ばれた。バックホーは、ショベル部を伸ばし、地面に押しつけ、*表土の下でショベル部を回転させるか折り曲げ、穴から持ち上げるようにして掘削する。図3・3に示すように、油圧ポンプのシールの強度の問題から、初期の機械のバケット容量はわずか〇・二立方メートルであった。作業半径は一・八メー

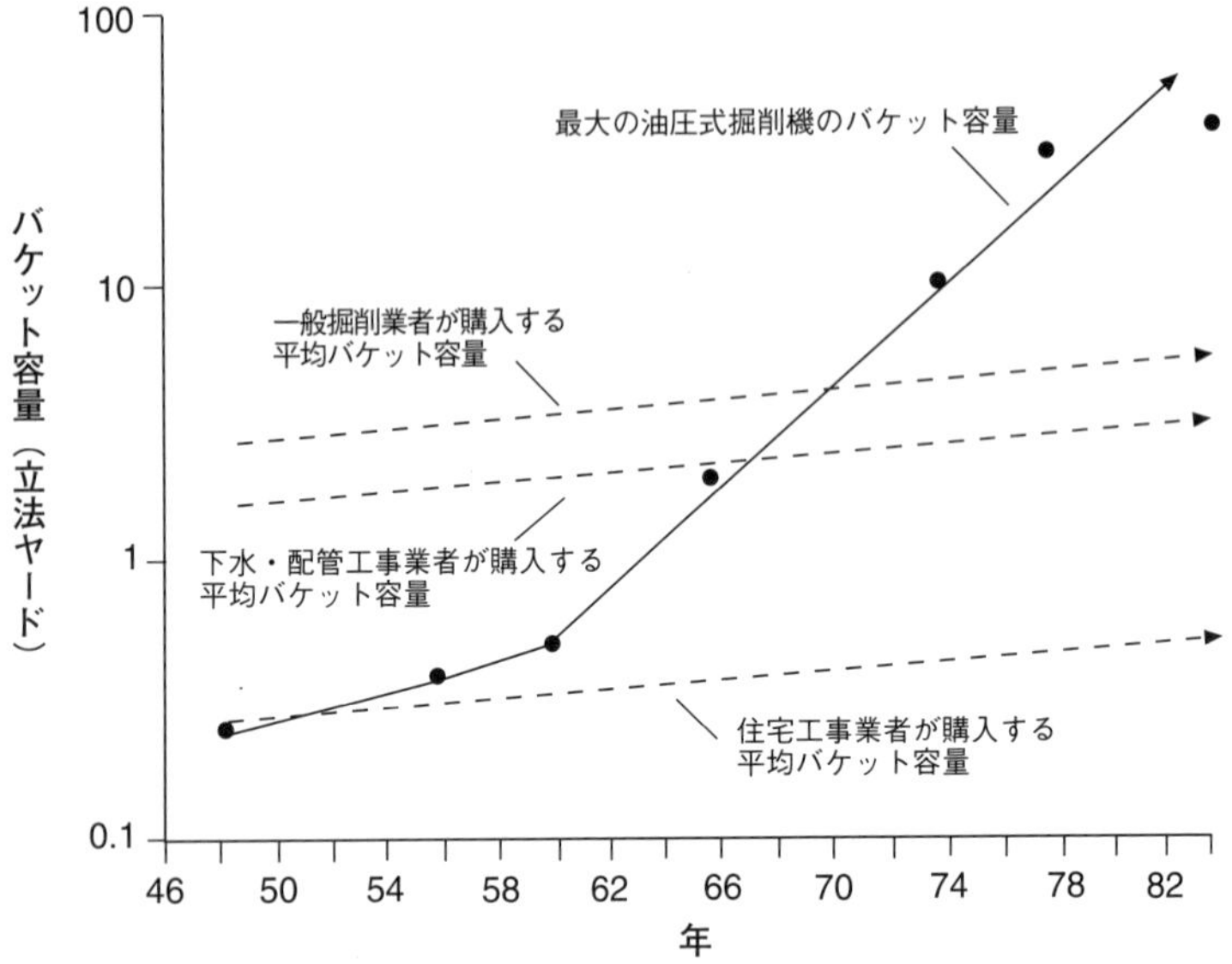

図3.3　機械式掘削機市場における油圧式技術の破壊的影響
資料：歴史的建設機械協会のデータ

トルにすぎない。高品質のケーブル式掘削機は、三六〇度旋回できたのに対し、バックホーは、最も柔軟な機種でも一八〇度しか旋回できなかった。

*ショベル部を土に押し込める点が、油圧式の最大の利点であった。オペレーターに向かって土を引くケーブル式掘削機は、重力に頼って重いショベルの歯を土に入れるしかなかった。

油圧式掘削機は容量が少なく、作業半径が小さいため、一～三立方メートルのバケット容量を求めていた採鉱、一般掘削、下水工事の業者にとっては意味がなかった。そのため、新規参入企業は、製品の新しい用途を開拓する必要があった。これらの企業は、フォード、J・I・ケース、ジョン・ディア、インターナショナル・ハーベスター、マッシー・ファーガソンなどが作る小型の工業・農業用トラクターの後部に取り付ける装置として、油圧式掘削機を販売しはじめた。小規模な住宅工事業者が、道路の上下水管から建設中の住宅の基礎に至るまで、狭い溝を掘るために、これらの機械を購入した。このような些細な作業のために、大型で精度の低いケーブル駆動ショベルをトラックで持ち込むことは、費用の面でも時間の面でも無駄なため、それまでは、手作業で溝を掘っていた。動かしやすいトラクターに取り付けた油圧式バックホーなら、この作業を住宅一軒につき一時間以内でできるため、第二次世界大戦後と朝鮮戦争後の住宅ブームに、大規模な分譲地を工事した業者の間で、大きな人気を呼んだ。これらの初期のバックホーは、小口顧客の扱いに慣れているトラクターや農工具のディーラーにより販売された。

初期の油圧式掘削機のユーザーは、ケーブル式ショベル・メーカーの顧客とは、規模も、ニーズも、掘削機を購入する販売チャネルも、まったくちがっていた。これらの顧客は、機械式掘削機の新しいバリュー・ネットワークを形成した。興味深いことに、小型のディスク・ドライブの性能が、記憶容量や処理速度ではなく、重量、耐久性、消費電力など大型ドライブの性能とは異なる尺度で測られたのと同じように、初期の油圧式バックホーの性能は、ケーブル式掘削機の性能とは異なる尺度で測られた。油圧式バックホーの初期の製品の広告で特に大きく宣伝されたのは、ショベルの幅（工事業者は、狭く浅い溝を掘る必要があった）と、トラクターの速度と操作性である。図3・4は、シャーマン・プロダクツの油圧式バックホー「ボブキャット」の初期の製品パンフレットの一部だが、ここにもその特徴が表れている。シャーマンはボブキャットを「ディガー（掘削具）」と呼び、狭い範囲で稼動しているようすを示し、芝生の上を動いてもほとんど芝を傷めないと主張している。ボブキャットは、フォードのトラクターに取り付けられていた（フォードはその後、シャーマンのボブキャット製品を買収した）。こ

図3.4　シャーマン・プロダクツの油圧式バックホー
資料：シャーマン・プロダクツ（ミシガン州ロイヤルオーク）の1950年代初期のパンフレット

こで宣伝されたような特性が、大規模な土木プロジェクトで収益を稼いでいた工事業者に無関係であったことは言うまでもない。このような性能指標の順位づけの違いが、業界のバリュー・ネットワークの境界を定義する。

図3・3の実線グラフは、新しい油圧式掘削機のアーキテクチャーによるバケット容量の増加率を表している。最大バケット容量は、一九五五年に〇・三立方メートル、一九五九年に〇・四立方メートル、一九六五年に一・五立方メートルに達している。一九七四年には、油圧式掘削機は最大で八立方メートルの土を運搬できるようになった。この向上の軌跡は、どの掘削機市場で求められる伸び率をもはるかに上回ったため、この破壊的な油圧技術は、当初の市場から大きな主流掘削機市場へと進出していった。一般掘削市場に油圧式掘削機が普及しはじめたのは、一九五四年、ドイツの別の新規参入企業、デマッグが、トラックに搭載する三六〇度旋回可能なモデルを発売してからである。

実績ある掘削機メーカーによる油圧式への対応

シーゲート・テクノロジーが早くから三・五インチ・ドライブのプロトタイプを開発したように、ケーブル式ショベルの最大手、ビュサイラス・エリーは、油圧式掘削機技術の台頭にはっきりと気づいていた。一九五〇年（最初のバックホーが開発されてから約二年後）、ビュサイラスは、新しい油圧式バックホー・メーカー、ミルウォーキー・ハイドローリックスを買収した。ビュサイラスは、油圧式バックホーの販売にあたって、シーゲートが三・五インチ・ドライブで経験したのとまったく同じ問題に直面した。最も有力な主流の顧客が、関心を示さなかったのである。

ビュサイラス・エリーの出した答えは、一九五一年に発売された「ハイドロホー」という新製品であった。油圧シリンダーを三つではなく二つだけ装備し、一つはショベルを土にくい込ませるために、一つはショベルを運転席の方向に引き寄せるために使った。ショベルを持ち上げるには、ケーブル機構を使った。つまり、昔の外洋蒸気船が帆を備えていたのと同じように、ハイドロホーは二つの技術のハイブリッドであった。* しかし、ハイドロホーがハイブリッド設計を選んだのは、ビュサイラスの技術者がケーブル技術のパラダイムにこだわったためであるという証拠はない。むしろ、既存顧客のニーズに訴えるために必要であるとマーケティング担当者が考えたバケット容量と作業半径を達成するには、当時の油圧技術の状況を考えると、ケーブル・リフト機構が唯一有効な方法であった。

＊蒸気を動力としたが、帆も備えていた初期のハイブリッド外洋船のメーカーは、ビュサイラス・エリーの技術者と同じ理由でこの設計を選んだ。蒸気は、外洋航行の動力としてはまだ信頼性が不十分だったため、旧来の技術でバックアップする必要があった。外洋航行市場において蒸気船が登場し、帆船に取ってかわったこと自体、破壊的技術の典型例である。一八一九年にロバート・フルトンが最初の蒸気船でハドソン川を上ったとき、その性能は、ほぼあらゆる面において、外洋航行用の帆船に劣っていた。一マイルあたりのコストは高く、速度も遅く、故障の頻度が高かった。そのため、外洋航行のバリュー・ネットワークには使用できず、性能の尺度が異なる別のバリュー・ネットワーク、内水航行に使われた。河川や湖では、逆風や無風のなかで移動できる特性は船長から高く評価され、そのような観点でみれば、蒸気船の性能は帆船に勝っていた。帆船のメーカーが近視眼的であったことに驚く研究者もいる（リチャード・フォスター著『イノベーション——限界突破の経営戦略』〔TBSブリタニカ、一九八七年〕など）。帆船メーカーは、一九〇〇年代初頭に終焉を迎えるまで、古い技術にしがみつき、蒸気動力を完全に無視していた。実際、蒸気動力への移行を生き延びた帆船メーカーは一社もない。しかし、バリュー・ネットワークの理論を使えば、これらの研究者が見落としてきた問題を理解できる。それは、蒸気動力を知っていたかどうか、あるいはその技術を利用できたかどうかという問題ではない。問題は、帆船メーカーの顧客であった船舶会社が、世紀の変わり目まで蒸気船を使えなかったことである。一八〇〇年代の末期までは、内水航行市場が蒸気船の評価された唯一のバリュー・ネットワークであったため、帆船メーカーが蒸気船建造での地位を開拓するには、この市場へと大きな戦略転換をはかる必要があった。つまり、蒸気船の台頭によってこれらの企業が失敗したのは、企業が技術を改革できなかったからではなく、戦略を変えようとしなかった、あるいは変えられなかったからである。

図3・5は、初期のハイドロホーの製品パンフレットの一部である。シャーマンのマーケティング手法とは異なり、ハイドロホーは「ドラッグショベル」と名づけられ、広い原野で稼動し、「ひとかきでたっぷりつかめる」と宣伝している。すべて一般掘削業者の関心を引くためである。ビュサイラスは、当時の油圧の特性が評価されるバリュー・ネットワークで破壊的技術を商品化するのではなく、この技術をみずからのバリュー・ネットワークに採用しようとした。しかし、依然としてハイドロホーのバケット容量と作業半径には限界があり、同社の顧客にはあまり売れなかった。ビュサイラスはハイドロホーを一〇年以上販売しつづけ、ときどき性能を改良して顧客に受け入れられようとしたが、ついに商業的には成功しなかった。結局、ビュサイラスは顧客が求めていたケーブル式ショベルに戻った。

ケーブル式ショベルのメーカーで、一九四八年から六一年の間に油圧式掘削機を発売したことがわかっているのは、ビュサイラス・エリーだけである。ほかのメーカーは、既存顧客のために製品を提供しつづけ、成功をおさめていた。* ケーブル式掘削機の最大手であるビュサイラス・エリーとノースウェスト・エンジニアリングは、一九六六年まで利益を伸ばしつづけた。そしてこの年、破壊的な油圧技術が下水・配管工事市場の顧客のニーズと交差した。これは破壊的技術に直面する業界の典型である。確立された技術を持つ大手企業は、破壊的技術が主流市場の真ん中に切り込んでくるまでは、堅実な業績を維持する。

＊例外は、ケーリングが一九五七年に発売したスクーパーである。これは、ケーブルと油圧を組み合わせ、地面ではなく、正面の壁を掘削する異色の製品である。

一九四七年から六五年の間、二三社が油圧式掘削機をたずさえて機械式掘削機市場に参入した。図3・6は、油圧式掘削機を提供する新規参入企業と実績ある企業の総数（撤退した企業を除く）をグラ

図3.5　ビュサイラス・エリーのハイドロホー
資料：ビュサイラス・エリー（ウィスコンシン州ミルウォーキー）の1951年のパンフレット

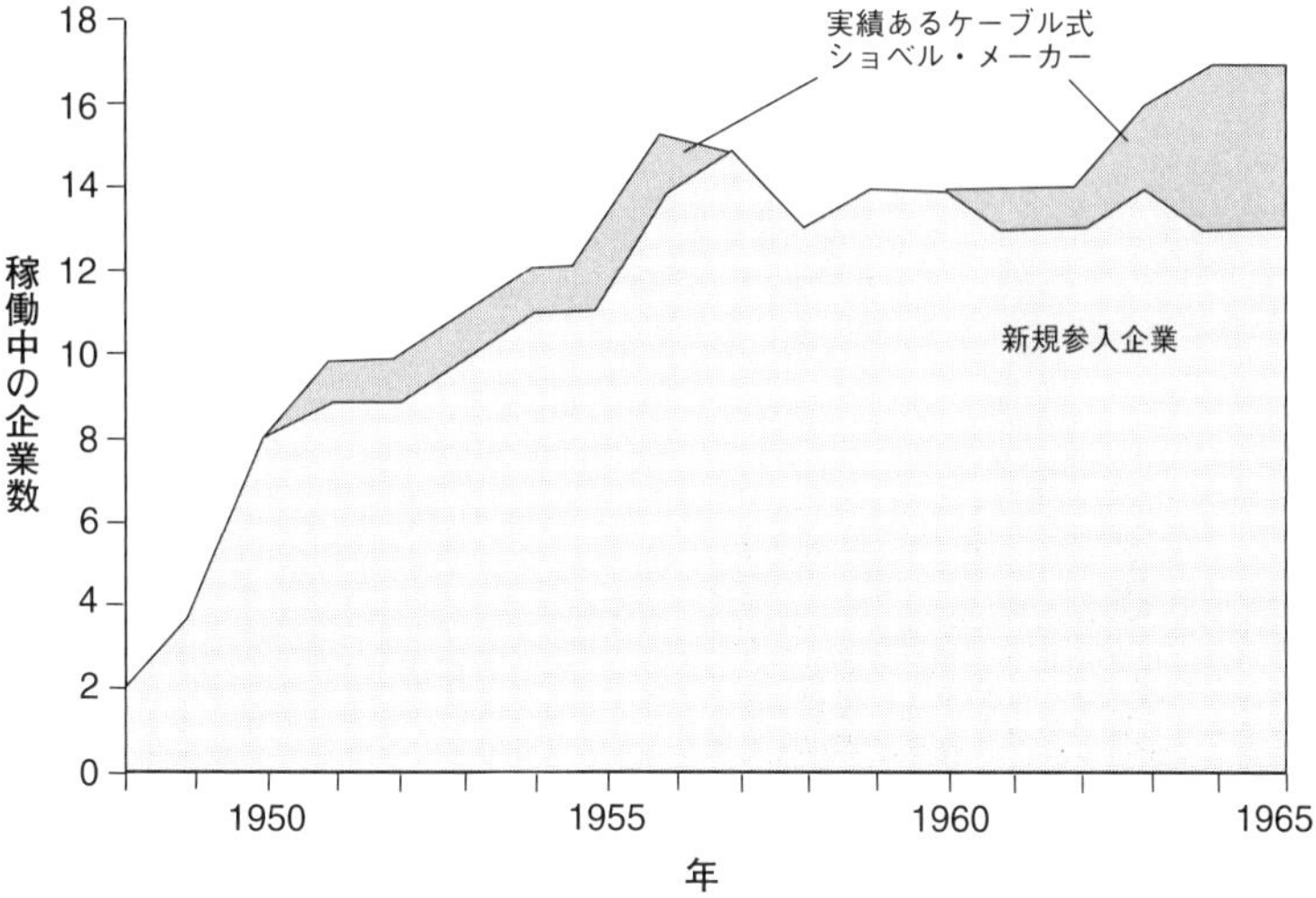

図3.6　油圧式掘削機のメーカー（1948〜1965年）
資料：「ヒストリカル・コンストラクション・イクイップメント協会」からのデータ

フにしたもので、新規参入企業が油圧式掘削機市場を完璧に支配していたことがわかる。

六〇年代、数社の大手ケーブル式ショベル・メーカーが油圧式ショベルを発売した。しかし、このほとんどは、ビュサイラス・エリーのハイドロホーのようなハイブリッド製品で、バケットの駆動と前後動には油圧シリンダーを使い、バケットの伸縮とブームの持ち上げにはケーブルを使ったものが多い。六〇年代にこのような使い方をした時点では、油圧技術は実績あるメーカーの製品に持続的な影響を与え、主流のバリュー・ネットワークのなかで製品の性能を高めた。ケーブル式掘削機に油圧を使うために技術者が考案した手法のなかには、じつに巧みなものもある。しかし、こういったイノベーションへの努力は、すべて既存の顧客のためにおこなわれた。

この期間、掘削機メーカーが採用した戦略は、破壊的イノベーションに直面した企業が迫られる重要な選択に焦点を当てている。全般的にみて、成功した新規参入企業は、四〇年代から五〇年代の間に、油圧技術の能力を当然のものとして受け入れ、価値を生み出せる新しい用途市場を開拓している。実績ある企業のほとんどは、この状況に対して別の見方をしている。市場のニーズを、当然のものと考えたのである。したがって、新技術を持続的改良として既存の顧客に販売できるような形で、技術を採用または改良しようとした。実績ある企業は、革新的投資の焦点をはっきりと既存の顧客に定めていた。次章以降では、破壊的イノベーションのほとんどの事例に、この戦略的選択がともなうことを示す。実績ある企業は、いつも新しい技術を確立された市場に押し込もうとするが、成功する新規参入企業は、新しい技術が評価される新しい市場を見つける。

油圧技術は、結局、主流の掘削工事業者のニーズに応えられるまでに進歩した。しかし、この進歩を達成したのは新規参入企業である。新規参入企業は、まず、当時の新技術の能力に見合った市場を見つけ、その市場で設計と製造の経験を積み、その商業的基盤を利用して上位のバリュー・ネットワークを攻撃した。この競争で、実績ある企業は負けた。自分たちの市場を守るために、遅まきながら油圧式掘削機の導入に成功し、掘削工事業者をつなぎとめることに成功したケーブル式掘削機メーカーは、インスレー、ケーリング、リトル・ジャイアント、リンク・ベルトのわずか四社である。*

*ビュサイラス・エリーを、このグループに入れるのは難しい。同社は五〇年代に大型油圧式掘削機を発売したが、その後、油圧式製品を市場から引き上げている。六〇年代後半、同社はハイ・ダイナミック社から「ダイナホー」という油圧式ローダー・バックホー製品を買収し、多用途機械として一般掘削工事業者に販売したが、結局、この製品群も手離している。

しかし、それ以外の主流掘削機市場の大型ケーブル式掘削機の大手メーカーは、商業的に成功したといえる油圧式掘削機を発売しなかった。バケット駆動機構として部分的に油圧を採用するメーカーはあったが、設計のノウハウと量産ベースの製造コスト構造に問題があったため、油圧式が主流市場を侵食してきたときに競争できなかった。七〇年代初頭には、これらの企業はすべて、まず小規模工事業者の市場で技術力を磨いてきた新規参入企業によって、下水・配管・一般掘削工事市場から追い落とされた。*

＊キャタピラーは、油圧式掘削機業界への参入がかなり遅く、最初のモデルを発売したのは一九七二年だが、成功をおさめた。掘削機は、ブルドーザー、スクレーパー、グレーダーなどの製品の延長であった。キャタピラーは、ケーブル駆動が主流の時代には、掘削機市場に参加しなかった。

破壊的技術の影響を受けたほかの多くの業界、とりわけディスク・ドライブ、鉄鋼、コンピュータ、電気自動車業界では、変化から利益を得るための戦略の違いが、新規参入企業と実績ある企業の姿勢を特徴づけている。

ケーブルと油圧の選択

図3・3の軌跡グラフでは、油圧技術が下水・配管工事業者の求めるバケット容量を満たせるようになり、作業半径でも同様の軌跡が描けるようになった時点で、業界の競争力学が変化し、主流の掘削工事業者は、機械を購入する基準を変えている。現在でも、ケーブル駆動アーキテクチャーのほうが油圧式掘削機より作業半径もバケット容積も大きい。両者の技術の軌跡は、ほぼ並行している。しかし、ケーブル駆動システムと油圧駆動システムの両方が主流市場の需要を満たせるようになると、掘削工事業

者は、作業半径やバケット容量によって機械を選択しなくなった。いずれも必要条件を満たしているので、ケーブルのほうがすぐれているという事実は競争の材料ではなくなったのだ。

一方、工事業者は、油圧式掘削機のほうがケーブル式掘削機よりはるかに故障しにくいことに気づいていた。とりわけ、重いバケットを持ち上げている途中にケーブルが切れるという人命にかかわる事故を経験した業者は、油圧式が必要十分な性能に達すると、すぐに信頼性の高い油圧式に乗り換えた。つまり、両方の技術が求められる基本能力を満たすことができた時点で、その市場の製品選択の根拠は、信頼性に移ったのである。下水・配管工事業者は、六〇年代前半から急速に油圧式を採用するようになり、六〇年代後半になると、一般掘削工事業者がこれに続いた。

油圧式の普及の影響と意味

ケーブル式掘削機のメーカーのなにがいけなかったのだろうか。あとから考えれば、これらの企業は、油圧式掘削機に投資し、油圧式製品の製造を担当する組織部門を、油圧式を必要とするバリュー・ネットワークに組み込んでおくべきであったことはあきらかだ。しかし、競争のさなかで破壊的技術を扱うときにジレンマとなるのは、企業内になにも悪いところがないことである。油圧式は、顧客に必要とされない、顧客が使えない技術であった。二〇社以上のケーブル式ショベル・メーカーは、たがいに顧客を奪い合うためにあらゆる手を尽くしていた。顧客の次世代の需要から目をそらせば、既存の事業は危機に追いやられるだろう。さらに、既存の競争相手からシェアを奪うために、ケーブル式掘削機を大きく、速く、高性能にするほうが、五〇年代の誕生当時のバックホー市場の規模を考えると、あえて油圧式バックホーを開発するより、増益のチャンスがはるかに大きいことはあきらかだった。つまり、これまでも述べてきたように、これらの企業が失敗したのは、油圧式に関する情報や、その使い方に関する知識が不足していたためではない。それどころか、最大手は、顧客の役に立つと知るやいなや、この技術を採用している。また、経営陣の怠慢や傲慢のせいで失敗したのでもない。油圧式に意味がなかったから、そして気づいたときには遅すぎたから失敗したのである。

持続的イノベーションと破壊的イノベーションに直面した企業の成功と失敗のパターンは、すぐれたマネジメント判断の当然の結果である。だからこそ、破壊的技術はイノベーターをこのようなジレンマに陥れる。いっそうの努力をすること、鋭敏であること、積極的に投資すること、顧客の意見に慎重に耳を傾けることは、新しい持続的技術によって生じる問題を解決するには有効である。しかし、これらの安定経営のパラダイムは、破壊的技術を扱うには役に立たない。それどころか、逆効果であることが多いのだ。

第四章　登れるが、降りられない

ディスク・ドライブと掘削機の歴史からわかるように、バリュー・ネットワークに属する企業は、その境界からまったく抜け出せないわけではない。上位のネットワークへ移動できる可能性は十分にある。しかし、破壊的技術によって実現した下位市場への移動は、バリュー・ネットワークの強大な力によって制限される。この章では、「有力企業がいとも簡単にハイエンド市場へと移行できるのはなぜか。下の市場へ移動することがこれほど難しいのはなぜか」という問題を追究する。理性的な経営者が、製品特性と収益性の低い小規模なローエンド市場に参入したとはっきり言えるケースはほとんどない。上位のバリュー・ネットワークで成長し、収益性を高めることを考えたほうが、現在のバリュー・ネットワークにとどまることを考えるより、はるかに魅力的に思われることがあるのは確かだ。そのため、優良企業が当初の顧客を離れ、あるいは当初の顧客にとっての競争力を失い、価格の高い市場に顧客を求めるのも、めずらしいことではない。優良企業では、高い利益率を稼げる高性能製品の市場へと攻撃をかけようとするとき、資源とエネルギーが密接に一体化する。

上位のバリュー・ネットワークに移動すれば、業績向上の期待は高まるため、ディスク・ドライブや掘削機の軌跡グラフの右上に強い魅力を感じるのももっともである。この章では、ディスク・ドライブ業界の歴史にみられた事実に注目しながら、この「右上への力」を検証する。つぎに、ミニミルと総合鉄鋼メーカーの競争における同じ現象を探究し、この理論の一般化をはかる。

ディスク・ドライブ業界の上位市場への大移動

図4・1は、ディスク・ドライブ・メーカーのなかでも典型的な戦略をとってきたシーゲート・テクノロジーの上位市場への移動を詳細にグラフ化したものである。シーゲートは、デスクトップ・パソコンのバリュー・ネットワークを生み出し、支配するまでに成長した。市場の容量需要に対する同社製品の位置を、年ごとに、最も容量の少ない製品から最も容量の大きい製品までの縦線で表した。製品の記憶容量の範囲を表す縦線上の黒い四角は、各年にシーゲートが発売したドライブの記憶容量の中央値を表す。

一九八三年から八五年にかけて、シーゲート製品の中心は、ちょうどデスクトップ分野の平均容量需要に沿っていた。破壊的な三・五インチ・ドライブが下からデスクトップ市場を侵食するようになったのは、一九八七年から八九年にかけてのことである。シーゲートはこの攻撃への対策として、破壊的技術に真っ向から対抗するのではなく、上位市場へと逃れた。デスクトップ・パソコン市場が求める容量の製品もひきつづき販売したが、一九九三年には、同社のエネルギーの焦点は、あきらかにファイル・サーバーやエンジニアリング・ワークステーションなどの中型機市場へとシフトしている。

破壊的技術がこのような影響力を持つのは、各世代の破壊的ディスク・ドライブを最初に商品化した企業が、当初のバリュー・ネットワークのなかにとどまらないことを選択するためだ。企業は、製品の世代が新しくなるたびに、できるだけ上の市場に近づこうとし、ついには上位のバリュー・ネットワークにとって魅力的な記憶容量を達成するようになる。破壊的技術が実績ある企業にとって危険であり、新規参入企業にとって魅力的なのは、上位への移動性があるためだ。

バリュー・ネットワークと一般的なコスト構造

この非対称な移動性の背景には、なにがあるのだろうか。前にも述べたように、企業の資源配分プロセスでは、利益率が高く、市場規模が大きい新製品案に資源を割り当てる傾向がある。これらの条件は、図1・7や図3・3のような軌跡グラフのなかで、左下から右上へ進むほどよくなる場合がほとんどである。ディスク・ドライブ・メーカーが製品市場マップの右上方向へ

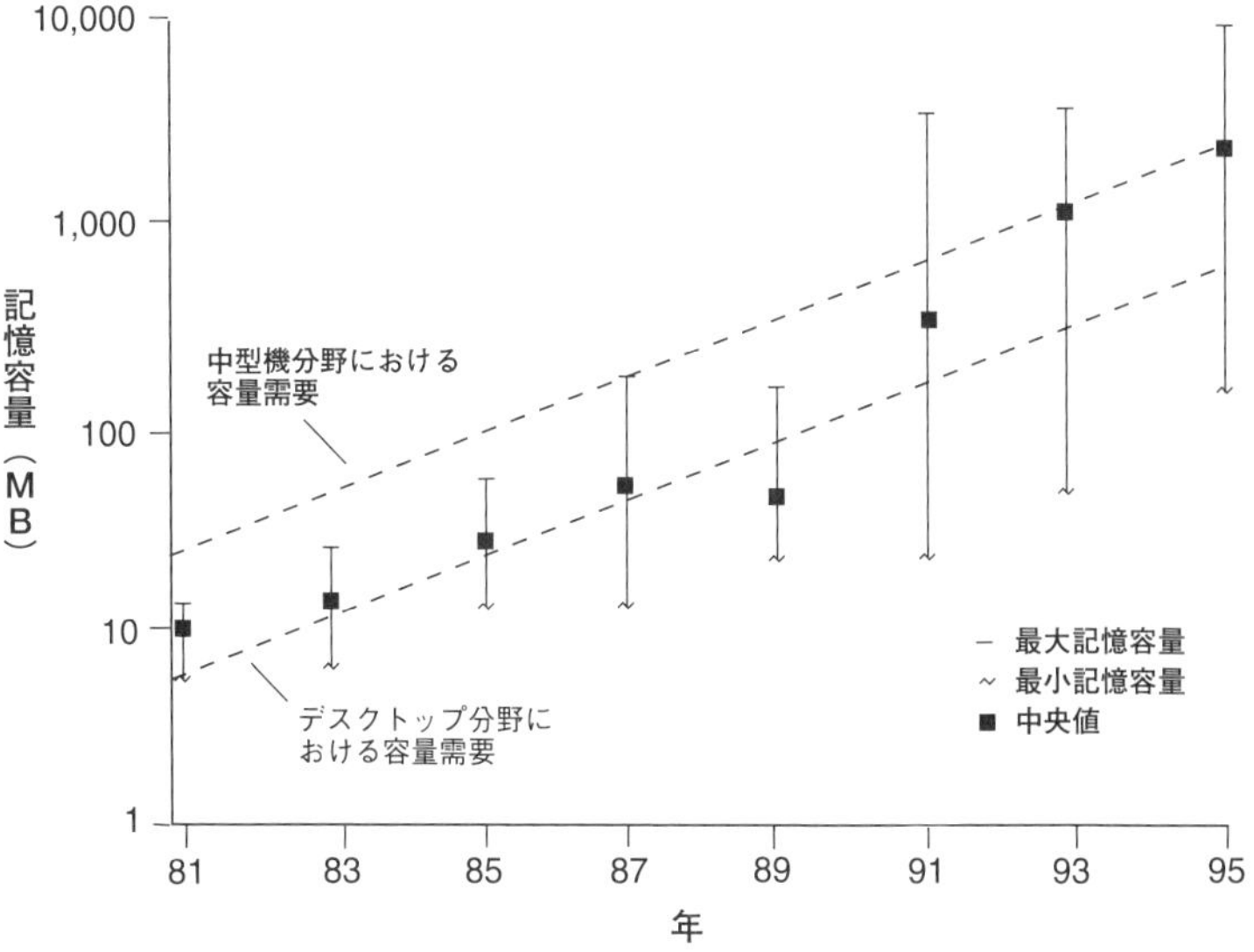

図4.1　シーゲート製品の上位市場への移行

移行するのは、社内で採用した資源配分プロセスの結果である。

第二章で述べたように、各バリュー・ネットワークを特徴づけるのは、顧客の要求する優先順位にしたがって製品やサービスを提供する場合、そのネットワークに属する企業が生み出すコスト構造である。ディスク・ドライブ・メーカーが本来のバリュー・ネットワークのなかで大規模になり、成功すると、その企業は特定の経済的特徴を帯びるようになる。研究、開発、営業、マーケティング、マネジメントに費やす労力と経費の水準を、顧客のニーズや競争相手からの圧力に応じて調整する。これらの事業運営コストを考えると、各バリュー・ネットワークのなかでは、優良なディスク・ドライブ・メーカーのほうが高い利益率を達成しやすくなる。

こうして、企業が収益性を高めるための具体的なモデルができる。一般に、主流市場にしがみついたままでは、コストを削減して収益性を高めることは難しい。現在負担している研究、開発、マーケティング、マネジメントのコストは、主流事業での競争力を保つために重要なものである。通常は、粗利益率が高い高性能製品の市場へ移動するほうが、簡単に収益を増やすことができる。この目標を達成するためには、下の市場へ移行するなど論外である。

収益増加への道がはっきりしていることは、図4・2からもわかる。左の三本の棒グラフは、一九八一年のデスクトップ、ミニコン、メインフレームのバリュー・ネットワークの規模を表したもので、各ネットワークのディスク・ドライブ・メーカーが得られる一般的な利益率を表示してある。ハイエンド市場に進むほど粗利益率が高く、管理費の高さを補う構造になっていることがあきらかにわかる。

これらの市場規模の違いと、バリュー・ネットワーク間の一般的コスト構造の違いは、これらの企業間の競争に深刻な非対称性をもたらす。たとえば、ミニコン市場向けに八インチ・ドライブを生産して

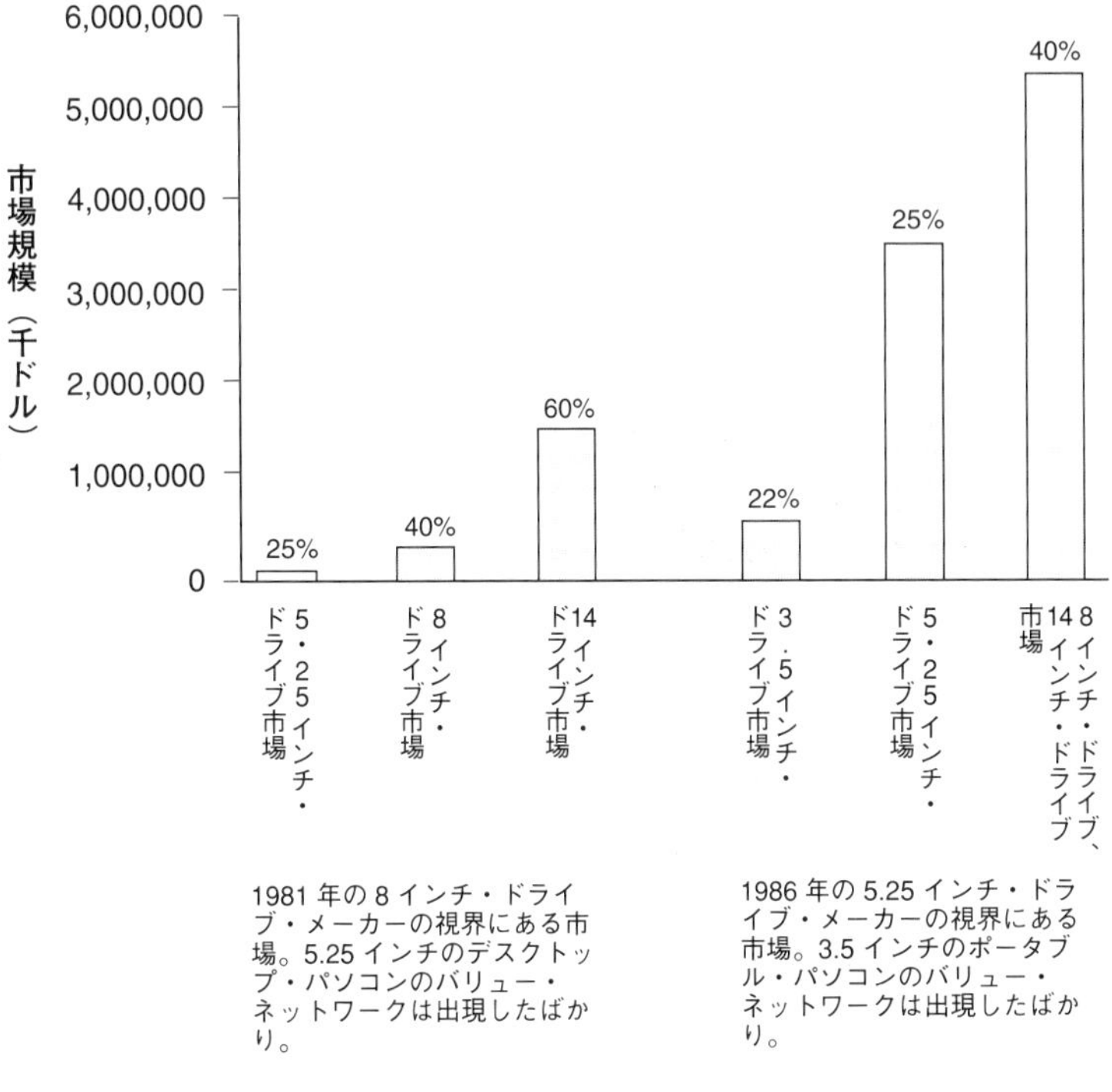

図4.2　実績あるディスク・ドライブ・メーカーの視界にある上位市場と下位市場
資料：『ディスク／トレンド・レポート』各号のデータ、企業の年次報告書、経営陣取材によって得られたデータ
注：各棒グラフの上の数字は、各バリュー・ネットワークの典型的な粗利益率を表す。

いる企業のコスト構造は、四〇％の粗利益率を必要とする。積極的に下位市場に乗り込んでいけば、二五％の粗利益率で利益を上げられるコスト構造をつくりあげてきた敵と戦うはめになる。一方、上位市場に進出すれば、六〇％の粗利益率が慣例となっている市場に、低いコスト構造を持ち込むことができる。どちらの方向に意味があるだろうか。一九八六年の五・二五インチ・ドライブ・メーカーも同様に比較することになる。ポータブル・パソコン用三・五インチ・ドライブという新しい市場で地位を築くか、ミニコンやメインフレーム向けの市場に移行するか。

高い粗利益率を得られる高性能製品を発売するために開発資源を投入するほうが、見返りが大きく、痛みが少ないのが通常である。経営陣は、どの新製品開発に投資すべきか、どの企画を棚上げすべきかを幾度も決定しているため、市場規模、利益率ともに上回る上位市場を狙った高性能製品の開発案には、すぐに資源が配分される。つまり、ディスク・ドライブ業界において、企業がバリュー・ネットワークの境界を超えて上位市場へ移動し、下位市場へは移動しない背景には、実際的な資源配分プロセスがある。

第二章で示したヘドニック回帰分析*によれば、ハイエンド市場へ進むほど、一ＭＢの容量増加に対して支払われる価格プレミアムは大きい。一ＭＢを現在より高い価格で売れるのに、わざわざ低い価格で売ろうとする人がいるだろうか。このように、ディスク・ドライブ・メーカーが軌跡グラフの右上方向へ移行したのは、至極もっともなことである。

＊ヘドニック回帰分析は、製品の総価格を、製品の個々の性能指標に対して市場がどのような価格をつけるかを示す「潜在価格」の合計として表す方法。六八ページ参照。

ほかの業界で、企業が当初の破壊的な市場を離れ、上層の収益性の高い市場へ移行すると、徐々にその上位市場で競争するために必要なコスト構造を身につけるようになるとする研究結果がある[*]。このため、なおさら下位市場へは移動できなくなる。

＊このように、上位市場へと移動し、そこでの事業を支援するためにコストが増加するプロセスは、ハーバード・ビジネス・スクールのマルコム・P・マクネアが述べたもので、ディスク・ドライブ業界の話と酷似している。マクネアは、小売りの歴史に関する著作のなかで、破壊的技術（この言葉は使っていないが）をたずさえた小売業者が次々に参入してきたようすを述べている。

車輪は、あるときは遅く、あるときは速く回りつづけるが、けっして止まることはない。このサイクルは、大胆な新しい概念、イノベーションによって始まることが多い。だれかがすばらしいアイデアを考案する。ジョン・ワナメーカー、ジョージ・ハートフォード（A&P）、フランク・ウールワース、W・T・グラント、ウッド将軍（シアーズ）、マイケル・カレン（スーパーマーケット）、ユージーン・ファーカウフのようなイノベーターは、新しい種類の流通企業を発想する。最初は評判が悪く、嘲笑され、軽蔑され、「異端児」と非難される。銀行家や投資家には白眼視される。しかし、イノベーションによって営業コストを抑えることにより、価格の魅力で大衆を引きつける。しだいに高価な商品を仕入れ、商品の品質を高め、店舗の外観や立地を改善し、高く評価されるようになる。……

この成長プロセスのなかで、組織は急速に消費者と投資家の注目を浴びるようになるが、同時に、設備投資は増え、営業コストがかさむようになる。やがて、組織は成熟段階に入る。……成熟段階のあとは不安定になりやすく……攻撃を受けやすくなる。何から攻撃を受けやすくなるのか。すばらしいアイデアを持ち込み、低コストで事業を始め、老舗組織がようやく建てたやぐらの下にもぐり込むような者からである。

アルバート・B・スミス編『自由な高水準経済における競争的流通とその大学における意味』（ピッツバーグ大学出版局、一九五八年）一七〜一八ページ、マルコム・P・マクネア著『戦後の重要な傾向と発展』。つまり、ハイエンド市場で競争力を持つために必要なコストが、下位への移動性を制限し、さらに上の市場へ移動するための刺激となる。

資源配分と上位への移行

バリュー・ネットワーク間の非対称な移動性については、資源配分の方法に関する二種類のモデルを比較すると、さらに深い洞察が得られる。第一のモデルは、資源配分を、合理的なトップダウン式の意思決定プロセスとして表したものである。上層部がいくつかのイノベーションへの投資案を検討し、企業戦略に合致して最も高い投資収益率が期待できると考えられるプロジェクトに資金を投入する。これらのハードルをクリアできない案は、抹消される。

第二の資源配分モデルは、ジョゼフ・バウアーが最初に示したもので、資源配分の決定をまったく別の方向からとらえている。バウアーは、ほとんどのイノベーション案は、トップではなく組織の深い場所から生まれているとしている。底辺からこのようなアイデアがわいて出た場合、プロジェクトのふるい分けにあたっては、組織の中間管理職が、目に見えない重要な役割をはたす。これらのマネージャーは、出てくるアイデアをすべてそのまま通すわけにはいかない。どの案が最もすぐれているか、どの案が成功しそうか、どの案が承認される可能性が高いかを、企業の財務、競争力、戦略の状況に照らして判断する必要がある。

たいていの組織では、マネージャーが多大に支援したプロジェクトが成功すると、かれの評価は大幅に高まり、判断ミスや不運によってプロジェクトが失敗すると、人生設計を永久に狂わすこともある。もちろん、すべての失敗の責任をこのようなマネージャーが負うわけではない。たとえば、技術者が任務をはたせなかったために失敗したプロジェクトは、失敗とみなされるとはかぎらない。開発努力のなかで学ぶものもあるし、技術開発とは一般に、予想のつかない一か八かの試みとみなされるからである。しかし、市場がなかったために失敗したプロジェクトは、マネージャーの評価にはるかに深刻な影響を与える。このような失敗にははるかにコストがかかり、企業の評判にも傷をつける。このような失敗は、企業が製品の設計、製造、エンジニアリング、マーケティング、販売に全面的に投資したあとで起きることが多い。このため、わが身と会社の利益を考えるマネージャーは、確実に市場の需要があるプロジェクトを支援する傾向にある。そして、自分の選んだプロジェクトが上層部の承認を得やすいように、企画案をまとめる。上層部は自分が資源配分の決定をくだしたと考えるかもしれないが、ほんとうに重要な資源配分の決定は、実は上層部が関与するはるか以前におこなわれている。どのプロジェクトを支援し、上層部に持ち込むか、どのプロジェクトを放っておくか、中間層のマネージャーが決めているからである。

このことが、実績ある企業の上位または下位のバリュー・ネットワークへの移動性におよぼす影響を、つぎのような架空の会話により検討してみよう。同じ週に、マーケティング部門と技術部門の二人の社員が、二つの異なる新製品のアイデアを、組織のなかで二階級上の共通のマネージャーに提出した。まず、マーケティング部門の社員が提出したのは、大容量高速モデルのアイデアである。二階級上のマネージャーが質問を始める。

「どういう人がこれを買うだろうか」

「ワークステーション業界のある一分野全てです。この分野では、毎年、六億ドル以上がドライブに投資されています。いままでの製品はそれほど大容量ではなかったので、この市場には手が届きませんでした。この製品なら、参入できると思います」

「このアイデアを潜在顧客に見せてみたのか」

「はい、先週カリフォルニアに行ってきました。各社ともできるだけ早くプロトタイプがほしいとのことで、設計までの猶予は九か月です。各社は現在の納入業者［競合他社X］と製品を開発中ですが、X社からうちに転職してきたばかりの者に聞いたところ、仕様を満たすのはかなり難しいようです。うちならやれると思います」

「しかし、技術者たちはできると言うだろうか」

「ぎりぎりだと言うでしょうが、おわかりでしょう。やつらはいつもそう言うのです」

「利益率はどれぐらいになるんだ」

「わくわくしますよ。現在のうちの工場でつくれるとして、一MBあたりの価格をX社と同じで販売すれば、三五%近いと思います」


この会話を、価格、サイズ、速度、容量のすべてにおいて下回る破壊的ディスク・ドライブのアイデアを提出した技術者とマネージャーの会話と比較してみよう。


「どういう人がこれを買うだろうか」

「わかりませんが、どこかに市場があるはずです。小型で安いものを求める人はかならずいますから。ファックスとかプリンターに使えるんじゃないかと思いますが」

「このアイデアを潜在顧客に見せてみたのか」

「ええ、先日トレード・ショーに行ったとき、アイデアをスケッチして、いまの顧客の一人に見せてみました。興味はあるが、どういうふうに使えばいいかわからないと言っていました。現在、必要なものを全部入れるには二七〇MBが必要ですが、これにそんな容量を詰め込むのは無理な話です……少なくとも、当面は。ですから、あの顧客の反応は驚くほどのことじゃありません」

「ファックスのメーカーはどうかね。なんと言っていたんだ」
「わからない、と言ってます。興味はあるが、製品の企画案はもうできているし、そのなかでディスク・ドライブを使う予定はないと」
「このプロジェクトで利益が得られると思うかね」
「ええ、思います。もちろん、価格をいくらに設定するかによりますが」

二階級上のマネージャーは、どちらのプロジェクトを支援するだろうか。開発資源の配分をめぐる綱引きのなかで、既存の顧客が明確に示しているニーズや、まだ顧客になっていない既存ユーザーのニーズに的をしぼったプロジェクトは、かならず、存在しない市場向けに商品を開発する企画に勝つ。すぐれた資源配分システムは、収益性や受容性の高い大規模な市場を見いだせそうにないアイデアを排除するからだ。開発資源を顧客のニーズに向けるシステマティックな手段を持たない企業は、失敗する。*

*この文で「システマティック」という言葉を使ったことには、重要な意味がある。たいていの資源配分システムは、そのシステムが正式なものであろうとなかろうと、システマティックにはたらくものだからである。あとで述べるように、マネージャーが破壊的技術にうまく対処するために重要なのは、資源配分システムに介入し、自分自身で確固とした資源配分決定をくだせることである。資源配分システムは、破壊的技術のような提案を排除するようにできている。

上へ登れば手っとり早く成長と利益が手に入り、下から猛烈な攻撃が襲ってくるという非対称の問題のなかで、マネジメント面で最も悩ましいのは、優秀なマネージャー、つまり、熱心に如才なく仕事をし、将来の展望を持っているマネージャーでは、問題を解決できないことである。資源配分プロセスにあたっては、人材の時間と会社の資金をどのように費やすべきかについて、何百という人々が、毎日、微妙なものも明確なものも含め、何千という決定をくだしている。上層部が破壊的技術を追求しようと決めたとしても、それが、組織の構成員が考える組織としての成功、組織内の個人としての成功に結びつくモデルと一致しなければ、構成員が無視したり、しぶしぶ従うことになりやすい。正しく運営されている企業には、なにも考えずにマネージャーの指示に従うよう教育されたイエスマンは少ない。むしろ、会社にとってなにがよいことか、社内で自分の地位を高めるにはどうすればよいかを理解するように教育されている。すぐれた企業の社員は、率先して顧客サービスにつとめ、計画された売上げと利益を達成しようとする。有能な人材に、意味がないと思われる仕事を情熱をもって取り組ませつづけるのは、マネージャーにとってかなり困難なことだ。ディスク・ドライブ業界の歴史を例に、このような従業員の行動が及ぼす影響を検討する。

一・八インチ・ディスク・ドライブの場合

ディスク・ドライブ各メーカーの経営者には、本書で報告する研究にこころよく協力していただき、結果が出はじめた一九九二年頃から、わかったことをまとめて発表した論文を送りはじめた。筆者はとりわけ、図1・7にまとめた枠組みが、当時、業界最新の破壊的技術として出現してきた一・八インチ・ドライブに関するマネジメント決定に影響を与えるかどうかに興味があった。もちろん、部外者からみれば結論は明白である。「何度同じことを繰り返せば学習するのだ。やるしかないにきまっている」。実際、かれらは学習していた。一九九三年のうちに、大手ドライブ・メーカーはすべて一・八インチ・モデルを開発し、市場が生まれれば発売できる状態にあった。

一九九四年八月、ある大手ディスク・ドライブ・メーカーのＣＥＯを訪ね、一・八インチ・ドライブはどうなっているか、とたずねた。この質問はあきらかに先方を刺激した。ＣＥＯはオフィスの棚を指さした。そこには一・八インチ・ドライブのサンプルが鎮座していた。「わかりますか。あれは、うちで開発した四世代目の一・八インチ・ドライブです。世代が変わるごとに、前のものより記憶容量は増えています。しかし、まだ一台も売っていません。市場が生まれればすぐ販売できるように準備しておきたいのですが、まだ市場がないのです」

市場調査刊行物として高く評価され、今回の研究でも多くのデータを得ている『ディスク／トレンド・レポート』によれば、一九九三年の市場規模は四〇〇〇万ドルだが、九四年には八〇〇〇万ドル、九五年には一億四〇〇〇万ドルに拡大すると予想されていると指摘したところ、彼は次のように答えた。

「そう考えられていることは知っています。しかし、あれはまちがいです。市場はありません。あのドライブをカタログに載せてから、もう一八か月になります。うちがつくっていることは、みんなが知っています。でも、だれ一人欲しがりません。市場がないのです。先走りすぎてしまった」。それまでに会った経営者のなかでもひときわ明敏なこの人物に、それ以上自分の考えを押しつける根拠もなかった。会話は別の話題に移った。

約一か月後、ハーバード大学ＭＢＡ課程の技術・オペレーションマネジメント講座で、ホンダの新型エンジン開発に関するケース・ディスカッションを指導した。学生の一人は、以前、ホンダの研究開発機関で働いていたことがあるので、ほかの学生にそのときのようすを数分間、話すよう求めた。その学生は、カー・ナビゲーション・システムに取り組んでいた。思わず、話の途中で「地図のデータは、どうやって記憶していたのかね」と聞いてみた。

学生は「小型の一・八インチ・ディスク・ドライブを見つけたので、そこへ入れました。実に良くできています。ソリッド・ステート・デバイスに近くて、可動パーツはほとんどありません。耐久性もすばらしい」と答えた。

「どこから買うのか」と重ねて聞くと、次のような答えが返って来た。

「それが、おかしなことに、大手のディスク・ドライブ・メーカーからは買えないんです。コロラド州のどこかにある小さなベンチャー企業から買うんですが、名前は忘れました」

それ以来、一・八インチ・ドライブの市場はあるのに、なぜあの会社経営者は市場がないと頑固に言い張ったのか、大手ドライブ・メーカーは一・八インチ・ドライブを売ろうとしているのに、なぜあの学生は売っていないと言ったのかを考えている。答えは、前述の軌跡グラフの右上と左下の関係のなかにあり、また、優良企業の教育の行き届いた何百人もの意思決定者が、会社に最大の成長と利益をもたらすと思われるプロジェクトに資源とエネルギーをつぎ込むことにある。あのＣＥＯは、つぎの破壊的技術の波をいち早く捉えようと決断し、経済性の高いみごとな設計へとプロジェクトを導いた。しかし、従業員は、十億ドル単位の売上げのある会社が成長し利益を確保するには、八〇〇〇万ドルのローエンド市場に力を入れても意味はないと考えたのだ。その売上げの源である顧客を奪うために、強力な競争相手があらゆる手を尽くしているとなれば、なおさらだ。一方で、コネもノウハウもコンピュータ業界でつちかってきた営業担当者が一九九四年のノルマを達成するには、一・八インチ・ドライブのプロトタイプを自動車メーカーに供給してもしかたがない。

新製品を成功させるという困難な仕事をなし遂げるには、論理、エネルギー、刺激をすべて一体化させて努力しなければならない。実績ある企業をそのニーズに縛りつけているのは、顧客だけではない。

実績ある企業は、自分たちが属するバリュー・ネットワークの財務構造や組織の文化にも束縛されている。この束縛が、つぎの破壊的技術の波に迅速に投資する根拠を見えなくしているのだ。

バリュー・ネットワークと市場の可視性

企業の顧客自体が上の市場へ移行すると、上位市場へ移る力にいっそうはずみがつく。このような場合、ディスク・ドライブのような中間部品のメーカーは、同じように移行する競争相手や顧客のなかにいるため、右上方向へ移動していることに気づかない可能性がある。

このようなことを考えると、プライアム、カンタム、シュガートなどの主要な八インチ・ディスク・ドライブ・メーカーが、どうして五・二五インチ世代のドライブを見落としていたかが簡単に想像できる。たとえば、主な顧客であったDEC、プライム・コンピュータ、データ・ゼネラル、ワング・ラボラトリーズ、ニックスドーフのいずれも、デスクトップ・パソコンの導入に成功していない。むしろ、顧客自身が、市場のなかでも高性能の分野へと上方移動し、それまでメインフレームを使っていた顧客を獲得しようとしている。同様に、一四インチ・ドライブ・メーカーの顧客、つまりユニバック、バローズ、NCR、ICL、シーメンス、アムダールなどのメインフレーム・メーカーのいずれも、ミニコン市場のシェアを奪うために下位市場へ移行するほど大胆ではなかった。

上位市場の利益率が魅力的である、顧客の多くが同時に上位市場へ移行する、下位市場で利益をあげるためにコストを削減するのが難しい、この三つの要因が絡んで、下位への移動に対する強力な障壁となっている。したがって、社内で新製品開発のための資源配分について議論するとき、破壊的技術を追求する案は、上位市場に移行する案に負けるのが通常である。実際、利益を引き下げる可能性の高い新製品開発案を排除するためのシステマティックな手法をつちかうことは、すぐれた企業にとって特に重要な業務のひとつである。

この合理的な上位市場への移動パターンが持つ重要な戦略的意味は、下位のバリュー・ネットワークに空白をつくり、競争に強い技術とコスト構造を備えた新規参入企業がそこへ引き寄せられることである。たとえば、鉄鋼業界では、下位市場にできた大きな空白に、破壊的なミニミルの加工技術を採用した新規参入企業が、境界を超えて参入してきた。その後も、容赦なく上位市場を攻撃している。

総合鉄鋼メーカーの上位市場への移行

ミニミルによる製鉄事業が商業的に成り立ったのは、六〇年代半ばである。ミニミルは、広く普及している技術と設備を使い、鉄くずを電炉で溶融し、それをビレットという中間形態に鋳造してから、棒鋼、線材、形鋼、鋼板などの製品に圧延する。これらが「ミニミル」と呼ばれるのは、鉄くずからコスト競争力のある溶融鉄鋼を生産する規模が、高炉や転炉を使って総合製鉄所が鉄鉱石からコスト競争力のある溶融鉄鋼を生産するために必要な規模の一〇分の一以下だからである。総合製鉄所とミニミルでは、継続的に鋳造と圧延をおこなうというプロセスはほぼ同じである。異なるのは規模だけだ。効率的な規模の高炉の生産量に対応するには、総合製鉄所の鋳造・圧延部門は、ミニミルのそれよりはるかに大規模な設備が必要である。

北米の鉄鋼ミニミルは、世界で最も高効率、低コストの製鉄所である。一九九五年、一トンの鉄鋼を生産するのに、最も効率的なミニミルは〇・六人時しか必要とせず、最大の総合製鉄所は二・三人時を必要とした。両者が競合している製品分野において、平均的なミニミルは平均的な総合製鉄所と比べ、同等の品質の製品を、全原価込みで約一五％安く生産できる。一九九五年には、コスト競争力のある鉄鋼ミニミルを建設するには約四億ドルかかり、コスト競争力のある総合製鉄所を建設するには約六〇億ドルかかっていた。* 鉄鋼生産能力一トンあたりの資本コストでみれば、総合製鉄所の建設には四倍かかることになる。** その結果、ミニミルの北米市場でのシェアは、一九六五年には〇％だったが、七五年には一九％、八五年には三二％、九五年には四〇％へと拡大した。専門家は、二〇〇〇年には全鉄鋼生産高の半分を占めると予想している。線材、棒鋼、形鋼に関しては、ミニミルは北米市場をほぼ独占している。

*世界の多くの市場で鉄鋼需要の伸び率が低いため、九〇年代には大規模な総合製鉄所はあまり建設されていない。そのような総合製鉄所は、韓国、メキシコ、ブラジルなど、高成長率で急発展している国に建設されている。

**マサチューセッツ工科大学材料科学部のトーマス・イーガーによる。

しかし、世界の大手鉄鋼メーカーのなかで、今日までにミニミルの技術を採用して製鉄所を建設した企業は一社もない。なぜ、このように意味のあることを誰もしないのであろうか。最近、米国を中心にビジネス誌がさかんに主張する説明は、総合鉄鋼メーカーのマネージャーは保守的、後ろ向き、リスク嫌い、無能であるというものだ。これらの主張について考えてみよう。

昨年USスチール社は、「競争力がなくなった」として一五施設を閉鎖した。三年前ベツレヘム・スチールは、ペンシルベニア州ジョンズタウン、ニューヨーク州ラッカワナ……の工場の大部分を閉鎖した。これらの大型製鉄所の閉鎖は、現在の最高経営責任者が、マネジメントとしての責任をはたしていなかったとついに認めたことを意味する。数十年にわたって、当座のみせかけのために利益を最大化してきたにすぎなかったのだ。——『ビジネス・ウィーク』

人月あたりの生産高が、問題が生じたときの言い訳の数ほど多ければ、米国の鉄鋼業界は超一流なのだが。——『インダストリー・ウィーク』

このような非難のなかにも、いくらか真実があることはたしかである。しかし、マネジメント能力の不足だけでは、北米の総合製鉄所が、ミニミルによる広大な鉄鋼業界の征服に対抗できなかったことに対する完璧な答えにはなりえない。ほとんどの専門家が、世界有数のマネジメント手法によって成功をおさめていると指摘する総合鉄鋼メーカー、新日本製鐵、川崎製鉄、NKK、ブリティッシュ・スチール、ホーホヘンス（オランダ）、ポハン・スチール（韓国）のいずれも、ミニミルが世界で最も低コストの技術であることはあきらかなのに、ミニミル技術に投資していない。

また、この一〇年間、総合製鉄所の経営陣は、製鉄所の効率を高めるために積極的な措置をとってきた。たとえば、USXの製鉄事業の効率は、一九八〇年には鉄鋼生産高一トンあたり九人時以上だったが、九一年にはわずか三人時以下まで向上した。そのために、一九八〇年の九万三〇〇〇人から九一年には二万三〇〇〇人以下まで大胆に労働力を削減し、資本設備の近代化のために二〇億ドル以上を投資した。しかし、これらの積極的な経営努力も、従来の方法で鉄鋼を生産するためにとった措置である。どうしてだろうか。

ミニミルの鉄鋼生産は、破壊的技術である。鉄くずを使うため、六〇年代に初めて現れたころには、ぎりぎりの品質の鉄鋼を生産していた。製品の特性は、鉄くずの金属組成や純度によってまちまちであった。したがって、唯一ミニミルの市場となりえたのは、品質、コスト、利益率の面で市場の最下層に位置する鉄筋分野だけであった。これは、実績ある鉄鋼メーカーの顧客市場のなかでは、最も魅力が薄かった。また、利益率が低いばかりでなく、顧客の定着率も低い。思いのままに納入業者を乗り換え、とにかく安い業者と取引していた。総合鉄鋼メーカーは、鉄筋事業から手が引けて、むしろほっとしていた。

しかし、ミニミルは、鉄筋市場をちがった面からみていた。ミニミルのコスト構造は、総合製鉄所とはまったく異なる。減価償却費がほとんどなく、研究開発費はゼロ、営業経費も低く（電話料金がほとんど）、一般管理費も最小限である。生産可能な製品は、ほとんど電話だけで販売でき、それで利益をあげていた。

鉄筋市場で実績を築くと、特に積極的なミニミル、とりわけニューコーとチャパラルは、鉄鋼市場全般に対して、総合製鉄所とはまったくちがった見方をするようになった。自分たちが掌握している下位市場の鉄筋分野は、総合製鉄所にとってはまったく魅力がないようだが、ミニミルから上位市場を見た場合、増収増益のチャンスが頭上に広がっているように感じたのだ。これが刺激となって、ミニミルは製品の金属的な品質を高め、安定した品質を出せるように努力し、さらに大きな鋼材を生産できるように設備投資した。

図4・3の軌跡グラフが示すように、ミニミルがつぎに攻撃したのは、すぐ上位の棒鋼、線材、山形鋼の市場であった。八〇年には、ミニミルは鉄筋市場の九〇％、棒鋼、線材、山形鋼市場の約三〇％を

占めていた。ミニミルが攻撃をかけた当時、棒鋼、線材、山形鋼の利益率は、総合製鉄所の製品のなかでは最低であった。そのため、総合鉄鋼メーカーは、またしてもこの分野から手を引けることに安心し、八〇年代半ばには、この市場はミニミルのものとなった。

ミニミルは、棒鋼、線材、山形鋼の市場での地位を確かなものにすると、上位市場への行進を続け、今度は形鋼市場へ乗り込んだ。ニューコーはアーカンソーの新工場で生産を始め、チャパラルはテキサス州の最初の工場の隣に新工場を建設して攻撃を開始した。またしても、総合製鉄所はミニミルによってこ

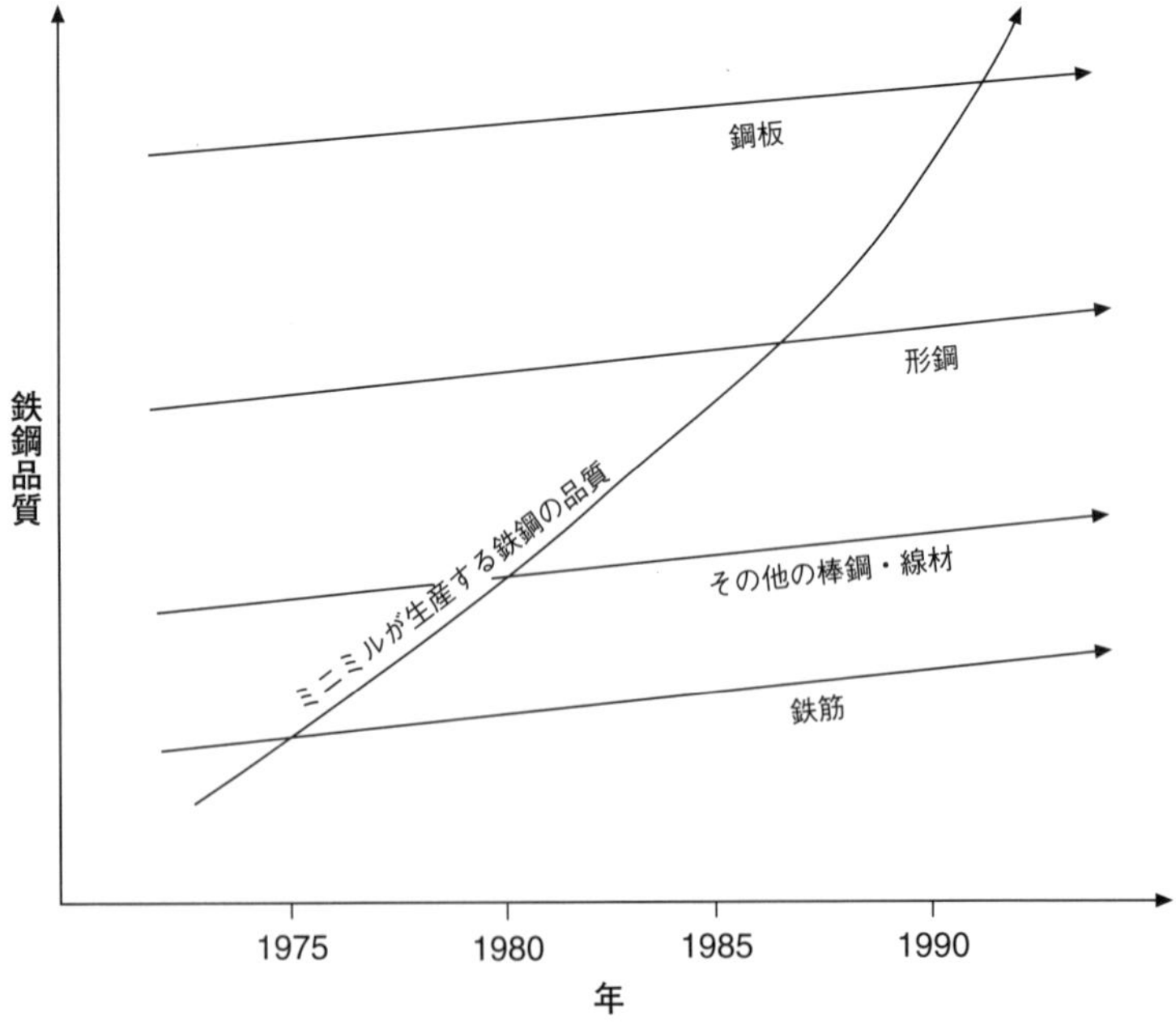

図4.3　破壊的なミニミル鉄鋼技術の進歩

の市場から追い出された。一九九二年、ＵＳＸはサウスシカゴの形鋼工場を閉鎖し、北米の総合形鋼メーカーはベツレヘムだけになった。ベツレヘムは一九九五年に最後の形鋼工場を閉鎖し、残ったのはミニミルだけとなった。

この話の重要な点は、棒鋼・線材事業をミニミルに明け渡した八〇年代を通じて、総合鉄鋼メーカーの利益が大幅に増加したことである。コスト削減につとめたこともあるが、利益率の低い製品を切り捨て、高品質の圧延鋼板に焦点をしぼっていった結果でもある。この市場では、品質重視の缶、自動車、家電製品のメーカーが、表面に傷のない品質の安定した鋼材には価格プレミアムを支払った。事実、八〇年代の総合製鉄所の投資のなかで最大の割合を占めたのは、これら三つの市場で最も要求の厳しい顧客に最高品質の製品を提供し、収益性を高められるようにするための投資である。総合鉄鋼メーカーにとって鋼板市場の魅力が大きい理由の一つは、ミニミルとの競争から守られていることだ。最先端のコスト競争力のある鋼板圧延機を建設するには、約二〇億ドルかかり、このような資本支出は、最大規模のミニミルにとってさえ大きすぎた。

最上位の市場に的をしぼったことを、総合製鉄所の投資家は歓迎した。たとえば、ベツレヘム・スチールの時価総額は、一九八六年の一億七五〇〇万ドルから、八九年には二四億ドルにはね上がった。この間に同社が研究開発と資本設備に投資した一三億ドルに対する収益率が、きわめて魅力的であったことを意味している。ビジネス誌も、これらの狙いすました積極的な投資を評価した。

ウォルター・ウィリアムズ（ベツレヘムのＣＥＯ）は驚くべき仕事をした。過去三年間、ベツレヘムの塩基性鋼事業の品質と生産性を高めるために力を入れてきた。ベツレヘムの変化は、米国の主要な競争相手と比べても群を抜いている。その米国の業界全体をみても、いまや日本の競争相手より生産コストは低く、品質の差も急速に埋まりつつある。顧客も違いに気づいている。キャンベル・スープの鋼板購買責任者は「まったく奇跡のようだ」と語る。（傍点筆者）――『ビジネス・ウィーク』

別のアナリストも、同様の意見を述べている。

注目する人は少ないが、奇跡に近いことが起きている。USXがみごとに復活している。ゲイリー・ワークス（USスチール）も……輝く熔銑の川を北米史上最高の年間三〇〇万トンのペースで流しつづけ、黒字に転換した。組合管理の問題解決チームがそこここに生まれている。ゲイリーは、あらゆる形状とサイズの鋼材を製造するのではなく、価値の高い圧延鋼板にほぼ全力をそそいでいる。（傍点筆者）――『フォーブズ』

このようなみごとな回復が、すぐれた経営の賜物であることは、われわれのほとんどが認めるところである。しかし、この種のすぐれた経営は、これらの企業をどこへ導いていくだろうか。

ミニミルによる鋼板の薄スラブ連続鋳造

総合鉄鋼メーカーが業績回復に懸命になっているころ、彼方から破壊の雲が押し寄せつつあった。一九八七年、ドイツの鉄鋼業界向け機器メーカー、シュローマン・シーマグは、「薄スラブ連続鋳造」という技術を開発したと発表した。溶融した鋼の状態から、冷却せずに直接圧延機にかけられる薄くて長いスラブに連続鋳造する方法である。熱くてすでに薄い鉄鋼スラブを、最終的な鋼板の厚さに圧延する方法は、総合製鉄所が開発してきた、厚いインゴットやスラブを再加熱して圧延する従来の方法より、はるかに簡単である。なにより重要なのは、コスト競争力のある薄スラブ連鋳・圧延工場が、二億五〇〇〇万ドル以下で建設できる点である。これは従来の鋼板工場の一〇分の一のコストであり、ミニミルでもなんとか投資できる額である。この規模なら、電炉でも簡単に必要な量の溶融鉄鋼を供給できる。さらに、薄スラブ連鋳を使えば、鋼板生産の総コストが少なくとも二〇％削減できる。

薄スラブ連鋳の可能性は大きいため、鉄鋼業界の大手各社は慎重に検討した。USXなどの総合製鉄所は、薄スラブ連鋳施設の導入を懸命に後押しした。しかし、結局、薄スラブ連鋳に踏み切ったのは、総合製鉄所ではなく、ミニミルのニューコー・スチールであった。なぜだろうか。

当初、薄スラブ連続鋳造技術では、総合製鉄所の主要顧客である缶、自動車、電気製品メーカーが求めるなめらかな傷のない表面に仕上げることはできなかった。市場は、利用者が表面の傷より価格に敏感な、建設用の敷板や、カルバート、配管、プレハブ建築などに使う波形鋼だけである。薄スラブ連鋳は破壊的技術である。さらに、規模と能力のある貪欲な総合鉄鋼メーカーは、大型自動車、電気製品、缶メーカーの収益性の高い事業を奪い合うのに夢中だった。収益性が低く、価格競争が激しく、市販品のような製品をつくる薄スラブ連鋳のために設備投資することは、意味がなかったのだ。ベツレヘムとUSXは、一九八七年から八八年にかけて、当時約一億五〇〇〇万ドルと見積もられた金額を薄スラブ連鋳に投資するかどうかを真剣に検討した挙げ句、主流顧客向け事業を守り、その収益性を高めるために、二億五〇〇〇万ドルを従来型の厚スラブ連続鋳造機に投資した。

ニューコーが別の見方をしたことは驚くにあたらない。収益性の高い鋼板の顧客の要求に悩まされることもなく、業界の最下層で鍛えられたコスト構造という武器を持っていたニューコーは、一九八九年、インディアナ州クローフォーズビルで世界最初の薄スラブ連続鋳造機に火を入れ、一九九二年、アーカンソー州ヒックマンに第二の工場を建設した。一九九五年には、両方の工場の生産能力を八〇%増強した。アナリストの推定によると、ニューコーは、一九九六年には北米の莫大な鋼板市場で七%のシェアを獲得した。しかし、ニューコーが成功した分野は、総合製鉄所の製品のなかでは最も収益性の低い一般商品にかぎられていたため、総合鉄鋼メーカーは気にかけなかった。もちろん、ニューコーは、総合製鉄所から高品質製品の高収益事業を奪おうと、すでに鋼板の表面品質を大幅に改良していた。

総合鉄鋼メーカーは、収益性の高い鉄鋼業界の上位市場をめざして積極的に投資し、合理的な意思決定をおこない、主流顧客のニーズに注意深く耳を傾け、収益をあげている。これは、ディスク・ドライブや機械式掘削機の主力メーカーが直面したのと同じイノベーターのジレンマである。差し迫る業界リーダーの座からの転落の根底には、安定をめざした経営判断がある。

第二部　破壊的イノベーションへの対応

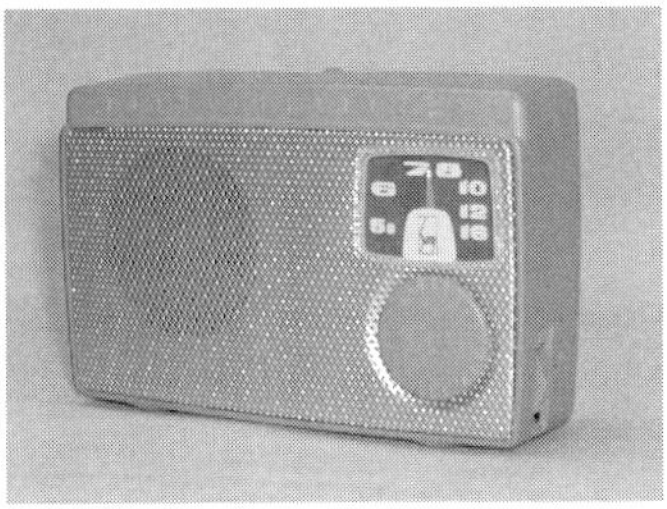

写真：SONYが開発した最初のトランジスター ラジオ
資料：SONY

三つのまったく異なる業界で、これほど多くの優良企業がつまずき失敗した理由を探るため、ここまでの章でまとめた調査を進めるうちに、以前からほかの研究者が論じてきた主張に疑問が生じるようになった。大手企業の技術者が特定の技術のパラダイムにこだわったり、「他社で発明された」イノベーションを無視するとの意見は当たっていない。実績ある企業が新しい技術分野での能力を欠いていたことや、業界の「技術の泥流」に流され頂上に踏みとどまれなかったことだけを失敗の原因とするわけにはいかない。これらの問題に悩む企業があることもたしかだ。しかし、一般的に、顧客のニーズに応えるために新しい技術が必要な場合、実績ある企業は、必要な技術を効率よく高水準に開発し、商品化するためのノウハウ、資本、納入業者、労力を集めることに成功している。これは、漸進的な進歩にも抜本的な進歩にも、数か月で完成するプロジェクトにも一〇年以上続くプロジェクトにも、移り変わりの激しいディスク・ドライブにも、歩みの遅い機械式掘削機業界にも、プロセス集約型の鉄鋼業界にも、等しく言えることである。

この問題を分析した結果、最も重要な点は、劣悪な経営が根本原因ではないことであろう。経営の良し悪しが企業の命運を決める重要な要因ではないと言っているのではない。しかし、全般的にみて、この研究で調査した企業の経営者は、顧客の将来のニーズを理解し、それらのニーズに的確に応えるための技術を見きわめ、その技術の開発と商品化に投資することに関しては、すぐれた実績を持っていた。失敗したのは、破壊的技術に遭遇したときだけである。つまり、破壊的イノベーションに直面したときに優秀な経営者がいつも判断を誤った背景には、なんらかの理由があるはずである。

その理由とは、優秀な経営陣そのものが根本原因であることだ。経営者は、勝負においてとるべき行動をその通りにとっている。実績ある企業の成功のかぎとなる意思決定プロセスと資源配分プロセスこそが、破壊的技術を拒絶するプロセスである。顧客の意見に注意深く耳を傾け、競争相手の行動に注意し、収益性を高める高性能、高品質の製品の設計と開発に資源を投入する。これらのことが、破壊的イノベーションに直面したときに優良企業がつまずき、失敗する理由である。

成功している企業は、顧客のニーズに応え、収益性を高め、技術的に実現可能で、堅実な市場に参加するために資源を集中したいと考える。しかし、これらの目標を達成するプロセスが、破壊的技術のようなものを育てるのにも有効だと考えること、すなわち顧客に拒絶され、収益性を引き下げ、既存の技術より性能が低く、重要性の低い市場でしか売れない企画に資源を集中することは、翼を腕にくくりつけて空を飛ぼうとするようなものだ。このような考え方をするには、成功する組織のやり方、業績の評価のされ方にみられる根本的な傾向と闘わなければならない。

本書の第二部は、破壊的イノベーションに遭遇したときに成功したわずかな例と、失敗した多数の例に関する詳しい事例研究にもとづいている。人間が基本的な自然界の法則を理解し、それを利用し順応することによってついに空を飛んだように、これらの事例研究では、成功した経営者が失敗した経営者とはまったく別の法則にのっとって経営を行っていたことがわかる。成功した企業の経営者は、組織の性質に関する五つの基本原則をつねに認識し、利用してきた。破壊的技術との闘いに破れた企業は、この原則に目を向けなかったり、逆らってきた。その原則とは、つぎの五つである。

一、資源の依存。優良企業の資源配分のパターンは、実質的に、顧客が支配している。
二、小規模な市場は、大企業の成長需要を解決しない。
三、破壊的技術の最終的な用途は事前にはわからない。失敗は成功への一歩である。

四、組織の能力は、組織内で働く人材の能力とは関係ない。組織の能力は、そのプロセスと価値基準にある。現在の事業モデルの核となる能力を生みだすプロセスと価値基準が、実は破壊的技術に直面したときに、無能力の決定的要因になる。

五、技術の供給は市場の需要と一致しないことがある。確立された市場では魅力のない破壊的技術の特徴が、新しい市場では大きな価値を生むことがある。

成功した経営者は、これらの原則をどのように自分たちの優位に役立てたのか。

一、破壊的技術を開発し、商品化するプロジェクトを、それを必要とする顧客を持つ組織に組み込んだ。経営者が破壊的イノベーションを「適切な」顧客に結びつけると、顧客の需要により、イノベーションに必要な資源が集まる可能性が高くなる。

二、破壊的技術を開発するプロジェクトを、小さな機会や小さな勝利にも前向きになれる小さな組織に任せた。

三、破壊的技術の市場を探る過程で、失敗を早い段階にわずかな犠牲でとどめるよう計画を立てた。市場は、試行錯誤の繰り返しのなかで形成されていくものであると知っていた。

四、破壊的技術に取り組むために、主流組織の資源の一部は利用するが、主流組織のプロセスや価値基準は利用しないように注意した。組織のなかに、破壊的技術に適した価値基準やコスト構造を持つ違ったやり方を作りだした。

五、破壊的技術を商品化する際は、破壊的製品を主流市場の持続的技術として売り出すのではなく、破壊的製品の特徴が評価される新しい市場を見つけるか、開拓した。

第二部の第五章から第九章では、経営者がこれらの五原則を理解し、利用するにはどうすればよいかを詳しく述べる。各章の冒頭では、ディスク・ドライブ業界に破壊的技術が出現したときに、この原則を利用するか、無視するかによって企業の明暗が分かれたことを検証する。* そのあと、まったく異なる特徴を持つ業界の話へと移り、同じ原則が、その業界で破壊的技術に直面した企業をどのように成功や失敗に導いたかを説明する。

*世界の動きをつかさどる物理的、心理的法則を理解し、その法則に調和する姿勢をとったときに、最も効果的に力を発揮できるという考えは、もちろん目新しいものではない。本書でも何度も紹介しているスタンフォード大学のロバート・バーゲルマン教授は、講義中に床にペンを落とすと、立ち止まって拾いながら「重力はきらいだ」とつぶやいた。そして、講義を続けるために黒板のほうへ歩きながら「ところが、重力のほうはおかまいなしだ」と言った。
　豊かな人生を送るために、自然、社会、心理の強力な法則にしたがって行動しようという考え方は、中国の道教思想をはじめ、さまざまな分野にみられる。

これらの調査をまとめた結果、破壊的技術は多様な特質を持つ業界の力学を変化させることがあるが、そのような技術が現れたときに企業の成否を分ける要因は、どの業界でも同じであることがわかった。

第十章では、特に複雑な技術である電気自動車を事例研究で取りあげ、これらの原則を経営者がどのように適用するのかを示すことによって、その利用法を考えていく。第十一章では、本書の主な結論をまとめる。

第五章　破壊的技術はそれを求める顧客を持つ組織に任せる

たいていの経営者は、組織を運営し、重要な決定をくだすのは自分であり、自分がなにかをやると決めたら、すぐに全員が動き出すと信じたがる。この章では、すでに述べた「企業になにができてなにができないかを実質的に決定するのは、企業の顧客である」という見解について詳しく解説する。ディスク・ドライブ業界の例で見たように、企業は、顧客がその製品を求めているとわかれば、技術的にリスクの大きなプロジェクトにも投資を惜しまない。しかし、収益性の高い既存顧客が製品を求めなければ、はるかに単純な破壊的プロジェクトを完成するための資源も集められない。

この見解は、少数派の経営学者が唱えた「資源依存」という理論を裏付けている。これは、企業の行動の自由は、企業存続のために必要な資源を提供する社外の存在（主に顧客と投資家）のニーズを満たす範囲に限定されるという主張である。資源依存論者は、生物学的発展の概念を根拠として、組織のスタッフとシステムが、顧客や投資家が求める製品、サービス、利益を提供し、そのニーズを満たした場合にのみ、組織は存続し、繁栄すると主張している。ニーズに応えない組織は衰退し、存続に必要な収入を得られない[*]。この適者生存のしくみによれば、各業界で優位に立つ企業とは、一般に、顧客が求めるものを提供することを最も重視する人材とプロセスを備えた企業である。この理論で問題となるのは、顧客の指示に逆らって企業の方向性を変える経営者は無能であると結論づけている点だ。経営者が、企業をまったく別の方向に導こうという大胆な構想を立てたとしても、競争環境のなかで生き残ることに順応した企業では、その試みは、顧客を重視する人材やプロセスの力によって拒絶される。つまり、企業が依存する資源を提供するのが顧客であるがゆえに、実際に企業の行動を決定するのは、経営者ではなく顧客である。企業の進路を決めるのは、組織内の経営者ではなく、組織の外部の力である。資源依存論者によれば、生き残るために人材とシステムを編成した企業においては、経営者の真の役割は、象徴的な存在であることにすぎない。

＊つまり、通常の状況であれ、破壊的技術の攻撃のさなかであれ、企業経営においては、どの顧客に貢献するかという選択が、戦略的に重要な影響力を持つ。

企業を経営したり、経営者のコンサルタントをつとめたり、将来の経営者を教育した経験のある人にとって、これほど不穏な考え方はない。そのような人は、マネジメントし、改善し、戦略を立てて実行し、成長を速め、利益を高めるために存在する。資源依存は、その存在理由そのものを否定する。しかし、本書で述べたきた見解は、驚くほど資源依存理論を裏づけている。特に、成功している企業では、経営陣の決定より、顧客重視の資源配分と意思決定プロセスのほうが、投資の方向を決めるうえではるかに強力な要因になるという点で一致する。

企業の投資を決めるうえで、顧客の力が強いことははっきりしている。それでは、顧客があきらかに求めていない破壊的技術が出現したとき、経営者はどうするべきだろうか。方法の一つは、とにかく破壊的技術を追求するべきであり、収入源である顧客が拒否しようと、上位市場の技術より収益性が低かろうと、その技術は長期戦略にとって重要であると、全社員に伝えることである。もう一つの方法は、独立した組織をつくり、その技術を必要とする新しい顧客のなかで活動させることである。どちらがべストだろうか。

最初の方法を選んだ経営者は、企業の投資パターンを本質的に支配するのは、経営者ではなく顧客であるという、組織の強力な傾向と闘う道を選ぶことになる。もう一つの方法を選んだ経営者は、この傾向に逆らわず、そのような組織の力と闘うのではなく、調和することになる。この章で示す事例は、二番目の方法のほうが一番目の方法よりはるかに成功する確率が高いことを強く示唆している。

イノベーションと資源配分

企業の投資を顧客が支配するメカニズムは、資源配分プロセスにある。どのプロジェクトに人材と資金をつぎ込み、どの企画につぎ込まないかを決定するプロセスである。資源配分とイノベーションは表裏一体だ。十分な資金と人材とマネージャーの注目を集めた新製品開発プロジェクトだけに成功のチャンスがある。資源不足のプロジェクトは衰退する。つまり、企業のイノベーションのパターンは、資源配分のパターンをそのまま映したようになる。

すぐれた資源配分プロセスは、顧客が望まない案は排除するようにできている。このような意思決定プロセスが機能した場合、顧客が製品を望まなければ、その製品に資金は割り当てら*れない*。顧客が望めば、資金は割り当てられる。大企業においては、物事はこのように機能しな*ければならない*。顧客が求めるものに投資しな*ければならない*し、それをうまくやれば、ますます成功する。

第四章で述べたように、資源配分は、単にトップダウン式の意思決定を実行するものではない。通常、上層部がどのプロジェクトに投資するかを決定するまでには、組織の下の階層のさまざまな人間が、どの種類のプロジェクト案をまとめて上層部の承認を求めるべきか、どの案はそのような努力に値しないかをすでに決定している。上層部は、通常、すでにふるいにかけられた案件の一部を目にするだけである。

また、上層部があるプロジェクトへの投資を支持したとしても、それが完成することはめったにない。重要な資源配分決定の多くは、プロジェクトが承認されたあと、というより製品が発売されたあとで、現場のマネージャーによってなされる。現場のマネージャーは、複数のプロジェクトや製品の間で人材、設備、ベンダーの取り合いが生じたときに、その優先順位を決定する。経営学者のチェスター・バーナードは、つぎのように述べている。

> 個々の決定の相対的重要度という点では、当然ながら、経営陣の決定が第一に尊重される。しかし、総合的重要度という点では、経営陣ではなく、組織の非経営参加者の決定が大きな関心を集める。（傍点筆者）*

*チェスター・バーナード著『経営者の役割』（ダイヤモンド社、一九五六年）

それでは、非経営参加者は、どのように資源配分を決定するのだろうか。どのプロジェクトを上層部に提案し、どのプロジェクトを優先するかは、どのようなタイプの顧客や製品が企業にとって最も利益になると理解しているかによって決まる。さらに、どの案を支持するかによって、社内での自分の地位がどのように変化するかという考えにも強く左右される。そして、顧客がなにを求め、会社が収益性を高めるためにどのような製品を売る必要があるかという認識が強固になり、収益性の高い革新的なプログラムを支持すると、時として大きな出世につながる。たいていの企業では、このような企業の利益追求と個人の成功追求のメカニズムによって、顧客が、資源配分プロセスに重要な影響を与え、ひいてはイノベーションのパターンに影響を与える。

破壊的ディスク・ドライブ技術における成功

しかし、このような顧客支配のシステムを打破することは可能である。ディスク・ドライブ業界の歴史のなかで、経営者が破壊的技術の市場で強力な地位を築けることを証明する事例が三つある。二つの事例では、経営者は資源依存の力と闘うのではなく、調和する方法をとった。破壊的技術を商品化するために、独立企業を設立したのである。第三の事例では、マネージャーはこの力と闘うことを選び、消耗しながらもプロジェクトを完遂した。

カンタムとプラス・デベロップメント

前述のように、八インチ・ドライブの大手メーカー、カンタム・コーポレーションは、八〇年代前半にミニコン市場を顧客としており、五・二五インチ・ドライブが現れたときに完全に乗り遅れた。最初の五・二五インチ製品を発売したのは、市場にそのようなドライブが出回りはじめてから約四年も後のことである。五・二五インチの先駆者が下からミニコン市場を侵食しはじめたため、ここまで述べてきたような理由から、カンタムの売上げは減少しはじめた。

一九八四年に、カンタムの社員数人が、ＩＢＭのＸＴ、ＡＴクラスのデスクトップ・パソコンの拡張スロットに挿入する薄型三・五インチ・ドライブの潜在市場に気づいた。このドライブは、カンタムの収入全体を占めていたOEMミニコン・メーカーではなく、パソコン・ユーザー向けの製品である。これらの社員はカンタムを辞め、このアイデアを商品化するために、新会社を設立することにした。

しかし、カンタムの経営陣は、これらの社員の行動を阻止したりせず、プラス・デベロップメント・コーポレーションというこのスピンオフ事業に出資して八〇％持分を保持し、新会社をカンタムとは別の場所に置いた。完全に独立した組織で、経営陣も、独立企業に必要なあらゆる機能も独自に持っていた。プラスは大成功をおさめた。ドライブの設計と販売は自社で行ったが、製造は日本の松下寿電子工業に外注した。

八〇年代半ばにカンタムの八インチ・ドライブの売上げは落ち込みはじめたが、プラスの「ハードカード」の売上げ増によって相殺された。一九八七年には、カンタムの八インチ製品と五・二五インチ製品の売上げはほとんどなくなった。そこで、カンタムはプラスの残りの二〇％も取得し、実質的に旧カンタムを閉鎖して、プラスの経営陣をカンタムの上級管理職に据えた。さらに、図1・7のディスク・ドライブの軌跡グラフに示したように、三・五インチ・ドライブの容量が増加してデスクトップ市場を侵食するようになると、プラスの三・五インチ製品を、アップルなどのOEMデスクトップ・パソコン・メーカー向けにつくり直した。こうして、カンタムは三・五インチ・ドライブ・メーカーとして再生し、積極的に部品技術の持続的イノベーションを採用し、上位のエンジニアリング・ワークステーション市場へと進出し、二・五インチ・ドライブへの持続的なアーキテクチャーのイノベーションにも成功した。一九九四年には、新生カンタムはディスク・ドライブ生産台数で世界最大手となっている。

コントロール・データのオクラホマ部門

コントロール・データ・コーポレーション（ＣＤＣ）も、同様の自己再編を行った。ＣＤＣは、一九六五年から八二年にかけてＯＥＭメーカーを市場とした一四インチ・ドライブの最大手である。同社の市場シェアは、五五〜六二％の間で変動していた。しかし、七〇年代後半に八インチ・アーキテクチャーが出現したとき、ＣＤＣは三年も出遅れた。八インチ市場にはごくわずかしかくい込めず、同社が販売した八インチ・ドライブは、ほとんど既存のメインフレーム・メーカーの顧客基盤を守るためのものであった。その理由は、資源とマネジメント努力の配分にあった。ミネアポリスの主要工場の技術者とマーケティング担当者は、主流顧客向けに発売する次世代一四インチ製品の問題を解決するために、八インチ・プロジェクトの資源を回していた。

ＣＤＣが最初の五・二五インチ・モデルを発売したのは、一九八〇年にシーゲートの最初の製品が発売された二年後である。しかし、このときは、ＣＤＣは五・二五インチ部門をオクラホマシティに配置した。あるマネージャーによれば、これは「ＣＤＣのミネアポリスの技術文化を逃れるためではなく、(五・二五インチ製品の）グループを会社の主流顧客から遠ざけるためであった」という。市場では出遅れ、以前のような支配的な地位を取り戻すことはなかったが、五・二五インチ・ドライブ事業は利益を生み、容量が拡大した後の五・二五インチ・ドライブ市場では、一時、二〇％のシェアを獲得した。

マイクロポリス――経営陣の力による移行

一九七八年に八インチ・ドライブの製造を目的として設立されたかつてのディスク・ドライブ業界のリーダー、マイクロポリス・コーポレーションは、破壊的プラットフォームへの移行に成功した残る一社である。しかし、カンタムやコントロール・データのようなスピンアウト戦略をとったのではなく、主流組織の内部で改革を行った。しかし、このような例外的な事例でも、企業が投資に成功するまで、顧客がきわめて強力な影響を与えるという原則に変わりはない。

マイクロポリスが変化しはじめたのは、一九八二年、設立者でCEOのスチュアート・メイボンが、図1・7に示したような市場の需要と技術の供給の軌跡に直観的に気づき、五・二五インチ・ドライブを主力とするメーカーに変わるべきだと判断したためである。メイボンは、両方の市場にふたまたをかけようと、当初は次世代八インチ・ドライブの開発にも十分な資源を割り当てたいと考えていたが、[*]社内の主要な技術者は五・二五インチ・プログラムに割り当てた。同社のメカニズムは、顧客のいる場所、つまり八インチ・ドライブに資源を割り当てるようになっていたため、メイボンは五・二五インチ・プログラムに十分な資源を確保するために「一八か月にわたって、自分の時間とエネルギーを一〇〇%つぎ込んだ」という。

*マイクロポリスが、既存の技術と新しい五・二五インチ技術の両方で競争力を保つのに失敗したことは、ジェームズ・アッターバックが『イノベーション・ダイナミクス――事例から学ぶ技術戦略』（有斐閣、一九九八年）で述べている技術の歴史に合致する。アッターバックによれば、抜本的な技術を開発しようとした企業は、ほとんどの場合、同時に以前の技術にもかかわりつづけようとし、たいていは失敗に終わっている。

一九八四年には、マイクロポリスはミニコン市場で競争力を保てなくなり、残っていた八インチ・モデルを引き上げた。しかし、経営者の超人的な努力により、五・二五インチ・プログラムには成功した。図5・1は、同社がなぜこのように苦しんだかを示している。マイクロポリスは移行にあたって、二つのまったく別の技術の軌跡に乗った。すべての主要顧客から離れ、失った収入を、まったく

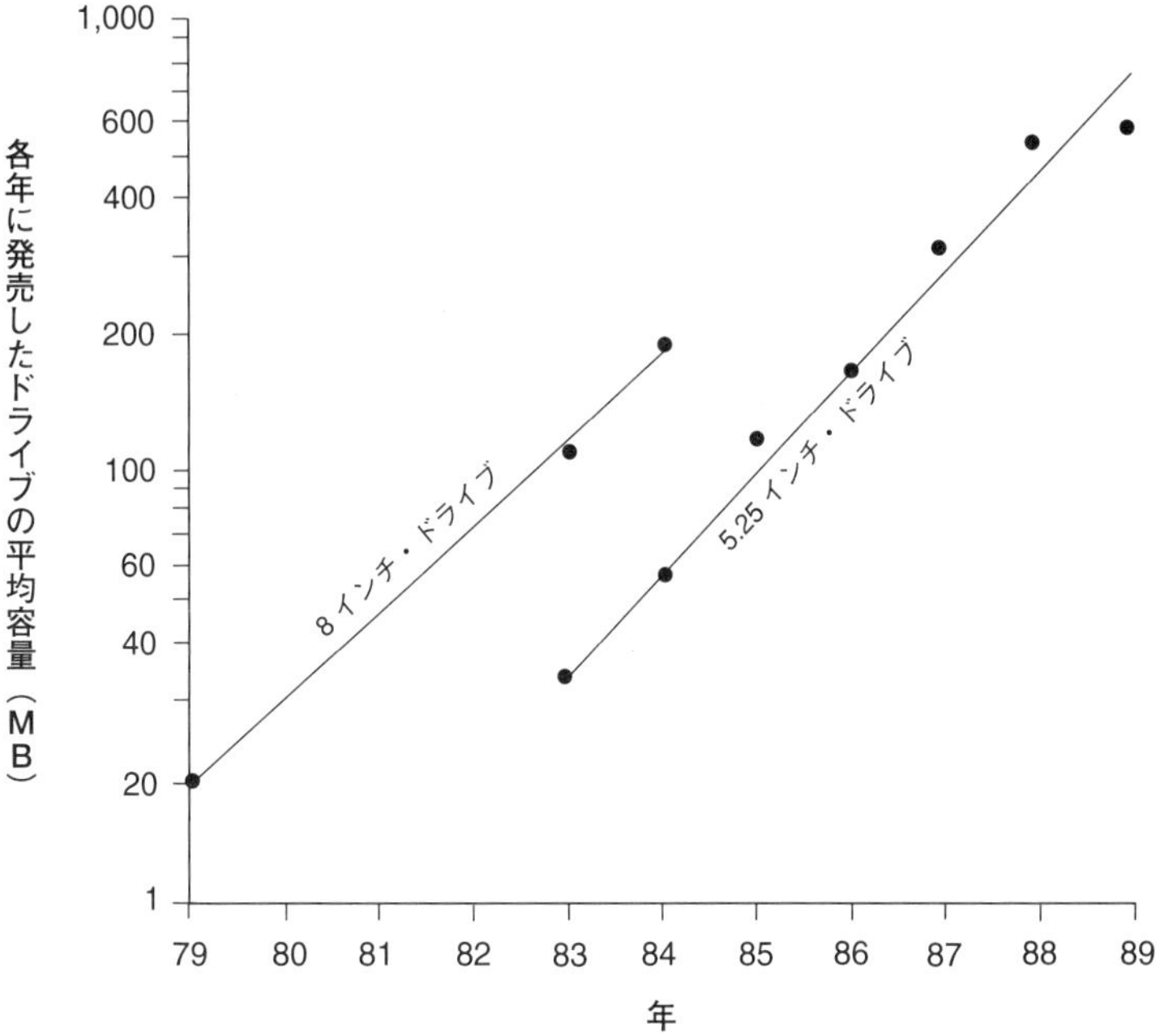

図5.1　マイクロポリスの技術の移行と市場での地位
資料：『ディスク／トレンド・レポート』各号のデータ

別のグループであるデスクトップ・パソコン・メーカー向け新製品の売上げで埋める必要があった。メイボンは当時のことを、人生で最も疲れきった経験と話している。

マイクロポリスは、一九九三年にようやく三・五インチ製品を発売した。この製品は、三・五インチ・プラットフォームに一GB以上の記憶容量を詰め込むまでに進化していた。このレベルで、同社は三・五インチ・ドライブを既存顧客向けに販売することができた。

破壊的技術と資源依存の理論

前に述べたシーゲート・テクノロジーが三・五インチ・ドライブを販売しようとして苦しんだ話、ビュサイラス・エリーが初期のハイドロホーを主流顧客のみに販売しようとして失敗した話は、資源依存の理論が破壊的技術の事例にもあてはまることを示している。いずれの場合も、シーゲートとビュサイラスは、業界のなかでもごく早い時期に破壊的製品を開発していた。しかし、上層部が発売を決定していながら、顧客の需要が現れるまで、適切なバリュー・ネットワークで積極的に製品を発売するために必要な勢いや組織的エネルギーがともなわなかった。

では、資源依存論者が示唆する、経営者は無能な個人にすぎないという結論を受け入れるべきなのだろうか。そんなことはない。序章で、人が空を飛ぶまでの過程を追ったとき、基本的な自然界の法則と闘おうとするかぎり、あらゆる試みは失敗に終わったと述べた。しかし、重力、ベルヌーイの原理、揚力、抗力、抵抗の概念などの法則が理解されはじめ、これらの法則に調和する飛行機が設計されるようになると、人間は空を飛ぶことに成功した。たとえて言うなら、これがカンタムとコントロール・データのとった行動である。この二社の経営陣は、まったく別のバリュー・ネットワークのなかに独立した組織を組み込み、生き残るために適切な顧客に依存することにより、強力な資源依存の力に調和した。マイクロポリスのCEOは、この力と闘ったが、犠牲を払いながらも勝利したまれな例となった。

破壊的技術は、ディスク・ドライブ、機械式掘削機、鉄鋼のほかにも、さまざまな業界におそるべき影響を与えてきた。つぎに、コンピュータ、小売り、プリンターの三つの業界における破壊的技術の影響をまとめ、各業界のなかで、カンタムやコントロール・データのように、資源依存の力と闘わず調和した企業だけが、破壊的技術によって市場で強力な地位を築いたことを示していく。

DECとIBMとパソコン

ディスク・ドライブのバリュー・ネットワークはコンピュータのバリュー・ネットワークに組み込まれているため、当然のことながら、コンピュータ業界とディスク・ドライブ業界はよく似た歴史をたどっている。図1・7のディスク・ドライブの軌跡グラフに表した各軸と交差する線の名前をコンピュータ関連の用語に変更すれば、そのままコンピュータ業界の大手企業の失敗を要約した図になる。業界の最初のリーダーであるIBMは、大規模組織の中央会計・データ処理部門向けにメインフレームを販売していた。ミニコンの登場は、IBMとその競争相手にとっては破壊的技術である。これらの企業の顧客はミニコンを必要としていなかった。利益率も高いどころか低く、市場規模も当初ははるかに小さかった。そのため、メインフレームのメーカーは何年間もミニコンを無視し、DEC、データ・ゼネラル、プライム、ワング、ニックスドーフなどの新規参入企業が市場を開拓し、支配するに任せておいた。IBMは結局、独自のミニコン製品を発売したが、ミニコンの機能が進化し、IBMの顧客の一部の需要を満たすほどの競争力を備えるようになったため、あくまでも防衛手段として発売したにすぎない。

同様に、ミニコン・メーカーにとってもデスクトップ・パソコンは破壊的技術だったため、一社もデスクトップ・パソコン市場の重要な勢力にはならなかった。パソコン市場を築いたのは、アップル、コモドール、タンディ、IBMなどの別の新規参入企業のグループである。ミニコン・メーカーは繁栄し、投資家、ビジネス誌、経営の研究者などからは高く評価されていたが、八〇年代後半になると、デスクトップ・パソコンの技術の軌跡が、それまでミニコンを買っていた層の性能需要と交わるようになる。下位市場からのデスクトップ・パソコンの攻撃はミサイルのようで、すべてのミニコン・メーカーに重傷を負わせ、数社は倒産した。デスクトップ・パソコンのバリュー・ネットワークで地位を築いた企業は一社もない。

ポータブル・パソコンが現れたときも同じようなことが起こり、東芝、シャープ、ゼニスなどの新規参入企業が市場をつくり、支配した。デスクトップの大手であったアップルとＩＢＭがポータブル・モデルを発売したのは、ポータブル・パソコンの性能の軌跡が、自分たちの顧客のニーズと交差してからである。

これらの企業のなかでも、ＤＥＣほど破壊的技術によって痛手を受けた企業はないだろう。スタンドアロン・ワークステーションとネットワーク・デスクトップ・パソコンが、ミニコンの需要をあっという間に奪うと、ＤＥＣの命運は、わずか数年で天から地へ落ちた。

もちろん、ＤＥＣは努力をしなかったからつまずいたわけではない。一九八三年から九五年までの間に四回にわたって、一般消費者向けに、ＤＥＣのミニコンより技術的にははるかに単純なパソコンを発売した。しかし、四回とも、社内では収益性が高いと目されていたこのバリュー・ネットワークで事業を築くことに失敗した。ＤＥＣは四回、パソコン市場から撤退したのだ。なぜだろう。ＤＥＣは四回とも、主流企業のなかで進出をはかった。[*] これまでに述べてきたさまざまな理由から、経営陣のレベルでパソコン事業に移行する決定がくだされても、社内で具体的な資源配分決定をくだす人びとは、利益率が低く、顧客に求められていない製品に資金と時間と労力を投資することには意味がないと考えたのだ。

超高速アルファ・マイクロプロセッサーや、メインフレーム市場への冒険など、高い利益率が約束されている高性能製品のプロジェクトのほうが、資源を引きつけた。

＊九〇年代に、DECはようやく、本格的なパソコン事業を展開しようと、パーソナル・コンピュータ部門を設置した。これは、カンタムやコントロール・データのスピンアウトと異なり、DECの主流事業から独立した部門ではなかった。DECはパソコン部門の性能仕様をいくつか設定したが、それは事実上、旧来の粗利益率と増収率の基準にしたがったものであった。

DECは、主流組織のなかからデスクトップ・パソコン市場へ参入しようとしたため、二つのバリュー・ネットワークにともなう二つの異なるコスト構造を両立させなければならなかった。同社は、高性能製品では競争力を保つためコストが必要だったので、下位のパソコン市場で競争力を保てるほど間接費を削ることができなかった。

一方、IBMがパソコン業界に参入し、最初の五年間成功したことは、ほかのメインフレームやミニコンの大手メーカーが破壊的なデスクトップ・パソコンの波に乗り遅れたのとは対照的である。IBMはどうやって成功したのだろうか。同社は、ニューヨーク州の本社から遠く離れたフロリダ州に、どこからでも自由に部品を調達し、独自の販売チャネルで自由に販売し、パソコン市場の技術上、競争上のニーズに適したコスト構造を自由に形成できる自律的な組織を新設した。この組織は、パソコン市場の成功の尺度にしたがって成功した。実際、IBMがその後、パソコン市場の収益性と市場シェアを維持できなかった重要な要因として、同社がパソコン部門と主流組織の緊密な連携をはかると決定したことを挙げる向きもある。一つの企業のなかで、二つのコスト構造、二つの収益モデルを平穏に共存させることはきわめて難しい。

単一の組織で、主流市場の競争力を保ちながら破壊的技術を的確に追求することは不可能であるという結論は、意欲的な経営者にとってはやっかいだ。たいていの経営者は、マイクロポリスやDECと同じことをしようとする。主流事業の競争力を維持したまま、同時に破壊的技術も追求しようとする。このような努力がめったに成功しないことは、過去の例が物語っている。適切なバリュー・ネットワークに組み込まれた別々の組織で、別々の顧客を追求しなければ、市場での地位は守れない。

クレスギとウールワースとディスカウント販売

小売業界ほど破壊的技術の影響を大きく受けた業界はめったにない。この業界では、ディスカウント・ストアが伝統的なデパートやバラエティ・ストアから覇権を奪った。ディスカウント・ストアのサービスの質や品揃えは、慣れ親しんだ高級販売店の尺度を覆したため、ディスカウント販売の技術は、伝統的な店舗にとっては破壊的であった。また、ディスカウント販売で利益をあげるために必要なコスト構造は、デパートが自分たちのバリュー・ネットワークのなかで競争するために築いてきたコスト構造とは、根本的に異なっていた。

最初のディスカウント・ストアは、五〇年代半ばにニューヨークで多数の店舗を展開したコーベッツである。コーベッツとその方法をまねた企業は、小売製品のなかでも特にローエンドの商品を扱い、全国的ブランドの標準的な耐久消費財を、デパートの価格の二〇～四〇%引きで販売した。顧客がすでに使い方を知っているため、宣伝の必要がない商品に重点を置いた。全国的なブランド・イメージによって商品の価値や品質が確立しているため、知識豊富な販売員を置く必要もない。また、主流の小売業者にとっては最も魅力の薄い「ブルーカラー層の子持ちの若い主婦」をターゲットとした。これは、デパートが高級販売と収益拡大のために採用してきた方法とはまったく異なっていた。

しかし、ディスカウント・ストアは、伝統的な小売店より少ない利益に甘んじていたわけではない。別の方法で利益を稼いだだけのことである。簡単に言うと、小売業者は、販売する商品の原価に対する粗利益率、つまり値入れ率によってコストをまかなう。伝統的なデパートの値入れ率は四〇%で、在庫の回転率は年四回である。つまり、年に四回、在庫に投資した金額の四〇%を稼ぐため、総在庫投資収益率は一六〇%となる。バラエティ・ストアも、デパートと同様の方法で、これよりやや低い利益率を稼ぐ。ディスカウント・ストアも在庫投資収益率はデパートと同じぐらいだが、収益モデルは異なり、粗利益率が低くて在庫回転率が高い。表5・1でこれら三者を比較した。

ディスカウント販売の歴史は、ミニミルの鉄鋼製造の歴史を鮮明に思い起こさせる。ディスカウント・ストアは、ミニミルと同様、そのコスト構造を利用して上位市場に移行し、またたく間に競合する伝統的な小売業者からシェアを奪った。金物、小型家電、旅行鞄などブランド名の通ったローエンドの消費財

表5.1　さまざまな利益の稼ぎ方

販売形態	企業の例	一般的な 粗利益率	一般的な 在庫回転率	在庫投資 収益率*
デパート	R. H. メーシー	40%	4倍	160%
バラエティ ・ストア	F. W. ウール ワース	36%	4倍	144%
ディスカウント ・ストア	Kマート	20%	8倍	160%

* 利益率×回転率で計算。つまり、各年の在庫の回転によって稼いだ利益率の合計。
資料：各分野の多数の企業によるさまざまな年の年次報告書

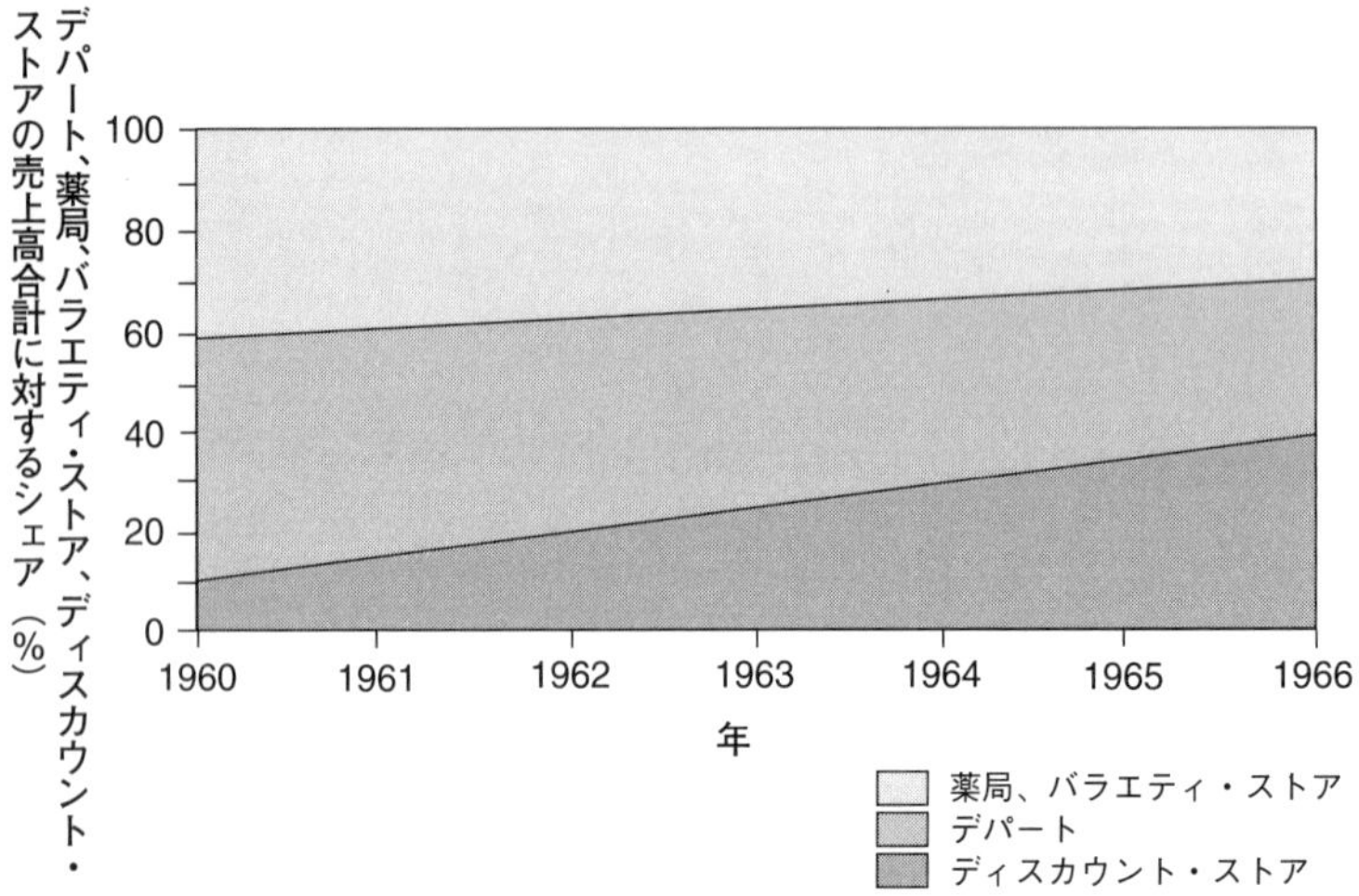

図5.2　ディスカウント・ストアの市場シェアの拡大（1960〜66年）
資料：『ディスカウント・マーチャンダイザー』各号のデータ

から始め、しだいに家具や洋服など軌跡グラフの右上の領域へと進んだ。図5・2は、ディスカウント・ストアの侵食がいかにめざましかったかを示している。小売業界で、ディスカウント・ストアが扱っている商品分野における売上げシェアは、一九六〇年の一〇%から、わずか六年で約四〇%まで拡大している。

ディスク・ドライブや掘削機と同様、伝統的大手小売業者のうち数社、特にS・S・クレスギ、F・W・ウールワース、デイトン・ハドソンは、破壊的アプローチの出現に気づいて、早期に投資を行った。ほかのシアーズ、モンゴメリー・ワード、J・C・ペニー、R・H・メーシーなどの大手小売チェーンは、ほとんどディスカウント販売事業を創設しようとはしなかった。クレスギはKマート・チェーンで、デイトン・ハドソンはターゲット・チェーンで成功した*。いずれも、従来の事業から独立したディスカウント販売専門の組織を新設した。二社は、資源依存の力を認識し、その力と調和した。一方、ウールワースは、バラエティ・ストア会社のF・W・ウールワースの内部からウールコ事業を立ち上げようとして失敗した。当初は同じような立場にあったクレスギとウールワースのアプローチを詳しく比較してみると、破壊的技術を追求するために独立した組織を設立することが、成功の必須条件と考えられる理由について、さらに深い洞察が得られる。

*本書執筆時点では、Kマートは、ウォルマートとの戦略・事業運営能力争いに破れて危機的状況にある。しかし、これまでの二〇年間、Kマートは小売業者として成功し、クレスギの株主にとって莫大な価値を生んだ。Kマートが現在、競争に苦しんでいることは、クレスギが当初、ディスカウント・ストアの破壊的脅威に対応してとった戦略とは関係ない。

世界第二位のバラエティ・ストア・チェーン、S・S・クレスギは、一九五七年、当時まだ黎明期にあったディスカウント販売の研究を始めた。一九六一年には、クレスギと競争相手のF・W・ウールワース（世界最大のバラエティ・ストア運営会社）は、ディスカウント販売に参入する計画を発表した。両社とも一九六二年に、三か月違いで開店した。しかし、両社が始めたウールコ事業とKマート事業の業績には、大きな差が開いた。一〇年後、Kマートの売上げは約三五億ドルに達したが、ウールコの売上げは九億ドルで赤字に沈んだ。

クレスギは、ディスカウント販売事業を展開するにあたり、バラエティ・ストア事業を完全に閉鎖することを決めた。一九五九年、新CEOに就任したハリー・カニンガムの唯一の使命は、クレスギを強力なディスカウント・ストアに変えることであった。カニンガムは経営陣を総入れ替えしたため、一九六一年には、「業務担当副社長、地域マネージャー、地域副マネージャー、地域商品マネージャーは一人残らず入れ替わった」という。一九六一年、カニンガムはバラエティ・ストアの新規開店をやめ、既存店舗を毎年約一〇％ずつ閉鎖するプログラムに着手した。ディスカウント販売へと重点を移すためである。

一方、ウールワースは、中核のバラエティ・ストア事業で技術、能力、設備の持続的改良プログラムを続けながら、破壊的技術にも投資しようとした。ウールワースのバラエティ・ストアの業績向上を任されたのと同じマネージャーが、「全米最大のディスカウント・ストア・チェーン」の構築も任された。CEOのロバート・カークウッドは、ウールコは「一般バラエティ・ストア事業の成長・拡大計画と矛盾することはない」と主張し、既存店舗をディスカウント形式に変えることはないとしていた。* 実際、ディスカウント販売が驚異的な拡大期を迎えた六〇年代にも、ウールワースは五〇年代と同じペースでバラエティ・ストアを新規開店した。

*F・W・ウールワース社一九八一年年次報告書。

ところが、ウールワースはやはり、バラエティ・ストアとディスカウント・ストアの両方で成功するために必要な二つの異なる文化、二つの異なる収益モデルを一つの組織のなかに維持できなかった。一九六七年には、ウールコのすべての広告に「ディスカウント」という言葉を使うのをやめ、かわりに「プロモーショナル・デパート」という言葉を使うようになった。当初はウールコ事業専用の管理スタッフを用意したが、一九七一年には、合理的でコスト意識の高いマネージャーが大勢を占めた。

ウールコ部門とウールワース部門の売場面積あたりの売上げを拡大しようと、二つの子会社の事業を地域ごとに統合した。企業幹部によれば、地域レベルでの購買部、施設、マネジメント要員などの統合は、両部門の商品開発の向上と店舗の効率化につながるという。ウールワースの購買資源、流通施設、専門店デパートの開発に関する知識はウールコに役立ち、ウールコの一万平米以上の大規模店舗の立地、設計、宣伝、運営に関するノウハウはウールワースに役立つだろう。*

＊『チェーン・ストア・エージ』一九七二年一一月号。この記事は、この合併に関するきわめてエレガントで合理的な意見であり、同社の対メディア・スポークスマンが作り出したものにちがいない。一万平米近い規模のウールワースが一店舗もないことなど、気にしてはいない。

コスト節減をねらったこの統合は、どのような影響を与えたのだろうか。一つの組織のなかに、二つの収益モデルが平穏に共存できるはずのないことが、いっそうはっきりしたにすぎない。統合から一年とたたないうちに、ウールコの値入れ率は上がり、粗利益率はディスカウント業界最高の約三三％に達した。それとともに、在庫回転率は、当初の七倍から四倍に低下した。長年F・W・ウールワースを支えてきた収益モデル（利益率三五％、在庫回転率四倍、在庫投資収益率一四〇％）が、ウールコにも求められた（図5・3参照）。ウールコはもはや、名実ともにディスカウント・ストアではなくなった。当然のように、ウールワースのディスカウント販売事業は失敗した。ウールコの最後の店舗が閉鎖されたのは、一九八二年である。

破壊的ディスカウント販売で成功するためにウールワースがとった組織的戦略は、パソコン事業を立ち上げるためにDECがとったものと同じである。いずれも、主流のやり方で利益を稼がなければならない主流組織のなかで新事業を立ち上げ、主流のバリュー・ネットワークで成功するために必要なコスト構造と収益モデルを達成できなかった。

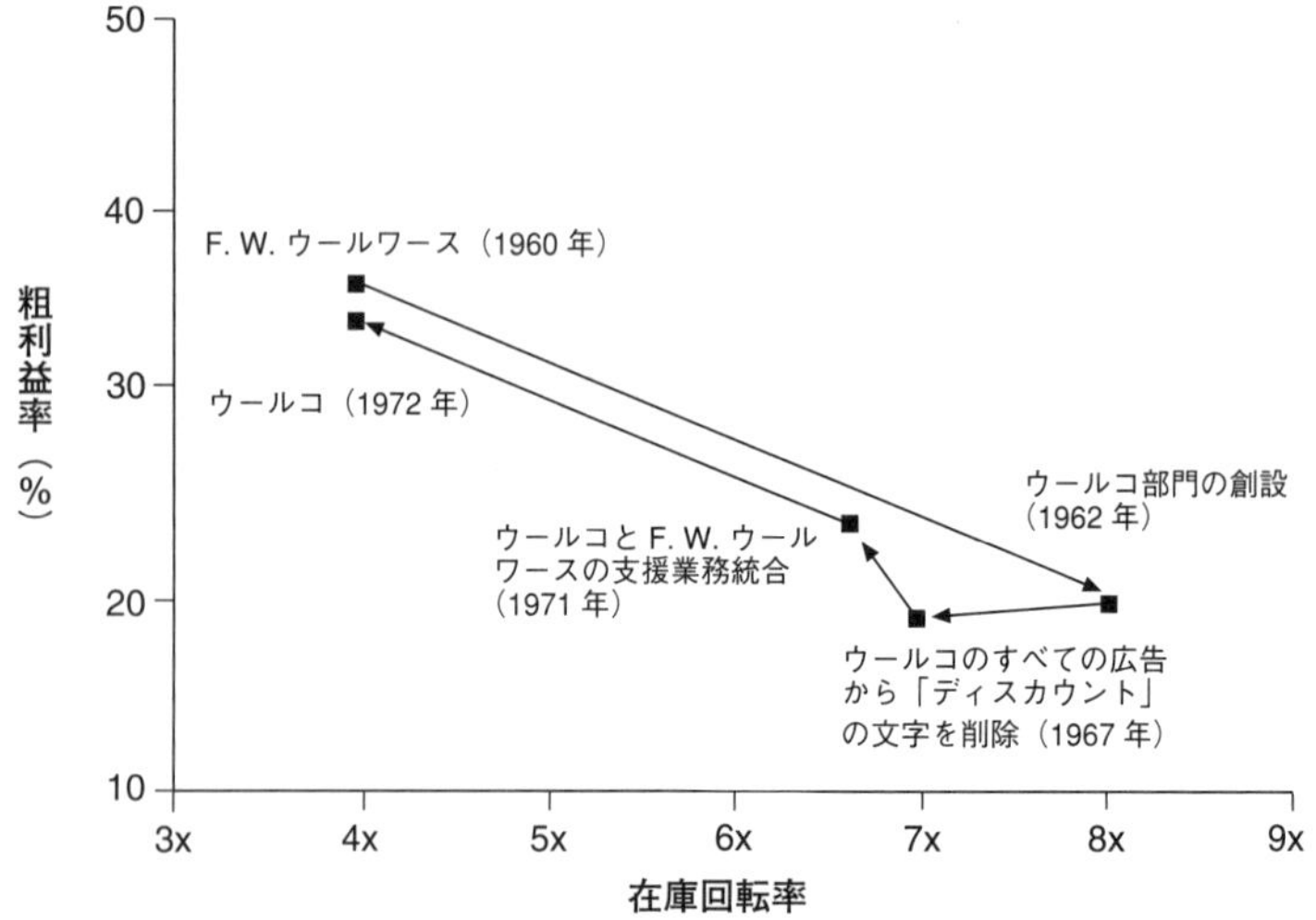

図5.3　ウールコとF. W. ウールワースの統合がウールコの収益モデルに与えた影響
資料：F. W. ウールワース社の各年の年次報告書と『ディスカウント・マーチャンダイザー』各号のデータ

自殺による生き残り：ヒューレット・パッカードのレーザージェット・プリンターとインクジェット・プリンター

ヒューレット・パッカード（ＨＰ）がパソコン用プリンター事業で経験したことは、独立組織のスピンアウトによって破壊的技術を追求すると、結局、もう一方の事業部門をつぶす可能性があることを示している。

ＨＰがパソコン用プリンターの製造で成功した話は、バブルジェット技術、つまりインクジェット技術が現れたときの同社の対応を考えると、特に注目すべきものである。ＨＰは、八〇年代半ばから、レーザージェット印刷技術で一大事業を築き、成功してきた。レーザージェットは、それまで優勢だったパソコン印刷技術、ドット・マトリクス印刷から見れば不連続的な改良であり、ＨＰが圧倒的に市場をリードしていた。

デジタル信号を紙の上のイメージに変換する新しい方法（インクジェット技術）が最初に現れたとき、レーザージェットとインクジェットのどちらがパソコン印刷の主流になるかという議論が活発になった。専門家は両論に分かれ、どちらの技術を採用したプリンターが世界のデスクトップで選択されるかについて、ＨＰにさまざまな助言を与えた。

当時の議論ではそのような枠組みに入れられなかったが、インクジェット印刷は破壊的技術である。レーザージェットより遅く、解像度は低く、一ページあたり印刷コストは高かった。しかし、プリンター本体がレーザージェットよりはるかに小型で、価格も低くなると考えられた。価格が低いため、一台当たりの粗利益率は、レーザージェットを下回るのは間違いなかった。したがって、インクジェット・プリンターは、レーザージェット事業にとって典型的な破壊的製品といえる。

ＨＰは、どちらか一方のみに賭けたり、アイダホ州ボイシの既存のプリンター部門のなかで破壊的インクジェットを商品化しようとはせず、ワシントン州バンクーバーに完全に独立した組織部門を新設し、インクジェット・プリンターを成功させる任務を与えた。そして、二つの事業を互いに競争させた。いずれの事業も、典型的な軌跡をたどった。図５・４のように、レーザージェット部門は、一四インチ・ドライブ、メインフレーム、総合製鉄所と同様の戦略で、急速に上位市場へ移行した。ＨＰのレーザージェット・プリンターは、高解像度の高速印刷、数百種類のフォントと複雑なグラフィックの処理、両面印刷、ネットワークの複数ユーザーへの対応が可能である。一方で、製品の物理的なサイズも大きくなった。

インクジェット・プリンターは、性能ではレーザージェットを下回り、今後もおそらく追いつくこと

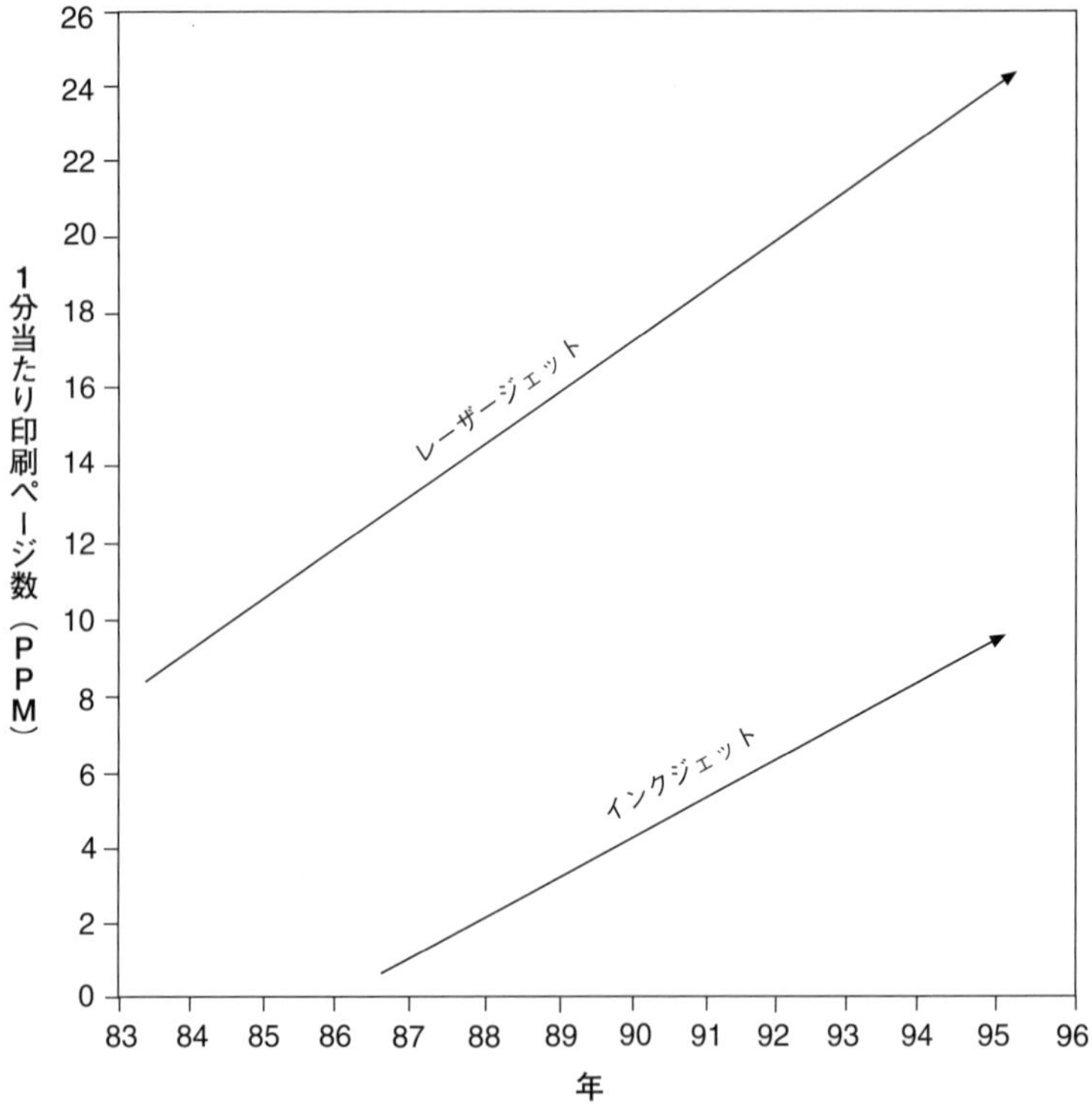

図5.4　インクジェット・プリンターとレーザージェット・プリンターの速度の向上
資料：ヒューレット・パッカードの各年の製品パンフレット

はないだろう。しかし、重要な問題は、インクジェットがデスクトップ・パソコン市場の求める性能を達成できるかどうかである。答はイエスだろう。インクジェット・プリンターの解像度と印刷速度は、レーザージェットには劣るものの、現在、学生、専門家など、ネットワークに接続していないデスクトップ・パソコン・ユーザーの多くにとって十分であることはまちがいない。

ＨＰのインクジェット・プリンター事業は、現在、以前ならレーザージェットを選んでいたはずの多くのユーザーを獲得している。そのため、最終的には、レーザージェット部門が向かっているハイエンド市場のユーザー数は、減少していくだろう。最終的には、ＨＰの一つの事業が、もう一方の事業をつぶすことになるかもしれない。しかし、ＨＰがインクジェット事業を別組織として新設していなければ、インクジェット技術は主流のレーザージェット事業のなかで衰退し、現在インクジェット・プリンターの競争に積極的に参加しているキヤノンなどの他社が、ＨＰのプリンター事業にとって深刻な脅威になっていたかもしれない。ＨＰはまた、レーザー事業にとどまることによって、ＩＢＭのメインフレーム事業や総合鉄鋼メーカーと同様に、上位市場へ逃れながら莫大な利益を得ている。*

＊産業史研究者のリチャード・テドローによれば、Ａ＆Ｐの経営陣も、破壊的なスーパーマーケットの小売方式を採用するかどうかを検討したとき、同様のジレンマに直面したという。

スーパーマーケットの起業家は、Ａ＆Ｐに対抗するために、Ａ＆Ｐが世界最高を誇っていた分野でＡ＆Ｐ以上のことをしたばかりでなく、Ａ＆Ｐがしようと考えなかったことまでした。この話で、企業として最大の失敗を犯したのはクローガーである。同社は業界第二位であったが、ある社員（やがて退社して世界最初のスーパーマーケットを設立した）は、同社を第一位にする方法を知っていた。クローガーの経営陣は耳を貸さなかった。想像力に欠けていたのか、あるいはＡ＆Ｐの経営陣と同様、クローガーの経営陣も、通常の事業慣行に投資しすぎていたのだろう。Ａ＆Ｐの経営陣がスーパーマーケットの革命を支持していれば、独自の流通システムを運営していただろう。手遅れになるまでじっと動けずにいた背景には、そのような理由がある。結局、Ａ＆Ｐにはほとんど選択肢はなかった。自社のシステムをみずから打破するか、他社がそうするのを見ているかだ。

リチャード・テドロー著『ニュー・アンド・インプルーブド　米国のマス・マーケティング』（ハーバード・ビジネス・スクール・プレス、一九九六年）

第六章　組織の規模を市場の規模に合わせる

破壊的イノベーションに直面した経営者は、だれよりも早く破壊的技術を商品化する必要がある。それには、そのような技術を開発するプロジェクトを、対象とする市場に見合った規模の組織に組み込む必要がある。このように主張するのは、今回の研究による二つの重要な発見が根拠となっている。破壊的技術に対応するには、持続的技術に対応するとき以上にリーダーシップが重要であることと、小規模な新しい市場では、大企業における短期的な成長と利益ニーズを満たせないことである。

ディスク・ドライブ業界の実例をみると、既存の市場に参入して熾烈な競争に会うより、新しい市場を開拓したほうが、リスクが低く見返りが大きい。しかし、企業が拡大して成功するようになると、新しい市場に早い時期に参入することは、ますます難しくなる。成長企業は、期待する成長率を維持するだけでも、毎年、収入を大幅に増やす必要があるため、小規模な市場が、このような収入を増やす有効な手段となる可能性は、しだいに低くなっていく。この問題に対処する最も簡単な方法は、破壊的技術の商品化を目的とするプロジェクトを、小規模な市場の機会にも十分関心を持てるほど小規模な組織に組み込み、主流企業が成長しても、このような慣行を繰り返すことである。

先駆者はほんとうに背中に矢を射られているのか

イノベーションをマネジメントするうえで重要な戦略は、先頭に立つか、それとも追随者で行くかを決定することである。先駆者の優位を書いた資料は山ほどあるが、イノベーションの主なリスクを先駆者が解決するまで待つほうが賢明だとする資料も同じぐらい多い。経営に関する古い格言に、「先駆者は一目でわかる。背中に矢を射られているからだ」という言葉がある。賛否両論ある経営理論がたいていそうであるように、つねにどちらか一方が正しいわけではない。実際、ディスク・ドライブ業界を調べてみると、先頭に立つのが重要な場合と、待つのが賢明な場合があることを理解できる。

持続的技術におけるリーダーシップは重要とはかぎらない

ディスク・ドライブ・メーカーによるドライブの記録密度向上のペースに影響を及ぼした重要な技術の一つは、薄膜ヘッドである。第一章で、この技術はそれまでの技術の能力をくつがえす根本的に性質の異なるもので、開発に一億ドルの資金と五～一五年の歳月を要したが、この技術をリードした企業は、ディスク・ドライブ業界の実績ある主力メーカーであったことを述べた。

業界誌は、七〇年代後半、この技術の開発にともなうリスクと、業界にとっての潜在的な重要性を理由に、どの企業が薄膜ヘッドをリードするかを憶測しはじめた。従来のフェライト・ヘッド技術はどこまで進めるだろうか。新しいヘッド技術に乗り遅れたり、判断を誤ったために、淘汰されるドライブ・メーカーはあるだろうか。しかし、実際には、このイノベーションでリードするか、後れをとるかは、競争上の地位にはたいした影響を及ぼさなかった。これを示すのが図6・1と図6・2である。

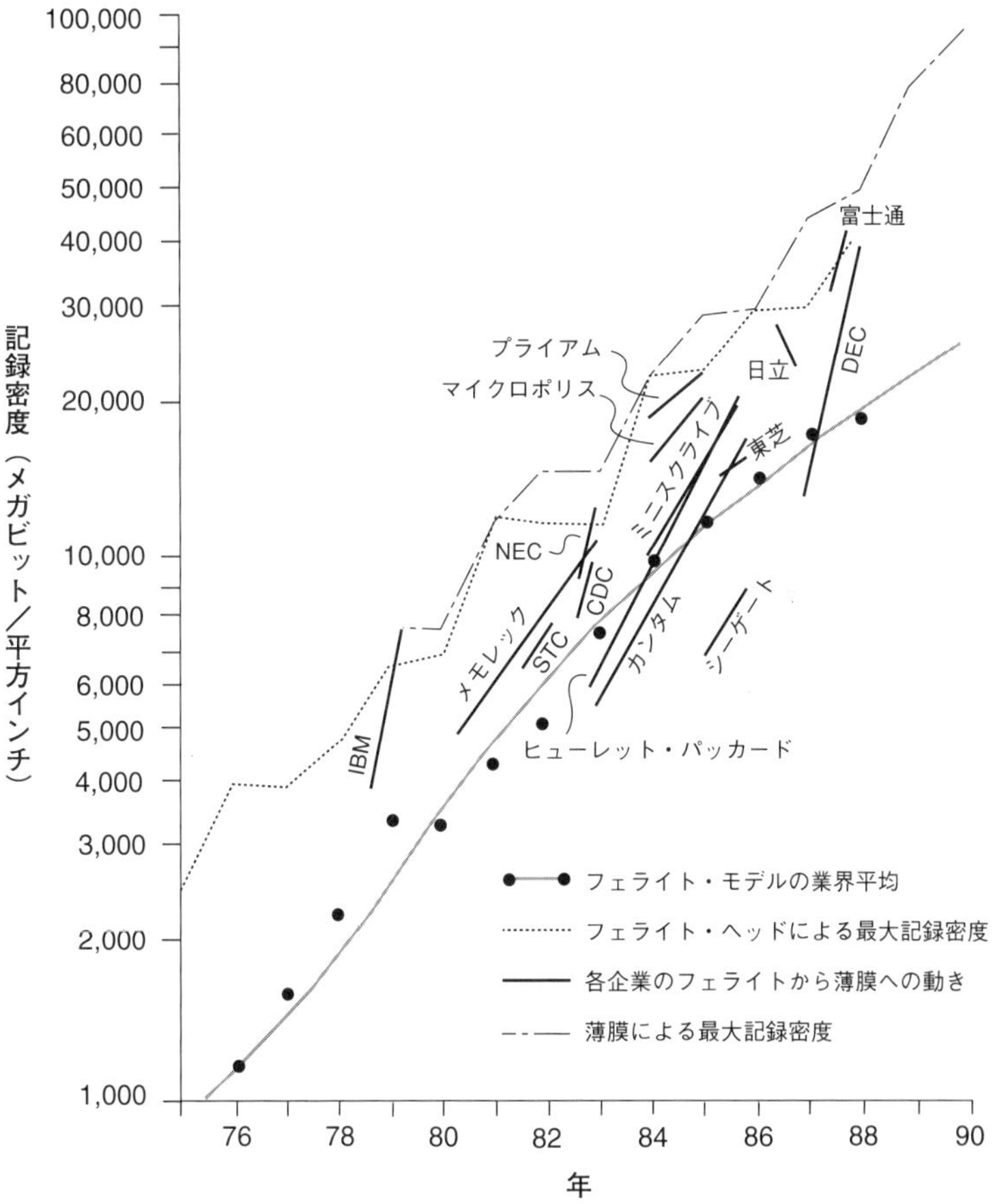

図6.1　大手メーカーが薄膜技術を採用した時期。切り替え時点におけるフェライト技術との能力比較
資料：『ディスク／トレンド・レポート』各号のデータ

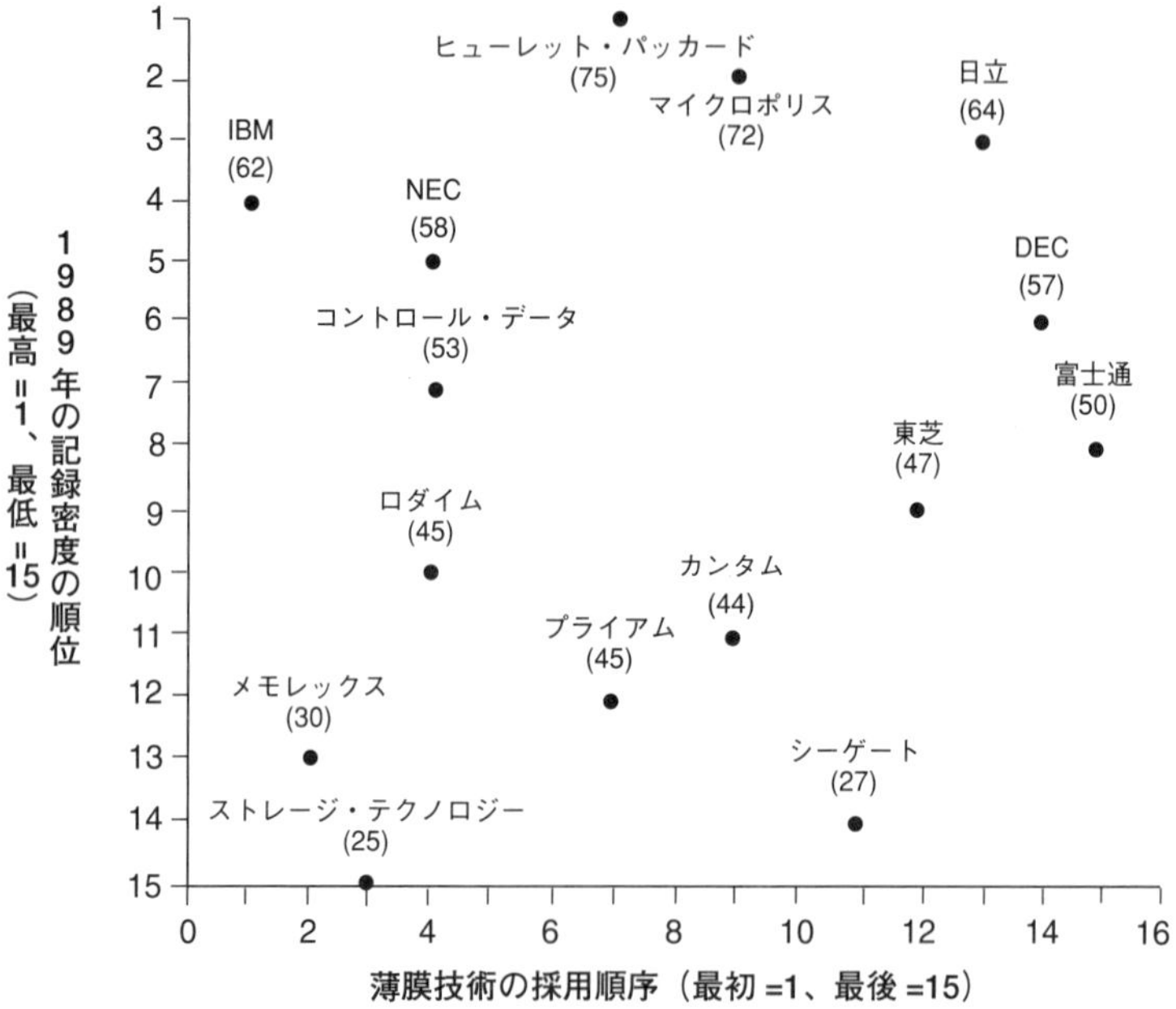

図6.2　薄膜技術の採用順序と1989年の最高性能モデルの記録密度の関係
資料：クレイトン・M・クリステンセン「技術のSカーブの限界追求　第一部：部品技術」（『生産・操業管理』1, No.4 1992年秋号 347ページ）。転載許可済み。

図6・1は、大手各社が薄膜ヘッド技術を採用したモデルを最初に発売した時期を示している。縦軸はドライブの記録密度を表している。各社の線の下端は、薄膜ヘッドのモデルを発売する前に各社が達成していた最大記録密度を表す。各社の線の上端は、薄膜ヘッドを使った最初のモデルの記録密度である。各企業が、この新技術を導入することが重要だと考えた時期に、大きな開きがあることに気づく。業界をリードしたのはＩＢＭで、最初の新ヘッドでは、三メガビット／平方インチを達成した。メモレックスとストレージ・テクノロジーも、この技術に関しては他社に先んじた。一方、富士通や日立は、薄膜技術では先駆者より追随者となることを選択し、ＩＢＭが最初にこの技術を導入したときの一〇倍近くまで、従来のフェライト・ヘッドの性能を押し上げている。

この技術をリードすることで、先駆者にはどのようなメリットがあっただろうか。競争で先駆者が追随者よりはるかに有利だったことを示す事実はない。率先して薄膜技術を開拓した企業のなかで、そのために大幅に市場シェアを拡大した企業はない。また、先陣を切ったことで学習効果のようなものが得られ、初期のリードを活かして他社より高い記録密度レベルを達成したようすもない。これは図6・2にはっきりと表れている。横軸は企業が薄膜ヘッドを採用した順序である。つまり、ＩＢＭが最初で、つぎにメモレックスが続き、富士通は一五番目である。縦軸は、一九八九年に各社が発売した最も進んだモデルの記録密度の順位である。早い段階で薄膜ヘッドを採用した企業が、経験をもとに、出遅れた企業に対して優位を築けるとすれば、このチャートの各点は、全般的に左上から右下へと傾斜をえがくはずである。しかし、薄膜ヘッドの採用時期と、その後の技術力の間には、なんの関係もみられない。[*]

*ロバート・ヘイズは、大きく飛躍する戦略をとるより、堅実に少しずつ改良することに利点があるとしている。しかし、筆者は、持続的技術でリーダーシップをとることが重要な場合があると考えている。キム・クラーク教授と個人

的に話をしたとき、教授は、それは「ナイフ・エッジ」事業、すなわち、競争の基盤が単純で一次元的であり、誤りの余地がほとんどない事業に関係する場合であるとしていた。ナイフ・エッジ産業の一例が、半導体製造用アライナー業界である。アライナー・メーカーの場合、持続的なアーキテクチャーのイノベーションに出会い、技術的に立ち遅れたときに失敗している。これは、アライナーの製品自体はきわめて複雑だが、業界の競争基盤がきわめて単純だからである。シリコン・ウェハーに最も細い線を作成できる製品だけが残り、それ以外の製品はだれも買わない。これは、アライナーの顧客である半導体メーカー自身が、最も高速で最も高性能のアラインメント装置を持っていなければ、自分たちの市場で競争力を維持できないからだ。このような業界では、製品の機能だけが唯一の競争基盤である。アライナー・メーカーは、短期間で成功するか、失敗するかのどちらかである。このようなのるかそるかの状況では、持続的技術でリーダーシップをとることがきわめて重要になることはあきらかだ。

しかし、その他の持続的技術に関しては、たいていの場合リーダーシップは重要でないし、重要でない場合のほうがはるかに多い。リチャード・S・ローゼンブルームは、ナショナル・キャッシュ・レジスター（NCR）による電気機械技術から電子技術への移行を例に、これについて研究している。NCRは、電子レジスター製品を開発、発売したのが、業界のなかでも特に遅かった。あまりにも出遅れたため、八〇年代初期には、年間の新製品売上げが実質ゼロに近づくほど落ち込んだ。しかし、強力な地域サービス戦力を擁していたため、その年は既存顧客へのサービスによって乗り切りながら、電子レジスターを開発し、発売した。そして、ブランド名とサービス拠点の強みを活かし、短期間でシェアを取り戻した。

レジスターはアライナーより単純な機械だが、複数の競争基盤があり、生き残る方法も複数あるという点で、市場は複雑である。一般的に、市場が複雑なほど、持続的イノベーションにおけるリーダーシップの重要性は低い。リーダーシップが必要なのは、ナイフ・エッジ市場や破壊的技術に対応する場合だけである。この点については、キム・B・クラーク、ロバート・ヘイズ両氏の研究を大いに参考にさせていただいた。

業界の歴史にみられるその他の持続的技術についても、同様である。率先して持続的技術を開発し、採用した企業が、出遅れた企業より競争上、あきらかに優位に立ったという事実はない。*

*これは、製品の性能や生産コストの点でいつも競争相手に後れをとっている企業でも、成功できるということではない。ディスク・ドライブのような複雑な製品の性能を高めるにはさまざまな手段があるため、持続的イノベーションでリーダーシップをとったからといって、待ちの戦略をとった企業よりあきらかに優位に立てるという確証はないということだ。薄膜ヘッドやMRヘッドなどの新しい部品技術を開発し、採用することは、性能向上の一手段ではあるが、ほかにも、新しい技術に関する知識や信頼性が向上するまで待ちながら、従来の技術の性能を高めるためにできることはいくらでもある。

破壊的技術におけるリーダーシップは莫大な価値を生む

持続的技術でリーダーシップをとることが、ディスク・ドライブ業界の先駆者に優位をもたらした事実はほとんどないが、破壊的技術のリーダーシップがきわめて重要であることを明確に示す事実はある。破壊的世代のディスク・ドライブが現れてから二年以内に、新しいバリュー・ネットワークに参入した企業は、それ以降に参入した企業に比較して、成功する確率が六倍にのぼる。

一九七六年から九三年の間に、米国のディスク・ドライブ業界には八三社が参入した。そのうち三五社は、メモレックス、アンペックス、ゼロックスなど、ほかのコンピュータ周辺機器や磁気記録製品を製造している多角化企業である。四八社は独立新興企業で、ベンチャー・キャピタルから資金を調達したり、同業他社で働いていた人が経営者になった企業が多い。これらの数字は、実際に製品を販売したかどうかにかかわらず、設立されたり、ハードディスクを設計すると発表した企業をすべて含めたものである。なんらかの種類の企業に有利または不利になるように選択された統計的サンプルではない。

表6・1に、これらの各社がとった参入戦略を、二つの軸を組み合わせて表した。縦軸は技術戦略を表す。一番下の企業は、最初の製品では実証済みの技術のみを使い、一番上の企業は、新しい部品技術を一種類以上使った。* 横軸は市場戦略を表す。左の企業はすでに確立されているバリュー・ネットワークに参入し、右の企業は新しいバリュー・ネットワークに参入した。** この表に対してもう一つの見方をすると、参入のときに持続的技術の開発と採用に積極的だった企業が上の左右二つの枠のなかにあり、参入のときに新しいバリュー・ネットワークを開拓した企業が右の上下二つの枠にある。右の枠には、リムーバブル・ハードディスクのように実質的な市場にならなかったネットワークも含め、新しいバリ

ユー・ネットワークを開拓しようとしたすべての企業が含まれている。

＊この分析では、世界のどこかの企業が製造、販売した製品に初めて使われてから二年未満の技術、または、二年以上市場に出ていても、その技術を製品に採用したディスク・ドライブ・メーカーが二〇％未満である技術を「新しい技術」または「実証されていない技術」とした。

＊＊この分析では、「新しい市場」またはバリュー・ネットワークとは、そのクラスのコンピュータで、最初のハードディスク・ドライブが使われてから二年未満の市場である。「確立された市場」またはバリュー・ネットワークとは、最初のドライブが使われてから二年以上が経過している市場である。

それぞれの枠には、表示されている戦略を使って参入した企業の数が書かれている。「成」（成功）欄には、その後失敗したとしても、少なくとも一年間、売上高が一億ドルに達した企業の数を示してある。「失」（失敗）欄には、一億ドルの売上高を達成できず、その後業界から撤退した企業の数を示してある。「無」欄には、一九九四年現在、事業を続けているものの、まだ売上高が一億ドルに達していないため、判断をくだせない企業の数を示してある。「計」（合計）欄は、各カテゴリーの参入企業の合計数である。＊「成功率（％）」と書かれた欄の数値は、売上高が一億ドルに達した企業の合計数に対する比率を示している。この表の下に、上の二つずつの枠のデータの合計を示した。

＊ディスク・ドライブ業界に参入するルートには、買収による参入はほとんどない。ゼロックスはこの戦略をとり、ディアブロ、センチュリー・データ、シュガート・アソシエーツを買収した。これらの企業の買収後の業績は芳しくなかったため、ゼロックスに続いた企業はほとんどない。買収による参入の残りの一例は、制御装置のメーカーであるウェスタン・デジタルによるタンドンの買収である。ゼロックスとウェスタン・デジタルの場合、表6・1には、買収した企業の参入戦略を示してある。同様に、カンタムからスピンアウトして設立されたプラス・デベロップメントは、表6・1では別会社として算入している。

表の下の数値によれば、確立された市場に算入し、一億ドルの基準売上高を達成した企業は、五一社中わずかに三社（六％）である。一方、表6・1の右側に示したように、破壊的イノベーションをリー

参入時の技術戦略

新しい技術／確立された市場

企業のタイプ	成	失	無	計	成功率 (%)	売上高 (100万ドル)
新規設立	0	7	3	10	0%	235.3
関連技術	0	1	0	1	0%	0.0
関連市場	0	3	0	3	0%	1.4
前方統合企業	0	1	0	1	0%	0.0
合計	0	12	3	15	0%	236.7

新しい技術／新しい市場

企業のタイプ	成	失	無	計	成功率 (%)	売上高 (100万ドル)
新規設立	3	4	1	8	37%	16,379.3
関連技術	0	0	0	0	—	—
関連市場	0	0	0	0	—	—
前方統合企業	0	0	0	0	—	—
合計	3	4	1	8	37%	16,379.3

実証された技術／確立された市場

企業のタイプ	成	失	無	計	成功率 (%)	売上高 (100万ドル)
新規設立	3	11	4	17	18%	2,485.7
関連技術	0	4	0	4	0%	191.6
関連市場	0	12	0	12	0%	361.2
前方統合企業	0	3	0	3	0%	17.7
合計	3	30	4	36	8%	3,056.2

実証された技術／新しい市場

企業のタイプ	成	失	無	計	成功率 (%)	売上高 (100万ドル)
新規設立	4	7	2	13	31%	32,043.7
関連技術	4	2	0	6	67%	11,461.0
関連市場	1	4	0	5	20%	2,239.0
前方統合企業	0	0	0	0	—	—
合計	9	13	2	24	36%	45,743.7

確立された市場　　新しい市場

参入時の市場戦略

技術戦略に関係なく全企業の統計

（確立された市場）

	成	失	無	計	成功率 (%)	売上高 (100万ドル)
新規設立	3	18	7	27	11%	2,721.0
関連技術	0	5	0	5	0%	191.6
関連市場	0	15	0	15	0%	362.6
前方統合企業	0	4	0	4	0%	17.7
合計	3	42	7	51	6%	3,292.9

（新しい市場）

	成	失	無	計	成功率 (%)	売上高 (100万ドル)
新規設立	7	11	3	21	33%	48,423.0
関連技術	4	2	0	6	67%	11,461.0
関連市場	1	4	0	5	20%	2,239.0
前方統合企業	0	0	0	0	—	—
合計	12	17	3	32	37%	62,123.0

表6.1　1976～1994年のうち1年以上に年間売上高1億ドルを達成したディスク・ドライブ・メーカー

資料：『ディスク／トレンド・レポート』各号のデータ

注：「成」は成功、「失」は失敗、「無」は無し、「計」は合計を表す。

ドした企業、つまり誕生から二年以内の市場に参入した企業で、一億ドルの売上高を超えた企業は、三七%である。企業が新企業か、多角化企業かは、成功率にはほとんど関係ない。重要なのは組織の形態ではなく、破壊的製品の発売と、その販売対象となる市場の開拓をリードしたかどうかである。*

＊この表にまとめた事実は、投資案のリスクを測る一般的な手段として、ベンチャー・キャピタリストに役立つだろう。画期的だが、実質的には持続的な性質を持つ技術を商品化するために設立された新企業は、実証された技術を使い、簡単、便利で信頼性の高い製品を持ち込み、確立された業界を覆そうとする新企業より、成功の確率ははるかに低い。業界で実績のある企業には、画期的な持続的技術を使って上昇することに対する志向は強いが、破壊的計画の追求は抑制する志向が強い。

持続的部品技術でリードしようと参入した企業（表の上半分）の成功率はわずか一三%だが、追随した企業の成功率は二〇%である。右下の枠が、最も成功しやすい土壌であることはまちがいない。

各枠の一番右の欄にある売上高合計は、各戦略を追求したすべての企業が計上した売上高の累計であり、さらに表の下に合計してある。おどろくべき結果がわかる。破壊的製品の発売をリードした企業は、一九七六年から九四年の間に、累計で六二〇億ドルもの売上高を計上している。* これらの市場が確立されてから遅れて参入した企業は、合計で三三億ドルの売上高しかあげていない。これこそが、イノベーターのジレンマである。小規模な新しい市場に参入することによって成長を求める企業は、大規模な市場で成長を求める企業の二〇倍の売上げを計上している。一社あたりの売上高の差は、さらに衝撃的である。破壊的技術によって開拓された市場に遅れて参入した企業（表の左側）は、平均で一社あたり累計六四五〇万ドルの売上高を計上した。破壊的技術をリードした企業は、平均で一九億ドルの売上高を計上した。左側の企業は、まずい取引をしたと考えられる。破壊的技術の新しい市場が、発展せずに終わるかもしれないという「市場リスク」と引き換えに、熾烈な競争のさなかにある市場に参入するという「競争リスク」を引き受けたことになる**。

＊実際には、小規模な新しい市場が、すべて大規模な市場になったわけではない。たとえば、リムーバブル・ハードディスクの市場は、一〇年以上にわたって小規模なニッチ市場にとどまり、九〇年代半ばに、ようやく相当の規模まで成長しはじめた。本書で示した、新しい市場のほうが成功の確率が高いという結論は、あくまで平均としての話であり、つねに同じ結果が出るわけではない。

＊＊市場の次元と技術の次元の両方で、同時にイノベーションのリスクを負うべきではないという考えは、ベンチャー・キャピタリストの間で論じられることがある。ローウェル・W・スティール著『技術マネジメント――総合的技術経営戦略の展開』（日本能率協会マネジメントセンター、一九九一年）の第五章も、この点に注目している。イノベーション戦略による成功率の違いに関する本書の研究は、スティールと、その著作で紹介されているライル・オックスの概念をもとに組み立てた。

企業の規模と破壊的技術のリーダーシップ

破壊的イノベーションでリーダーシップをとれば、大きな見返りがあることはあきらかだが、本書の前半四章で述べたように、実績ある企業が出遅れたケースは多い。実績ある企業の顧客は、組織を束縛し、合理的、機能的な資源配分プロセスによって、破壊的技術の商品化を妨げることがある。成長率を維持しようとする実績ある企業を悩ませるもう一つの厳しい障害は、企業が大きくなり、成功するようになると、上記のように新しい市場に早い段階で参入することが重要なときに、参入の根拠を集めることが難しくなることだ。

優秀な経営者は、さまざまな理由から、組織の成長を維持しようとする。その理由の一つは、成長率が株価に強力な影響を与えることである。企業の株価が、将来の利益に関する市場予測の割引現価を表すとすれば、株価水準が、上昇するか下落するかは利益の予想伸び率の変化に左右される。[*] つまり、企業の現在の株価が、増益率二〇％という市場予測にもとづいており、その後、増益率の市場予測が一五％へと大幅に下方修正されると、売上高や利益が健全なペースで増加するとしても、株価は下落する可能性が高い。株価が堅調に上昇すれば、有利な条件で増資できることはいうまでもない。投資家の満足感は、企業にとって貴重な資産である。

＊金融アナリストが株価を決定するのに使う最も単純な式は、P=D/（C-G）である。Pは株価、Dは一株あたり配当、Cは企業の資本コスト、Gは予想長期成長率。

株価が上昇すれば、ストック・オプション制度を利用して、貴重な従業員に低コストで奨励給や報酬を与えることができる。株価が沈滞または下落すれば、オプションも価値を失う。また、企業が成長すれば、上層部の人事に余裕が生じ、優秀な社員の責任を拡大できる。企業の成長が止まれば、将来有望なリーダー候補は、昇格の機会が減ったことに気づき、組織から離れはじめる。

さらに、成長企業のほうが、成長の止まった企業に比較して、新製品や新プロセスの技術への投資をはるかに正当化しやすいことが実証されている。

ところが、企業が大きくなって成功するほど、成長率を維持することは難しくなってくる。そのからくりは簡単だ。年商四〇〇〇万ドルの企業が、株価と組織の活力を維持するために二〇％の成長率を保つ必要があるとしたら、一年目には八〇〇万ドル、二年目には九六〇万ドルの増益が必要である。四億ドル企業が二〇％の成長率を目標とするなら、一年目には八〇〇〇万ドル、二年目には九六〇〇万ドルの新規事業が必要である。四〇億ドル企業が二〇％の成長目標を達成するには、八億ドル、九億六〇〇〇ドルの拡大が必要である。

破壊的技術に直面した大企業にとって、これは特に悩ましい問題である。破壊的技術は新しい市場の誕生を促すが、八億ドル規模の新市場などない。しかし、新しい市場が小規模なうち、多額の新規収入を求めている大企業にとってはほとんど魅力がないうちに参入することがきわめて重要である。成功している大企業の経営者は、破壊的変化に直面したとき、このような規模と成長の現実にどのように対処したらよいだろうか。この問題を研究しながら、つぎの三つのアプローチについて考えてみた。

一、新しい市場が、大企業の増収、増益の軌跡に有意義な影響を与えるほどの規模に短期間で拡大するように、市場の成長率を高めようとする。

二、市場が形成され、性格があきらかになるまで待ち、「十分にうまみのある規模」に達したところで参入する。

三、破壊的技術を商品化する業務を、初期の破壊的事業による売上げ、利益、わずかな注文を十分に業績に生かせる小規模な組織に任せる。

以下の事例研究で示すように、最初の二つのアプローチには問題が多い。三番目にも欠点はあるが、可能性が高いことを示す事実が多い。

事例研究――新しい市場の成長率を押し上げる

アップル・コンピュータが、ハンドヘルド・コンピュータ、つまりパーソナル・デジタル・アシスタント（携帯情報端末、ＰＤＡ）の市場に早期に参入したことで、大企業が小規模な市場で直面する問題があきらかになった。

アップル・コンピュータは、一九七六年にアップルⅠを発売した。限られた機能しかない、良く言っても初歩的な製品で、六六六ドルの価格で合計二〇〇台を販売したのち、市場から撤退した。しかし、アップルⅠは財務面では大きな痛手ではなかった。あまり開発費をかけず、アップルと顧客のいずれも、デスクトップ・パソコンの使い方について多くを学んだ。アップルは、この教訓を、一九七七年に発売して成功をおさめたアップルⅡに生かした。アップルⅡは、発売から最初の二年間で四万三〇〇〇台が売れ、この製品の成功により、アップルはパソコン業界のリーダーの地位に立った。アップルⅡの成功をもとに、同社は一九八〇年に株式を公開した。

アップルⅡの発売から一〇年後、同社は五〇億ドル企業に成長し、ほかの成功した大企業と同様、株価と組織の活力を保つために、毎年、大幅な増収をはかる必要があった。九〇年代初め、ＰＤＡの市場が現れ、必要な成長率を達成するための手段となりうるように思われた。一九七八年にアップルⅡがパソコン業界の形成に寄与したように、この機会は、さまざまな意味でアップルにとって最適であった。アップルの扱いやすい製品には、すぐれたデザイン技術が生かされており、扱いやすさと便利さは、ＰＤＡのコンセプトの基本である。

アップルがこのチャンスに対してとったアプローチは、攻撃的だった。「ニュートン」という製品の開発に何百万ドルも投資した。ニュートンの機能は、同社の歴史のなかでもとりわけ徹底した市場調査によって決定された。フォーカス・グループとあらゆる種類のアンケート調査によって、消費者がどのような機能を求めているかを判断した。ＰＤＡは、破壊的コンピュータ技術のさまざまな特徴を備えており、潜在的な問題に気づいたCEOのジョン・スカリーは、ニュートンの開発を自分自身の優先課題とし、製品を幅広く宣伝し、必要な技術資源と財源を確保した。

アップルは、ニュートンを発売してから最初の二年間、一九九三年と一九九四年に、一四万台を販売した。識者のほとんどが、ニュートンを大失敗とみなしたことは言うまでもない。技術的な面では、手書き文字認識機能は期待外れで、無線通信技術のために価格が高くなった。しかし、致命的な点は、スカリーがニュートンを、同社の成長を持続するためのかぎになる製品と公言していながら、その初年度売上げがアップルの売上高全体の約一％にしかならなかったことだ。力を尽くしたにもかかわらず、ニュートンはアップルの新たな成長を促したとは言えなかった。

しかし、ニュートンは失敗だったのだろうか。ニュートンがハンドヘルド市場に参入したタイミングは、アップルⅡがデスクトップ市場に参入したタイミングと似ている。新しい市場を開拓する破壊的製品で、どのようなニーズがあるのか、ユーザー自身にもアップルにもわからない、不明確なユーザー層が対象である。それを考えれば、ニュートンの売れ行きは、アップルの経営陣にとっては予想以上だったはずだ。最初の二年間の販売台数は、アップルⅡの三倍以上である。しかし、一九七九年当時の小規模なアップルにとって、四万三〇〇〇台の販売台数は、株式公開にふさわしい勝利であったが、一九九四年の大企業アップルにとって、ニュートンの一四万台という売れ行きは失敗であった。

第七章で述べるように、破壊的技術によって、以前は不可能と思われたことが可能になる場合もある。そのため、最初に出現したときには、メーカーも顧客も、なぜ、どのように使うのかがわからず、製品のどのような特徴に価値があり、どのような特徴に価値がないのかが判断できない。このような市場を開拓するには、顧客とメーカーの双方による発見が必要だが、それには時間がかかる。たとえば、アップルがデスクトップ・パソコンを開発する過程では、アップルⅠが失敗し、アップルⅡがいま一つで、アップルⅡ＋が成功した。アップルⅢは、品質に問題があったため市場では失敗し、リサも失敗だった。マッキントッシュも最初の二世代は伸び悩んだ。アップルと顧客がついに「それ」を見つけたのは、三代目マッキントッシュが完成してからだ。この便利で使いやすいコンピュータの標準には、やがて業界他社もしたがわざるをえなかった。*

*パソコン産業誕生の歴史については、ポール・フライバーガー、マイケル・スウェイン著『パソコン革命の英雄たち――ハッカーズ二五年の功績』（マグロウヒル出版、一九八五年）がすぐれている。

しかし、アップルは、ニュートンを発売するにあたって、最終的な製品と市場を想定するプロセスをないがしろにした。顧客は自分がなにを欲しいのかわかっているし、それを見いだすためには、積極的に金を出すだろうと考えたのだ（つぎの章で述べるように、このようなことはありえない）。そこで、顧客が欲しいであろうものを提供するために、新しい市場で、持続的技術のリーダーという不安定な役割を引き受けなければならなかった。アップルは、モバイル・データ通信や手書き文字認識技術を最先端のレベルからさらに押し上げるために、莫大な金額を投資した。さらに、消費者に製品を買う気を起こさせるために、積極的に投資した。

新しい市場は当然ながら小規模なため、そのなかで競争する組織は、小さい規模で利益をあげられる必要がある。利益をあげ、成功しているとみなされた組織やプロジェクトは、親会社や資本市場からひきつづき資金と人材を引きつけられるため、この点は特に重要である。失敗とみなされた企画は、どちらも引きつけるのは難しい。ところが、アップルは、ＰＤＡ市場の開拓を急ぐためにニュートンに大規模な投資を行ったため、魅力的な収益を得ることはきわめて難しくなった。そのため、ニュートンは失敗とみなされるようになった。

ほとんどの事業の失敗がそうであるように、あとから考えれば、アップルのニュートン・プロジェクトのなにがまちがっていたのかがわかる。しかし、アップルが苦しんだ根本的な原因は、経営が不適切だったことではないだろう。経営陣の行動は、それより深い問題の現れである。小規模な市場では、大企業の短期的な成長需要を満たすことはできない。

事例研究――市場がうまみのある規模に拡大するまで待つ

多くの大企業が破壊的技術のわなに対して選ぶ第二の方法は、新しい市場が「うまみのある規模になる」まで参入を控えるというものだ。ＩＢＭが一九八一年に満を持してデスクトップ・パソコン事業に参入したように、この方法がうまくいく場合もある。しかし、この方法は魅力的なようだが、新しい市場を開拓する企業は、あとから参入する企業にはまねのできない、市場の需要によく合った能力を身につけることが多いため、裏目に出ることがある。ディスク・ドライブ業界の二つの例が、この問題をよく表している。

一九七八年に市場に参入してから、ミニコン市場向けの八インチ・ドライブ市場のリーダーにのぼりつめたプライアム・コーポレーションは、その市場のなかで、二年間のサイクルでドライブを開発する能力を身につけた。この新製品発売のペースは、顧客であるミニコン・メーカーが新製品を発売するペースに合っていた。

一九八〇年に新しいデスクトップ・パソコン市場向けに発売されたシーゲートの最初の五・二五イン

チ・ドライブは、ミニコン市場のプライアムのドライブの性能に比べれば、破壊的な遅さだった。しかし、一九八三年には、シーゲートをはじめ、先頭に立って破壊的な五・二五インチ技術を発展させてきた企業は、一年の製品発売サイクルを確立した。シーゲートとプライアムの製品は、世代が変わるたびに、ほぼ同じ割合で速度が向上したため、一年ごとに新製品を発売するシーゲートは、プライアムとの性能の差をあっという間に縮めはじめた。

プライアムが最初の五・二五インチ・ドライブを発売したのは、一九八二年である。しかし、つぎの五・二五インチ・モデルを発売するまでの期間は、デスクトップ市場で競争するために必要な一年のサイクルではなく、ミニコン市場で身につけた二年のサイクルである。このため、デスクトップ・パソコン・メーカーからは、大きなOEM契約を一件も受注することができなかった。同社の新製品サイクルが、デスクトップ・メーカーの設計期間に合わなかったためだ。シーゲートは、プライアムよりさらに前進し、両者の性能の差を埋めることができた。プライアムは一九九〇年に倒産した。

もう一つの例は、つぎの破壊的世代に起きた。シーゲート・テクノロジーは、一九八四年、業界二番手で三・五インチ・ドライブを開発した。アナリストは、シーゲートは一九八五年にも三・五インチ・ドライブを出荷するだろうと予想したことがある。実際、一九八五年秋のCOMDEXで、シーゲートは一〇MBのモデルを公開した。しかし、一九八六年後半になっても、まだシーゲートは三・五インチ・ドライブを出荷しておらず、CEOのアル・シュガートは「まだ十分な規模の市場がない」としていた。一九八七年、三・五インチ市場が一六億ドルに達し、「十分にうまみのある規模」になると、シーゲートはついに製品を発売した。しかし、一九九一年には、シーゲートはすでにかなりの数の三・五インチ・ドライブを生産していたが、ポータブル・コンピュータ・メーカーにはまだ一台も売れていなかった。製品はすべてデスクトップ市場向けに販売され、自社の五・二五インチ・ドライブの売上げを侵食していた。なぜそんなことになったのだろうか。

この現象の理由として考えられる要因の一つは、ポータブル・コンピュータ・メーカー向けの三・五インチ・ドライブ販売を開拓し、リードを守っていたコナー・ペリフェラルズが、ドライブ・メーカーによるポータブル市場への対応方法を根本的に変えたことである。コナーのある幹部は、つぎのように話している。

OEMディスク・ドライブ業界の誕生以来、製品開発は三段階で進められてきた。まずドライブを設計し、つぎにそれを製造し、最後にそれを販売する。われわれはそれをすべて変えた。まずドライブを販売し、つぎに設計し、最後に製造している。*

*コナー・ペリフェラルズのウィリアム・シュローダー副社長のインタビュー。一九九一年一一月一九日。

つまり、コナーは、ポータブル・コンピュータ市場向けドライブを主要顧客向けに注文設計するパターンをつくった。さらに、マーケティング、開発、製造の各プロセスの能力を、新しいパターンに合わせて修正した。コナーの別の幹部は「シーゲートには、ポータブル市場でドライブを売る方法がわからなかった」と言う。*

*コナー・ペリフェラルズの共同設立者、ジョン・スクワイヤーズ執行副社長のインタビュー。一九九二年四月二七日。

事例研究――小規模な組織に小さなチャンスを与える

イノベーションはすべて難しい。しかし、どうしてこんなプロジェクトをやらなければならないのかと、絶えず疑問に思っている人間が多い組織でプロジェクトを進めていると、その難しさは途方もなく大きくなる。人びとにとってプロジェクトが意味を持つのは、それが重要な顧客のニーズに応え、組織が必要とする利益と成長にプラスの影響を与え、そのプロジェクトに参加することが、有能な社員の昇格の可能性を高める場合である。プロジェクトがこれらの性質を備えていなければ、マネージャーは、なぜそのプロジェクトに資源を使う価値があるのかを説明するために時間とエネルギーを費やし、効率的にプロジェクトを管理できない。このような場合、優秀な人材はプロジェクトにかかわりたがらないことが多く、事態が切迫してくると、重要ではないとみなされたプロジェクトは、真っ先に中止または延期される。

したがって、経営者がプロジェクトの成功する確率を大幅に高めるには、参加者全員が、組織の将来の成長と利益のために重要だと考える環境で、プロジェクトを進めるようにすればよい。このような環境では、やむをえない行き詰まり、予測不可能な問題、スケジュールの遅れなどが発生したときに、問題を解決するために必要なものが組織に集められる可能性が高い。

これまで述べてきたように、小規模な新しい市場で破壊的技術を商品化するプロジェクトは、大企業の成功のために必要とは見なされないことが多い。小規模な市場では、大企業の成長の問題を解決できない。大企業は、小規模な破壊的技術がいつか大きくなるとか、少なくとも戦略的に重要であると全員に納得させるために絶えず努力するより、初期の破壊的技術によって生じるチャンスが動機づけになるほど小規模な組織に、プロジェクトを任せる方法を選ぶべきである。それには、独立した組織をスピンアウトさせるか、適度な規模の企業を買収すればよい。大企業の成績志向の社員に、小規模で不明確な市場をターゲットにした破壊的プロジェクトのために、必要十分な資源、注意力、エネルギーを傾けることを期待するのは、手をばたばたさせて空を飛ぼうとするようなものだ。組織の機能における重要な性質を無視している。

このアプローチによる成功例はいくつもある。たとえば、CDCは、事実上、八インチ・ディスク・ドライブの世代を逃したが、五・二五インチ・ドライブを商品化する部門をオクラホマシティに設置したいという意思を明確に持っていた。CDCは、主流顧客の影響から逃れる必要があったほか、機会に見合った規模の組織を設置した。ミネアポリス［主流市場で一四インチ・ドライブによって約一〇億ドルを売り上げていた］では、一〇〇万ドルの注文でなければ興味を引くことができなかった」とふり返る。オクラホマシティの事業は、大成功をおさめた。

組織の規模を機会の大きさに合わせるもう一つの方法は、破壊的技術に取り組む小規模な企業を買収する方法である。アレン・ブラッドリーは、この方法によって、モーター制御装置の機械式から電子式への破壊的移行に成功した。

ミルウォーキーのアレン・ブラッドリー（AB）は、数十年にわたってモーター制御装置業界で不動のリーダーの座にあり、大型電気モーターの作動と停止を切り替え、過負荷や電流のサージから保護する高耐久性の複雑なスイッチを製造している。ABの顧客は、工作機械やクレーンのメーカー、商工業用暖房・換気・空調（HVAC）システムのファンとポンプを取り付ける業者である。モーター制御装置は、規模は大きいが、住宅の照明スイッチと同じ原理で動く電気機械式装置である。複雑な工作機械やHVACシステムでは、特定の条件下に特定の順序で切り替える電気機械式リレー・スイッチのシステムにより、電気モーターとその制御装置が連結していることが多い。制御対象の装置が高価で、装置の停止時間に対するコストが高いため、制御装置は、耐久性にすぐれ、何百万回もの切り替えが可能で、装置の使用環境につきものの震動やほこりに強い必要がある。

一九六八年、新会社のモディコンは、プログラム可能な電子式モーター制御装置の販売を始めた。電気機械式制御装置の主流ユーザーからみれば、これは破壊的技術である。まもなく、テキサス・インスツルメンツ（TI）も独自の電子式制御装置をたずさえて参入した。初期の電子式制御装置は、厳しい環境下では、ABの大型制御装置のような耐久性と信頼性に欠け、そのことは広く認識されていたため、モディコンとTIは、主流工作機械メーカーやHVAC工事業者には製品を売れなかった。主流市場で性能を測定すると、電子式製品の性能は従来製品の性能を下回り、電子式制御装置のプログラム可能という柔軟性を必要とする顧客は、主流市場にはほとんどなかった。

そのため、モディコンとTIは、プログラム可能制御装置の新しい市場、ファクトリー・オートメーション市場を開拓するしかなかった。この新しい市場の顧客は、装置メーカーではなく、フォードやゼネラル・モーターズといった装置利用者であり、自動車製造装置を統合しようとしはじめた時期であった。

電気機械式モーター制御装置の五大メーカー、アレン・ブラッドリー、スクエアD、カトラー・ハマー、ゼネラル・エレクトリック、ウェスティングハウスのうち、プログラム可能電子式制御装置の耐久性が向上し、主流モーター制御装置市場を侵食しはじめたときに市場で強力な地位を維持したのは、アレン・ブラッドリーだけである。アレン・ブラッドリーは、モディコンより二年遅れて電子式制御装置市場に参入し、従来の電気機械式製品での力も維持しながら、数年以内に新技術で市場リーダーの地位を築いた。その後、ファクトリー・オートメーション向け電子式制御装置の大手メーカーへと成長した。ほかの四社が電子式制御装置を発売した時期ははるかに遅く、その後、制御装置事業から撤退したか、衰退した。当時、ゼネラル・エレクトリックやウェスティングハウスは、マイクロエレクトロニクス技術のノウハウに関しては、組織としての経験がまったくないアレン・ブラッドリーよりはるかにすぐれていたため、能力から考えると意外な結果である。

アレン・ブラッドリーはなにがちがっていたのだろうか。モディコンが市場に参入してからわずか一年後の一九六九年、ABの経営陣は、ミシガン州アナーバーにある新しいプログラム可能制御装置メーカー、インフォメーション・インスツルメンツ社の二五％持分を取得した。翌年、プログラム可能電子式制御装置とその新市場に狙いを定めていたバンカー・ラモの新部門を買収した。ABは、これらの買収物件を一つの部門にまとめ、ミルウォーキーにある主流の電気機械式製品事業とは別の事業として運営した。時間とともに、電子式製品が電気機械式製品の事業に大きくくい込むようになり、ABの一方の部門がもう一方の部門を攻撃するようになった。ほかの四社は、主流の電気機械式部門の内部で電子式制御装置事業をマネジメントしようとしたが、主流部門の顧客は、当初は電子式制御装置を必要としなかった。そして各社は、新技術で生き残れる地位を築くことができなかった。

ジョンソン&ジョンソンは、アレン・ブラッドリーと同様の戦略で内視鏡手術装置や使い捨てコンタクトレンズなどの破壊的技術に対応し、大成功をおさめた。同社の総売上高は二〇〇億ドル以上だが、同社は一六〇社以上の独立運営企業で構成されており、その内訳は、マクニールやジャンセンなどの大手薬品メーカーから、年間売上高が二〇〇〇万ドル以下の小規模な企業まで多岐にわたる。ジョンソン&ジョンソンの戦略は、破壊的技術の製品を発売するには、その目的のためだけに取得したごく小規模の企業を使うというものだ。

まとめ

成長と競争上の優位を追求する経営者にとって、事業のあらゆる面で先駆者になることはさほど重要ではない。持続的技術に関しては、従来の技術の性能を高めることに重点を置き、新しい技術は遅れて採用する企業のほうが、力強い競争力を維持できる場合があることが実証されている。しかし、破壊的技術ではそのようなことはない。破壊的技術が最初に使われる新しい市場に早い時期に参入すると、莫大な収益と、先駆者ならではの優位が得られる。破壊的技術の商品化をリードしたディスク・ドライブ・メーカーは、破壊的技術の追随者となった企業に比べ、はるかに急成長をとげている。

破壊的技術の商品化ではリーダーシップをとることが重要だとわかっているが、成功している大規模なイノベーターは、そのようなリーダーシップを追求する際に、大きなジレンマに出合う。大規模な成長を目指す企業は、前の章で述べた顧客の圧力に対処しながら、小規模な市場で短期的な成長需要を見込めないという問題にも直面することになるのだ。破壊的技術によって初めて誕生する市場は、すべて小規模な市場として始まる。先駆者がこの市場で最初に受けた注文は、ごくわずかである。また、この市場を開拓する企業は、小規模でも利益を得られるコスト構造を構築する必要がある。これらの要因を考えると、破壊的イノベーションを商品化するプロジェクトは、企業の主流事業から外れたものではなく、成長と成功への重要な過程としてプロジェクトをとらえることができる小規模な組織に任せる方針をとるべきである。

このような意見は、もちろん、目新しいものではない。イノベーションにおいては、規模を小さく抑え、独立性を保つことが優位につながると主張する経営学者は多い。第五章と第六章では、なぜ、このような場合にこの戦略が適しているのか、理解を深めることができたのではないかと思う。

第七章　新しい成長市場を見いだす

存在しない市場は分析できない。企業と顧客がともに市場を見いだす必要がある。破壊的技術の用途となる市場は、開発の時点では単にわからないのではなく、知り得ない。したがって、破壊的イノベーションに直面したときにマネージャーが打ち出す戦略と計画は、実行するための計画というより、学習し、発見するための計画であるべきだ。市場の将来はわかっていると思い込んでいるマネージャーと、発展中の市場の不透明性を認識しているマネージャーとでは、計画や投資のしかたがまったく異なるため、このことは理解しておくべき重要なポイントである。

実績ある企業が開発する技術は、持続的な性質のものが大半なので、マネージャーのほとんどは、持続的技術の環境のなかでイノベーションについて学ぶ。そのようなイノベーションは、当然、顧客のニーズがわかっている既知の市場をターゲットにしたものだ。この場合、十分に計画、調査したうえで革新的製品を評価、開発、販売することは、可能というだけでなく、成功のために必要である。

しかし、成功している企業の優秀な経営陣がイノベーションのマネジメントについて学んできたことは、破壊的技術には関係ないということである。たとえば、マーケティング担当者のほとんどは、大学や職場で、顧客の意見を聞くという重要な技能をたたき込まれるが、まだ存在しない市場を発見する方法については、理論的にも実践的にも教育を受ける者はほとんどいない。このように偏った経験を持つと、学校で持続的イノベーションに関して学んだのと同じ分析プロセスと意思決定プロセスを、新しい用途を生み出す技術や破壊的技術に適用したとき、企業に致命的な影響を与えかねないという問題がある。このようなプロセスは、なにも情報がなくても明確に数量化された情報を必要とし、収益もコストもわからなくても正確な収益率予測を必要とし、詳細な企画や予算が立てられなくても、企画や予算にしたがったマネジメントを必要とする。不適切なマーケティング、投資、マネジメントプロセスを適用すると、優良企業とはいえ、破壊的技術が初めて使われる新しい市場を開拓できなくなる場合がある。

この章では、ディスク・ドライブ業界の専門家が、持続的技術の市場を驚くべき正確さで予測していながら、破壊的イノベーションの新しい市場の出現を予見し、その規模を予測することができなかった理由を見ていく。さらに、オートバイ業界とマイクロプロセッサー業界の事例を検討することで、破壊的技術や新しい用途を生み出す技術が使われる新しい市場が、いま考えれば明白なようだが、そのときはいかに不透明であったかを示す。

持続的技術と破壊的技術の市場予測

ディスク・ドライブ業界に関しては、早い時期から異例な量の市場情報があった。この業界の研究から、さまざまな成果が得られるゆえんである。主な情報源は、カリフォルニア州マウンテンビューのディスク／トレンド社が毎年発行している『ディスク／トレンド・レポート』で、世界中の企業が一九七五年から現在までの各年に発売したあらゆるモデルのディスク・ドライブが掲載されている。各モデルが最初に出荷された年月、ドライブの性能仕様、使用されている部品技術などが詳しく書かれている。

さらに、世界中の全メーカーが製品別の販売データを『ディスク／トレンド』に報告しているため、どのような顧客がどのドライブを購入しているかという情報もある。『ディスク／トレンド』の編集者は、これらのデータを集計し、細分化した各市場分野の規模を算出し、企業データの保護に気をつけながら、主要各社のシェアを公表する。業界のメーカーにとってもこのレポートは非常に貴重なので、同誌に企業データを提供しつづけている。

『ディスク／トレンド』の各号では、前年の各市場分野の販売台数と売上高を公表し、その後四年間の分野別予測を提供している。過去二〇年にわたるすぐれた業界データを入手できるため、市場の歴史を調べ、過去の予測の正確さを確かめるまたとない機会である。全般的に、確立された市場に関して『ディスク／トレンド』の予測はすばらしい実績を残しているが、破壊的ディスク・ドライブ技術によって生み出される新しい市場の規模を正確に予想するのには苦しんでいる。

その実績を図7・1にまとめてみた。これは、新しいディスク・ドライブ・アーキテクチャーの商業出荷が始まった後、『ディスク／トレンド・レポート』が、当初四年間に出荷されると予測した販売台数と、実際にその四年間に出荷された販売台数を比較したものである。比較しやすいように、予想出荷台数を示す棒グラフの高さは一〇〇の値に正規化し、実際の出荷台数は、予測値に対する比率で表した。『ディスク／トレンド』の予測が入手できる五つの新しいアーキテクチャーのうち、一四インチ・ウィンチェスター世代と二・五インチ世代は持続的技術であり、その前の世代のドライブと同じバリュー・ネットワークで販売されている。その他の五・二五インチ、三・五インチ、一・八インチ・ドライブの三つは、新しいバリュー・ネットワークを生み出した破壊的イノベーションである（『ディスク／トレンド』では、八インチ・ドライブの予測は発表していない）。

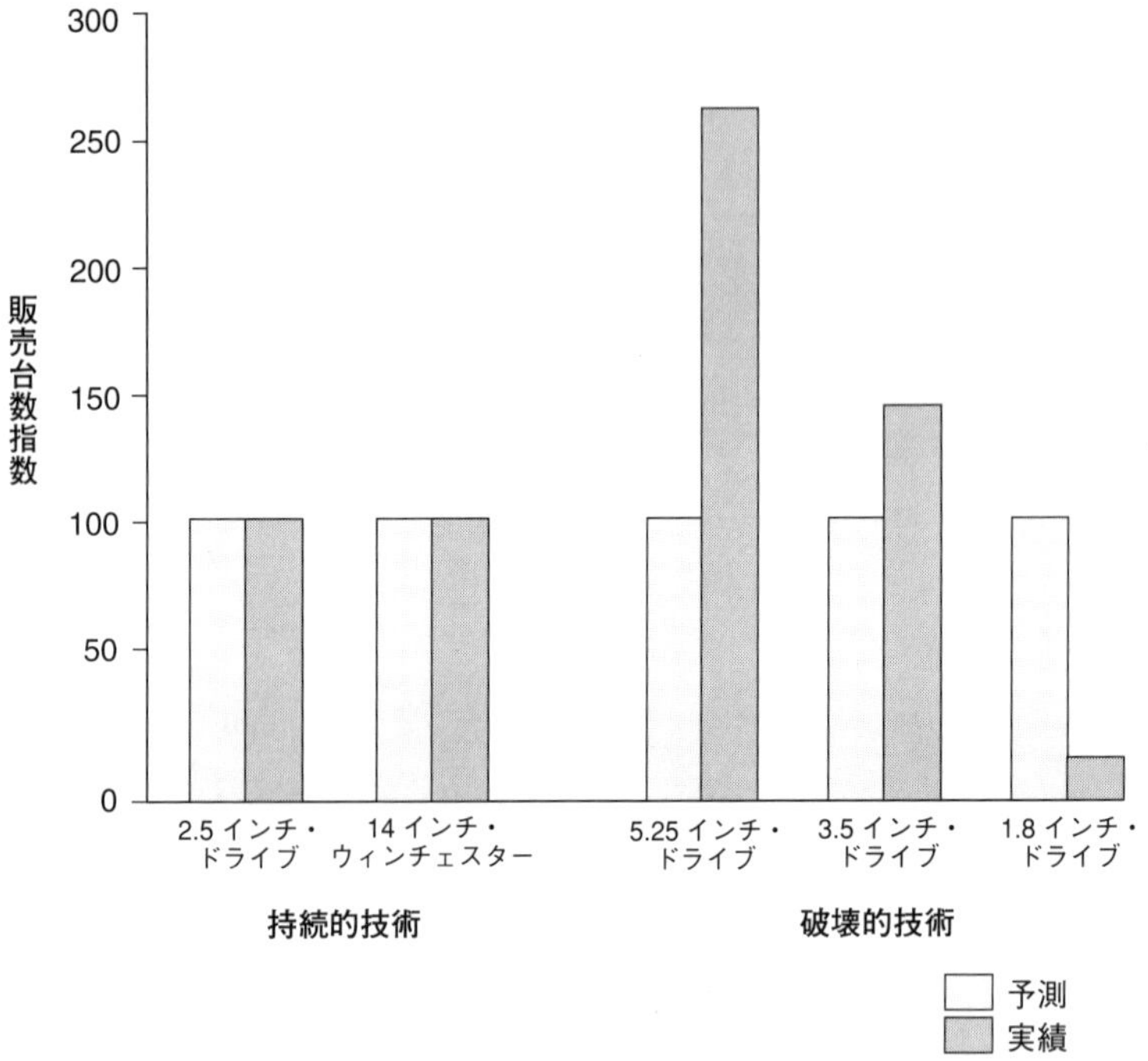

図7.1　最初の商業出荷後4年間の持続的技術と破壊的技術
資料：ディスク／トレンド・レポート』各号のデータ

持続的な二・五インチ技術と一四インチ・ウィンチェスター技術の予測は、実際の出荷台数との差が八％と七％である。しかし、五・二五インチ・ドライブでは二六五％、三・五インチ・ドライブでは三五％（かなり近いといえる）、一・八インチでは五五〇％と差が開く。特に、一・八インチ・ドライブに関しては、『ディスク／トレンド』の予測はかなり低いが、第一世代のドライブは主にコンピュータ以外の市場向けであった。

『ディスク／トレンド』のスタッフは、持続的アーキテクチャーに関する予測も、破壊的アーキテクチャーに関する予測も、主な顧客や業界の専門家への取材、トレンド分析、経済モデル作成など、同じ方法で作成している。しかし、持続的技術にうまく適用できた方法でも、まだ存在していない市場やアプリケーションに適用すると失敗することはまちがいない。

ＨＰの一・三インチ・キティホーク・ドライブの市場の見きわめ

持続的技術と破壊的技術の予測可能性の違いは、ヒューレット・パッカードが、革命的であり破壊的な一・三インチ・キティホーク・ディスク・ドライブの市場を開拓しようとしたときに、重大な影響を与えた。一九九一年、アイダホ州ボイシにある同社のディスク記憶装置部門は、二〇〇億ドル企業である親会社のために、ディスク・ドライブで約六億ドルの売上げをあげた。この年、ディスク記憶装置部門の社員のグループが、容量二〇ＭＢの一・三インチ小型ドライブを考案し、キティホークというコードネームを付けた。これがＨＰにとって、画期的なプログラムであったことはたしかだ。それまでにディスク記憶装置部門が開発した最小のドライブは三・五インチで、しかも三・五インチ・ドライブを発売した時期は、業界でも最後に近かった。一・三インチのキティホークは、会社にとって大きな飛躍であり、特に、ＨＰにとっては初めての破壊的技術への参入である。

このプロジェクトが、野心的な成長プランを持つ大企業で意味を持つように、ＨＰの経営陣は、キティホークの売上げを三年以内に一億五〇〇〇万ドルまで引き上げるという至上命令をくだした。キティホークの支持者にとってさいわいなことに、この小型ドライブには、ハンドヘルド・パームトップ・コンピュータ、つまりPDAという大きな市場が見えていた。キティホークの出資者は、この市場の予測を調査したのち、売上げを目標の規模まで拡大することは可能だと判断した。市場リサーチ会社も、キティホークの市場は大きくなるというHPの考えは正しいと認めた。

HPのマーケティング担当者は、モトローラ、AT&T、IBM、アップル、マイクロソフト、インテル、NCR、HP自身、さらに多数の知名度の低い新企業も含め、コンピュータ業界の主要企業の幹部と密接な関係を築いた。いずれのメーカーも、PDA市場の製品開発を重視していた。各社の製品の多くは、キティホークの機能を念頭に置いて設計され、キティホークの設計は、調査によって得られた顧客のニーズを反映していた。

キティホーク開発チームは、これらの顧客のニーズに対応するドライブを開発することは、難しいが実現可能な技術革新だと考え、この小さな装置を開発するため、一二か月にわたる果敢な努力を開始した。その結果、図7・2のようなみごとな製品が完成した。最初のバージョンの容量は二〇MBで、一年後に発売された二代目モデルは四〇MBである。ターゲットとするPDA市場や電子手帳市場の耐久性需要に対応するため、自動車のエアバッグの衝突センサーに似た衝撃センサーを備え、一メートルの高さからコンクリートに落としてもデータを失う心配はなかった。当初の価格は、一台二五〇ドルに設定された。

キティホークの技術開発は予定どおり進んだが、その用途の開発はそうはいかなかった。PDA市場は思うように実現せず、アップルのニュートンと競合製品の売上げは、目標をはるかに下回った。これは、HPのマーケティング担当者の働きかけに応じて意見を述べてきたコンピュータ業界の専門家にと

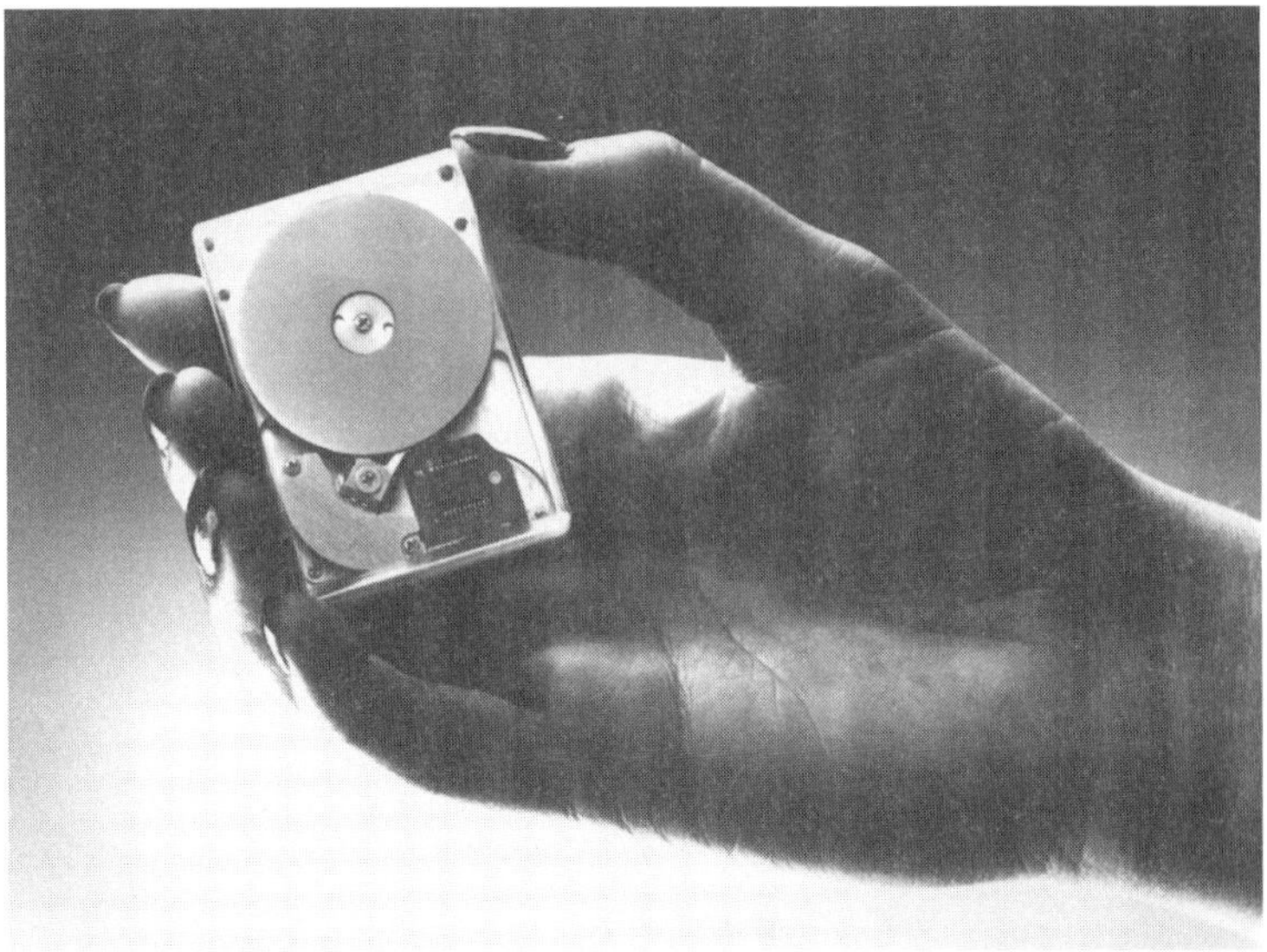

図7.2　ヒューレット・パッカードのキティホーク・ドライブ
資料：ヒューレット・パッカード。転載許可済み。

っては意外な結果だった。キティホークは、発売から二年間で、予測の数分の一の売上げしか達成できなかった。この売上げは、新企業やベンチャー・キャピタリストにとっては、満足のいくスタートとなったかもしれないが、HPの経営陣にとっては、販売台数は予測をはるかに下回っており、ディスク記憶装置部門の成長需要と市場シェアの拡大需要を満たすには、あまりにも規模が小さすぎた。さらに意外なことに、キティホークの売上げに最も寄与した用途は、コンピュータではなかった。日本語ポータブル・ワープロ、小型レジスター、電子カメラ、産業用スキャナーと、いずれもキティホークの当初のマーケティング計画には入っていない分野であった。

さらに困ったことに、キティホーク

が発売二周年を迎えようというころ、HPのマーケティング担当者は、家庭用テレビゲーム・システムのメーカーから、HPが低価格のバージョンを生産できるならという条件付きで、キティホークの大量購入の打診を受けた。これらのメーカーは、二年前からキティホークの存在を知っていたが、この程度の記憶容量でできることを確認するために時間がかかったのだとしている。

HPは、キティホークをモバイル・コンピューティング用の持続的技術として設計した部分が大きかった。この市場の価値基準である大きさ、重さ、消費電力、耐久性に関しては、キティホークは、二・五インチ・ドライブや一・八インチ・ドライブに比較して、大幅な持続的改良を実現していた。ただ、記憶容量に関しては、HPはできる限りの努力をしたものの、キティホークのほうが劣っていた。しかし、ようやくキティホークに対する大量の問い合わせや注文が届くようになったものの、それは一台五〇ドル程度の価格で機能も限定された、真に破壊的な製品への需要であった。そのような用途では、容量は一〇MBもあれば十分だった。

ところが、HPはこのドライブを真に破壊的な製品として設計したわけではなく、PDA市場に必要な高コストの機能を盛り込んでいたため、家庭用テレビゲーム・メーカーの要求する価格に応じることはできなかった。経営陣は、PDAという用途によって設定された当初目標を達成するために積極的に投資してきたため、ようやく明確になった市場の用途に合わせて、単純で機能の低い一・三インチ・ドライブを設計しなおすには、忍耐力も資金もなかった。HPは、一九九四年後半にキティホークを市場から引き上げた。

HPのプロジェクト・マネージャーは、後になって、キティホーク計画を運営するうえで最大の間違いは、市場に関する自分たちの予測を正しいものとして行動したことだと認めている。PDA市場で予想される台数を生産するための製造設備に積極的に投資し、衝撃センサーなど、ＰＤＡ市場で受け入れられるために慎重に調査してきた機能を盛り込んだ。このような計画と投資は、持続的技術で成功するには重要なものだが、キティホークのような破壊的製品には適していなかったと、このマネージャーもふりかえっている。キティホークを最初からやり直す機会があれば、どのような顧客がどの程度の量を必要とするのか、自分たちにも、ほかのだれにもわからないという想定のもとでプロジェクトを進めるだろう。そうすれば、製品の設計に関しても、生産設備への投資に関しても、実地に様子をみながら柔軟なアプローチをとることができるだろう。もう一度チャンスがあれば、手さぐりで市場に参入し、必要があればプログラムの方向を変えるために十分な資源を残し、その過程で学んだことをもとに将来を築いていくだろう。

破壊的技術の将来の市場を理解しているつもりで行動した企業は、もちろん、ヒューレット・パッカードのディスク・ドライブ部門だけではない。つぎの事例研究に示すように、一流の企業にもあることだ。

ホンダの北米オートバイ業界への進出

ホンダが欧米のオートバイ市場を攻撃し支配したことは、明確な戦略的思考と、積極的で首尾一貫した実行力のみごとな例として語られている。ホンダは、経験曲線にもとづく慎重な製造戦略を採用し、価格を引き下げ、販売台数を増やし、積極的にコストを削減し、さらに価格を引き下げ、さらにコストを削減し、オートバイ市場において難攻不落の低コスト大量生産メーカーの地位を築いたと言われている。ホンダはその基盤を利用して上位市場に移行し、ついに、かろうじて生き残ったハーレー・ダビッドソンとBMWを除くすべての実績あるオートバイ・メーカーを市場から追い落とした。ホンダは、この生産戦略の勝利と、如才ない製品設計、魅力的な広告、ホンダの顧客基盤の中心であった気軽なツーリストに合わせた便利な広域流通・販売網を組み合わせた。このように話すと、ホンダの歴史は、すべての経営者がいつかそのように噂されたいと夢見るような、輝かしい戦略と卓越した事業運営の話であるように思われる。しかし、事業を運営していた当時の社員が語るように、ホンダの業績の現実はまったくちがっていた。

ホンダは、日本の戦後の復興と貧困の時代に、雑然とした都市部で、地域の顧客にわずかな商品を配達する流通業者や小売業者のために、小型で頑丈な原動機付き自転車を製造したところから始まった。ホンダは、これらのバイク用に小型で効率的なエンジンを設計するノウハウを蓄積した。日本市場での売上げは、一年目の一九四九年の一二〇〇台から、一九五九年には二八万五〇〇〇台に増加した。

ホンダの経営陣は、低い労働コストを生かして北米にオートバイを輸出したいと考えていたが、日本で人気の配達用バイク、「スーパーカブ」に相当する市場は北米にはなかった。ホンダの調査の結果、アメリカ人はオートバイを主に長距離ドライブ用に使っており、その場合に最も重視される製品の特性は、大きさ、馬力、スピードであった。そのため、ホンダの技術者は、米国市場専用に高速で馬力のあるオートバイを設計し、一九五九年、マーケティングを開始するためにロサンゼルスに三人の社員を派遣した。三人は、生活費を切りつめるためにアパートで共同生活し、町中を安く移動するため、スーパーカブを一人一台ずつ持ってきた。

事業は最初から難航した。ホンダの製品は、コスト以外の点では、潜在顧客にとって秀でたところがなく、ほとんどのバイク・ディーラーは、実績のない製品を受け入れることを拒否した。チームはようやく数軒のディーラーを見つけ、数百台を販売することに成功したが、実績は惨たんたるものだった。ホンダのエンジンの設計に対する知識は、バイクが長時間にわたって高速走行するハイウェー用にはそのまま転用できないことがわかった。エンジンはオイル漏れを起こし、クラッチは磨耗した。補償交換用のオートバイを日本からロサンゼルスまで空輸する経費で、会社は沈没寸前の状態だった。

ある土曜日、ホンダの北米事業責任者の川島喜八郎は、気晴らしにスーパーカブに乗ってロサンゼルス東部の丘陵地帯に出かけた。実際、ダートを走り回っているうちに気分が晴れてきた。数週間後、川島はまたダート・ツーリングに気晴らしを求めた。そのうち、二人の同僚を連れてそれぞれのスーパーカブで出かけるようになった。三人が丘を走り回るようすを見かけた人びとが、その小さなバイクはどこで買えるのかとたずねてくるようになり、三人は、そのような人びとのために、日本にスーパーカブを特別注文しなければならなかった。のちにオフロード・バイクとして知られるようになる、この製品は、こうして二年間にわたってプライベートで利用されていた。あるとき、シアーズのバイヤーが、自社の屋外電力設備部門用にスーパーカブを注文しようとしたが、ホンダは、依然として成功しない長距離用の大型バイクの販売を重視していたため、このチャンスに目もくれなかった。

ホンダの小さなスーパーカブを買ってダート・ツーリングに加わりたいと言う人は増えつづけ、ホンダの米国チームにまったく別の市場の可能性が開けた。北米には、レクリエーション用のオフロード・バイクという未開拓の市場があるかもしれない。それには、まったくの偶然だが、小さな五〇CCのスーパーカブがぴったりだ。さまざまな議論や圧力はあったものの、ロサンゼルス・チームはついに、日本の経営陣を説得し、大型バイク戦略は失敗の危機にあるが、まったく新しい市場分野を開拓するという別のチャンスに賭けることにした。

小型バイク戦略が正式に採用されると、チームは、スーパーカブのディーラーを確保するほうが、大型バイクのディーラーを見つけるよりはるかに困難であることに気づいた。そのクラスの製品を販売する小売業者はなかったのだ。ようやく数軒のスポーツ用品店を説得してバイク製品を引き受けてもらい、その宣伝に成功しはじめたとき、ホンダの革新的な破壊的戦略が生まれた。

ホンダには、洗練された広告キャンペーンを実施する資金はなかった。しかし、友人とダート・ツーリングに出かけたUCLAの学生が、広告の講義用のレポート作成にあたって、「すばらしい人びと、ホンダに乗る」という新聞広告のスローガンを思いついた。この学生は、教師に促されてこのアイデアを広告代理店に持ち込み、それを代理店がホンダに持ち込み、ついに賞を受けるほどの広告キャンペーンとなった。もちろん、こういった思いがけない出来事のあとには、ホンダは世界一流の設計技術と生産手法を駆使し、何度も価格を引き下げながら、製品の品質を高め、生産量を拡大することができた。

ホンダの五〇CCのバイクは、北米市場では破壊的技術であった。ホンダの顧客が製品の決定にあたって採用した製品特性の順位づけは、ハーレー・ダビッドソン、BMWなど、従来のオートバイ・メーカーが競争していた実績あるネットワークとはまったく別のバリュー・ネットワークを、ホンダに与えることになった。

ホンダは、信頼性の高いオートバイの低コスト生産をベースに、ディスク・ドライブ、鉄鋼、掘削機、小売りなどの分野にみられたのと同様に、上位市場への進出の戦略をとり、上位市場に目を向け、一九七〇年から八八年にかけて、しだいにエンジンの馬力を高めた製品を発売した。

六〇年代後半から七〇年代初頭にかけて、ハーレーはホンダに真っ向から競争を挑み、イタリアのオートバイ・メーカー、アエロメカニアから買収した小型エンジン（一五〇〜三〇〇CC）付きバイク製品を生産し、成長中のローエンド市場に参入しようとした。ハーレーは、自社の北米ディーラー網でバイクを販売しようとした。ホンダのほうが生産手法にすぐれていた分、ハーレーが不利だったことはたしかだが、ハーレーが小型バイクのバリュー・ネットワークでシェアを確立することに失敗した最大の原因は、ディーラーの反対であった。ディーラーの利益率は、ハイエンド・バイクのほうがはるかに高く、小型バイクは、ハーレー・ダビッドソンの主要顧客にとってのイメージを損なうと考える向きが多かった。

第二章で、ディスク・ドライブ・メーカーと、その顧客であるコンピュータ・メーカーは、同じバリュー・ネットワークのなかでよく似た経済モデルやコスト構造を形成し、それによって、どのような事業を収益性が高いと思うかが決まると述べた。ここにも同じ現象がみられる。ハーレーのディーラーは、ハーレーにとって有利な事業タイプが、自分たちにとっても有利となる経済モデルを持っている。両者は同じバリュー・ネットワークで共存しているため、ハーレーかディーラーのどちらかが、ネットワークの下を突き抜けることは難しい。七〇年代後半、ハーレーはあきらめて、再びハイエンド市場のオートバイ・メーカーとして自社を位置づけた。シーゲートがディスク・ドライブ業界でとった戦略や、ケーブル式掘削機メーカーや総合製鉄所が上位市場へと退避していった戦略を思わせる。

おもしろいことに、ホンダは、北米のオートバイの潜在市場がどのような市場かを正確に予測できなかったばかりでなく、潜在市場の規模も正確に予測できなかった。一九五九年に参入した当初の目標は、年間五五万台、年成長率五%と予想される市場で、一〇%のシェアを獲得することだった。一九七五年には、市場は年一六%の成長率で年間五〇〇万台の規模に達している。そのほとんどは、ホンダが予測できなかった用途から生まれたものだ。

インテルによるマイクロプロセッサー市場の発見

インテルの創業メンバーは、メタル・オン・シリコン（MOS）技術の先駆的開発をもとに、一九六九年に会社を設立し、世界最初のダイナミック・ランダム・アクセス・メモリー（DRAM）を生産した。同社は、一九九五年には、世界の大企業のなかでもきわめて高い収益性を誇っている。インテルの成功物語が特に輝かしいのは、最初に築いたDRAM市場でのリーダーの地位が、一九七八年から八六年にかけて、日本の半導体メーカーの追撃によって崩れはじめたとき、二流のDRAMメーカーから、世界最大のマイクロプロセッサー・メーカーへと変容したからである。インテルはどうやってそれをなし遂げたのだろうか。

インテルは、日本の計算機メーカーとの請負開発契約にもとづき、最初のマイクロプロセッサーを開発した。プロジェクトが完了したとき、インテルの技術チームは、契約条件にもとづいてマイクロプロセッサーの特許権を所有していた計算機メーカーから、特許を買い取るように経営陣を説得した。インテルには、この新しいマイクロプロセッサーの市場を開拓する明確な戦略があったわけではない。チップを使えそうな顧客ならだれにでも売っていた。

マイクロプロセッサーは、いまでこそ主流のようだが、当初は破壊的技術であった。六〇年代の大型コンピュータの中央演算装置を構成していた複雑な論理回路に比べれば、限られた機能しかなかった。ところが、サイズが小さく単純だったので、以前は利用できなかった用途において論理と計算を利用できるようになった。

ＤＲＡＭ市場の競争が激化した七〇年代には、インテルのＤＲＡＭ収入における利益率は低下しはじめたが、競争の少ないマイクロプロセッサー製品の利益率は依然として高かった。インテルの生産能力配分システムは、製品ごとの粗利益率に応じて能力を配分する方式にしたがって機能していた。そのため、いつのまにか、設備投資や生産能力は、ＤＲＡＭ事業よりマイクロプロセッサー事業に向けられるようになったが、経営陣が明確にそのような経営判断をくだしたわけではない。実際、インテルの資源配分プロセスによって、ＤＲＡＭ事業からの撤退が徐々に始まっているなかでも、経営陣は、注意とエネルギーの大部分をＤＲＡＭにそそぎつづけた。

インテルの資源配分プロセスが自律的に機能したことによる、このような事実上の戦略シフトは、幸運の賜物である。当時、マイクロプロセッサー市場についてわかっていたことはほとんどないため、明確な分析を行っても、マイクロプロセッサーへ大胆に移行すべき理由はほとんど見つからなかっただろう。インテルの共同設立者であるゴードン・ムーア会長は、ＩＢＭがインテル８０８８を新しいパソコンの「頭脳」として選択したことが、社内では「小さなデザインの勝利」とみられていたという。ＩＢＭがパソコンでめざましい成功をおさめた後も、インテルの次世代２８６チップの潜在用途予測では、出荷個数の多い用途五〇種のリストのなかにパソコンは含まれていなかった。

ふりかえってみると、マイクロプロセッサーの用途として、パソコンは当然の組み合わせである。しかし、インテルの経営陣ほど目先のきくマネージャーでも、戦いのさなかでは、マイクロプロセッサーが使われるかもしれないさまざまな用途のなかで、どれが最も重要な用途に成長し、どれほどの売上げと利益が見込めるのかを予想することはできなかった。

実績ある企業による予測と下方移動は不可能

破壊的技術の市場を正しく予測するのが難しいとき、マネージャーは、さらに熱心に調査し、さらに綿密に計画を立てようとすることがある。このようなアプローチは、持続的イノベーションには効果的だが、破壊的イノベーションの性質に関する事実を無視するものである。破壊的技術をとりまく不透明な環境のなかで、信頼できる事実は一つだけ、「専門家の予測はかならず外れる」ということだ。破壊的製品がどのように使われ、その市場がどのような規模になるか、ある程度でも正確に予測することは不可能である。そこで重要なのは、破壊的技術の市場は予測できないため、そのような市場に最初に参入するときの戦略はまちがっていることが多いという点である。

このことは、表6・1で、新しいバリュー・ネットワークに参入した企業のその後の成功率（三七%）と、既存のバリュー・ネットワークに参入した企業の成功率（六%）に大きな差が開いたことと、どのような関係があるだろうか。市場を事前に予測できないなら、どうしてそのような市場をターゲットにした企業のほうが成功するのだろうか。実際、講演で経営者に表6・1を見せたときは、成功の度合いと確率の違いにどよめきがあがった。しかし、その結果が自分自身の状況にもあてはまると思っていないことはあきらかだ。この結論は、新しい市場の開拓は本質的にリスクの高い事業であるという直観に反するからだ*。

＊経営者によるリスクの定義と認識の方法に関する研究が、この謎に光を投げかけることがある。たとえば、エイモス・トバースキーとダニエル・カーネマンによれば、人びとは、自分に理解できない案は、そこに内在するリスクに関係なく「リスクが大きい」と判断し、理解できる案は、内在するリスクに関係なく「リスクが小さい」と判断する傾向があるという。このため、経営者は、存在しない市場は理解できないため、反対の結論を示す事実があったとしても、新しい市場の開拓はリスクが大きいととらえることがある。同様に、持続的技術への投資は、内在するリスクが大きいとしても、市場のニーズを理解できるために安全だと判断することがある。

アイデアの失敗と事業の失敗

この章で検証した事例研究は、この謎を解くヒントになる。アイデアの失敗と企業の失敗とでは大きな違いがある。破壊的なマイクロプロセッサーがどこで使われるかに関するインテルの予想の多くはまちがっていた。さいわい、インテルは、正しい市場の方向がまだわからないうちに、誤った方向のマーケティング計画にすべての資源を使いきらなかった。マイクロプロセッサーの主な市場を探す過程で、最初にさまざまな間違いはあったが、会社としてインテルは生き残った。同様に、北米オートバイ市場への参入方法に関するホンダの当初のアイデアはまちがっていたが、大型バイク戦略の追求に全資源を投入しなかったため、正しい戦略が見えはじめてから、そこへ積極的に投資することができた。ヒューレット・パッカードのキティホーク・チームは運がなかった。正しい戦略を見きわめたと信じ込んだマネージャーは、結局は成長しない市場のための製品設計と生産設備に、予算をつぎ込んでしまった。ようやく小型ドライブの用途がわかりはじめたとき、キティホーク・チームには、それを追求する資源は残されていなかった。

実際、成功した新規事業の大多数は、最初の計画を実行しはじめ、市場でなにがうまくいき、なにがうまくいかないかがわかってきたときに、当初の事業計画を放棄しているという調査結果が出ている。

成功する事業と失敗する事業の最大の違いは、一般に、当初の計画の正確さではない。最初から正しい戦略を立てることは、新しい事業計画を立てて二度、三度と試行錯誤できるように十分な資源を残しておくこと（または、信頼できるパートナーや投資家との関係を保つこと）に比べれば、さほど成功のために重要な要素ではない。試行錯誤を繰り返して適切な戦略を見つける前に資源や信頼を失った場合は、事業として失敗である。

アイデアの失敗とマネージャーの失敗

しかし、たいていの企業では、適切な戦略を追求する過程で、個々のマネージャーが幾度も失敗するような余裕はない。たいていの組織のマネージャーは、失敗はできないと考えており、それは正しくもあり、まちがってもいる。当初のマーケティング計画がまちがっていたために、管理しているプロジェクトが失敗したら、自分の成績に汚点が残り、出世にも影響が及ぶだろう。破壊的技術の新しい市場を探すプロセスには失敗はつきものなので、マネージャーが自分のキャリアを危険にさらすことができない、さらしたくないと考えるために、実績ある企業が、その技術によって開拓されるバリュー・ネットワークに参入する時期が著しく遅れることになる。ジョゼフ・バウアーは、大手化学メーカーの資源配分プロセスに関する研究のなかで、「市場からの圧力は、失敗による可能性とコストの両方を減らす」としている。

バウアーの見解は、本書におけるディスク・ドライブ業界に関する見解と一致している。持続的技術の場合のように、イノベーションに対する需要が確認できれば、業界の実績あるリーダーは、求められる技術を開発しようと、莫大な費用と時間をかけて、リスクの大きい賭けに出ることができる。破壊的技術の場合のように需要が確認できなければ、技術的に簡単であっても、そのイノベーションを商品化するために必要な賭けをできずにいる。ディスク・ドライブ業界に参入した企業のうち六五％が、新しい市場ではなく確立された市場に参入したのは、このためだ。新しい技術の市場を見つけるには失敗がともない、意思決定者のほとんどは、市場がないために、失敗するかもしれないプロジェクトを支持するリスクを避けようとする。

学習のための計画と実行のための計画

破壊的技術の最初の用途となる市場を探すには、失敗がつきものなので、マネージャーは、持続的技術の場合とはまったく別のアプローチをとる必要がある。一般的に、持続的技術の場合は、計画を立ててから行動を起こす必要があり、正確な予測が立てられ、顧客の意見もそれなりに信頼できる。慎重に計画を立て、積極的に実行することが、持続的技術を成功に導く正しい方法である。

しかし、破壊的技術の場合には、慎重な計画を立てる前に、行動を起こす必要がある。市場のニーズや市場の将来の規模はほとんどわからないため、計画にはまったく別の目的が必要である。それは、実行のための計画ではなく、学習のための計画でなければならない。どこに市場があるかわからないという心構えで破壊的事業にアプローチすれば、新しい市場に関するどのような情報が最も必要なのか、その情報がどのような順序で必要になるのかを見きわめられるだろう。事業の計画にこのような優先順位を反映させれば、かぎとなる情報を作成したり、重要な不明点を解決してから、資本、時間、資金を投入することになる。

破壊的技術に対処するには、マネージャーが仮定を立て、その仮定にもとづいて事業計画や目標を作成する必要のある「発見志向の計画」が有効である。たとえば、HPのキティホーク・ディスク・ドライブの場合、HPは、製造パートナーのシチズン時計とともに、オートメーションの生産ラインの建設と設備に莫大な資金を投じた。この投資は、HPの顧客によるPDA売上げ予測にもとづいたドライブの売上げ予測が正確であるという仮定のもとに行われた。HPのマネージャーが、PDAの売上げはだれにもわからないと仮定していたら、一つの量産ラインではなく、小規模な生産設備のモジュールを建設していたかもしれない。そして、何か重要な出来事によって、仮定が正しいか誤っているかが確認できれば、生産設備を拡充または縮小できただろう。

同様に、キティホークの製品開発計画は、小型ドライブの主な用途が、高い耐久性を必要とするPDAであるという仮定にもとづいていた。キティホーク・チームは、この仮定にもとづいて部品や製品アーキテクチャーを開発したため、市場のローエンドに現れた価格に敏感なテレビゲーム・メーカーに販売するには、製品価格が高くなりすぎた。発見志向の計画を立てていれば、チームは、コストが高すぎて後戻りできない開発を始める前に、市場の仮定が正しいかどうかを確かめることになっただろう。このケースでは、市場の情勢によって仮定の有効性があきらかになった時点で構成を変更したり機能を削除して、別の市場や別の価格水準に対応できるように、モジュール式の設計を作成していたかもしれない。

「目標管理」、「例外管理」などの理念は、マネージャーの注意を一点に集中させるため、新しい市場の発見を妨げる場合がある。通常、このようなシステムでは、業績が計画を下回ると、マネージャーは、計画と現実の差を埋めようとする。つまり、予想外の失敗に神経を集中するようになる。しかし、ホンダの北米オートバイ市場での経験が示すように、破壊的技術の市場は、たいていの計画システムでは上層部の注目を集めることのない、予想外の成功から現れることがある。＊そのような発見は、人びとの声に耳を傾けることによってではなく、人びとがどのように製品を使うかを見ることによって得られることがある。

＊この点については、ピーター・F・ドラッカー著『イノベーションと企業家精神――実践と原理』（ダイヤモンド社、一九八五年）にわかりやすく論じられている。第九章では、ソフトハウスのインテュイットが、個人財務管理ソフト、「クイッケン」のユーザーの多くが、このソフトを使って小規模事業の帳簿管理をしていることに気づいた過程を追ってみる。インテュイットは、このような用途を予想していなかったが、その後、小規模事業者のニーズに合わせて製品を改良し、「クイックブックス」として売り出すことにより、わずか二年で、小規模事業者用会計ソフト市場で七〇％以上のシェアを獲得した。

破壊的技術の新しい市場を発見するためのこのアプローチを、筆者は「不可知論的マーケティング」と呼んでいる。破壊的製品がどのように、どれだけの量が使われるか、そもそも使われるかどうかは、使ってみるまでだれにも、企業にも顧客にもわからないという明確な仮定にもとづくマーケティングとの意味である。このような不透明な状況に直面したマネージャーは、だれかが市場の輪郭をはっきりさせるまで待とうとすることがある。しかし、先駆者が圧倒的な優位に立つことを考えると、破壊的技術に直面したら、実験室やフォーカス・グループで活動するのではなく、市場へ発見志向の探索に出かけることによって、新しい顧客と新しい用途に関する知識を直接身につける必要がある。

第八章　組織にできること、できないことを評価する方法

経営者が従業員にイノベーションに取り組むよう命じる場合、直観的に、担当者の能力に合った仕事を割り当てようとする。うまくやれるかどうかは、その従業員が仕事に必要な知識、判断力、技能、将来の展望、エネルギーを備えているかどうかにより判断する。さらに、その人の価値基準も評価する。なにをすべきで、なにをすべきでないかを決定するときのよりどころとなるからだ。すぐれた経営者は、適材適所を見きわめ、与えられた仕事をこなす能力を持つように、従業員を育てることができる。

ところが、「組織」が仕事を遂行する能力を持っているかどうかを、正確に判断できない経営者もいる。プロジェクトに取り組んでいる個人に仕事をうまくやる能力があれば、そのような人材が所属する組織にも成功する能力があると考えがちである。しかし、かならずしもそうとは言えないのだ。同じ能力を持つと思われる二つのグループを、異なる組織で働かせてみると、仕事の完成度が大きく異なることが多い。これは、組織で働く人材やその他の資源に関係なく、組織自体の能力というものがあるからだ。確実に成功するためには、目的に合った人材の選定、訓練、動機づけだけでなく、目的に合った組織の選択、構築、準備にもすぐれた手腕を発揮する必要がある。

この章の目的は、五、六、七章で述べた考察、とりわけ、過去に破壊的技術への対応に成功した企業

は、すべて機会の大きさに見合った規模の独立組織を新設している点について、その背景となる理論を解説することにある。ここ一〇年ほど、組織には「コア・コンピタンス《中核的な能力》」があるという考え方が注目を浴びている。しかし、実際にはこの概念はかなり曖昧なため、いくつもの「能力」を根拠に、困惑するほど多くのイノベーションが提案されることもある。この章では、コア・コンピタンスの概念に明快さを持ち込み、変化に直面したときに、自社の組織に目前の挑戦に取り組む能力があるかどうかを理解するための枠組みを提示する。

組織の能力の枠組み

組織にできることとできないことは、資源、プロセス、価値基準の三つの要因によって決まる。自分の組織がどのようなイノベーションを実現できて、どのようなイノベーションを実現できないのかを検討するとき、この三つに答えを分類することによって、組織の能力について多くのことを学ぶことができる。

資源

「資源」は、組織にできること、できないことを決定する要因のなかで最もわかりやすい。具体的には、人材、設備、技術、商品デザイン、ブランド力、情報、資金、さらに供給業者、流通業者、顧客との関係などがある。資源の多くは、「物」つまり「資産」である。雇ったり解雇したり、購入したり売却したり、価値を減らしたり高めるたりすることができる。プロセスや価値基準よりも、はるかに容易に組織間で譲渡できるものが多く、言うまでもなく、質の高い資源が豊富に手に入れば、組織が変化に対応できる可能性が高くなる。

資源は、組織が直面している変化にうまく対応できるかどうかを評価する際に、経営者が最も直観的に見きわめられるものである。しかし、資源を分析するだけでは、組織の能力について十分な理解はできない。二つの異なる組織に同じ資源を割り当てても、それぞれの資源が生み出すものはまったく異なる。インプットをもとに、価値の高い製品やサービスを作りだす能力は、資源ではなくプロセスや価値基準のなかにあるからだ。

プロセス

従業員が、人材、設備、技術、商品デザイン、ブランド力、情報、エネルギー、資金などの資源のインプットを、価値の高い商品やサービスに変換するとき、組織は価値を生みだす。このときの相互作用、協調、コミュニケーション、意思決定のパターンを「プロセス」と呼ぶ。このなかには、製造プロセスだけでなく、商品開発、調達、市場調査、予算作成、事業計画、人材開発と給与決定、資源配分などを実現するプロセスも含まれる*。

*プロセスの特徴分析のなかで最も論理的でわかりやすいのは、デビッド・ガービンが『スローン・マネジメント・レビュー』一九九八年夏号の「組織と経営のプロセス」で紹介しているものだ。本書で「プロセス」という用語を使う場合、ガービンが定義したすべての種類のプロセスを含む。

プロセスは、その目的だけでなく、形もさまざまである。明確に定義され、文書化され、意識的に守られている「正式な」プロセスもあれば、時間をかけて進化し、うまくいっているから、または「それがうちのやり方だから」という理由で守られている「非公式な」プロセスもある。ほかにも、長年にわたって効果が実証されてきたため、人びとが無意識のうちにしたがい、組織の文化を形成していることもある。しかし、正式であれ、非公式であれ、文化の一部であれ、プロセスとは、上記のようなインプットを、組織がどうやってさらに価値の高いアウトプットに変換するかを定義するものだ。

プロセスは、特定の業務に対応するために定義され、事実上の進化を遂げる。このため、ある業務のために作られたプロセスを使って、それを実行した場合は効率よく達成できるが、同じプロセスをまったく別の業務に適用すると、遅くて効率が悪く、役所仕事のようになることが多い。つまり、ある仕事を遂行する能力を定義するプロセスが、ほかの仕事については無能力を明らかにする。すぐれた経営者が各組織の目的を絞ろうとするのは、プロセスと仕事を連携しやすいからである。

経営者にとってのジレンマは、プロセスがその性質上、従業員が反復作業を一定の方法で行なうために確立されるということだ。一貫性を保つため、プロセスは基本的に変化しない。変更が必要なときには、厳しく管理された手順にしたがって変更する。つまり、組織が価値を生みだすメカニズムそのものが、本質的に、変化をこばむのである。

物流、開発、製造、顧客サービスに関連する、価値の高いプロセスは、組織の能力あるいは無能力を検討するために欠かせないプロセスではない。これらはむしろ、投資の意思決定を支援するプロセス、またはバックグラウンド・プロセスと言うべきものである。第七章で述べたように、優良企業から変化への対応能力を奪うプロセスは、多くの場合、慣例にしたがって市場調査を実施し、その分析結果を財務予測に反映し、事業計画と予算を協議し、それらの数字を伝達するといった過程を定義するプロセスである。これらのプロセスはたいてい柔軟性に欠け、多くの組織が変化に対応できずに最も苦しむ分野である。

価値基準

組織になにができて、なにができないかを決定する第三の要因は、「価値基準」である。組織の価値基準とは、仕事の優先順位を決めるときの基準である。企業の価値基準のなかには、ジョンソン&ジョンソンの患者の健康を守るための決定や、アルコアのプラントの安全性に関する決定の根拠となっている価値基準など、倫理的な色合いの濃いものもある。しかし、資源―プロセス―価値基準という枠組みのなかでは、価値基準はより広い意味を持つ。組織の価値基準とは、従業員が優先順位を決定し、注文が魅力的かどうか、顧客が重要かどうか、新商品のアイデアが良さそうかどうかなどを判断する際の基準である。優先順位の決定は、企業のあらゆるレベルの従業員によって行われる。上層部では、新しい商品、サービス、プロセスに投資するかどうかなどを決める。営業担当者の間では、顧客にどの商品を薦め、どの商品は重視しないかといった決定がビジネスの現場で日常的に行われている。

企業が大きく複雑になるほど、上層部のマネージャーがあらゆるレベルの従業員を教育し、企業の戦略や事業モデルに合った優先順位を決定できるように育てることが重要になる。優良経営を示す重要な指標の一つは、一貫性のある明確な価値基準が組織全体に浸透しているかどうかである。

しかし、明確で一貫性があり、広く理解されている価値基準は、企業になにができないかを定義するものでもある。企業の価値基準は、コスト構造や事業モデルを反映したものでなければならない。価値基準は、企業が収益を上げるために従業員がしたがわねばならないルールを定義するからだ。たとえば、企業の間接費の構造から、四〇%の粗利益率を達成する必要がある場合、中間管理職に、粗利益率が四〇%を下回りそうなアイデアは切り捨てようと考えさせる強力な価値基準、つまり意思決定のルールができあがる。このような組織は、利益率の低い市場をターゲットにして成功するプロジェクトは実行できないことになる。また、別のコスト構造から考え出された別の組織の価値基準が、同じプロジェクトの成功を可能にすることもある。

優良な企業の価値基準は、少なくとも二つの次元に向かって、進化していく傾向がある。一つは、許容できる粗利益率に関連している。市場の上位層に位置する魅力的な顧客をとらえようと、自社の商品やサービスに機能を追加していくと、間接費がかさむことが多い。その結果、かつては十分に魅力のあった市場も、しだいに魅力を失ってくる。価値基準が変化するからである。たとえば、トヨタは市場の低価格層をターゲットにしたコロナで北米市場に参入した。日産、ホンダ、マツダなどが同類の車種を発売し、下位市場が混み合ってくると、低コストの企業間で競争が起こり、利益率は下がる。トヨタは利益率を上げるために、上位市場を狙った洗練された車を開発した。カローラ、カムリ、プレビア、アバロン、レクサスなどは、この競争圧力に対抗して発売された車種である。トヨタは上位市場へ移行することで、利益率の健全性を保った。これらの高級車を設計し、組み立て、サポートするために、営業コストを増やすしかなかった。コスト構造が変化したため、しだいに下位市場の利益率には魅力がなくなり、上位市場にシフトした。

第四章で述べたように、総合製鉄所に対して上位市場への攻撃をしかけた大手ミニミルのニューコー・スチールも、価値基準の変化を経験している。商品ラインの中心を線材から山形鋼、形鋼、さらには鋼板へと移すにしたがって、初期には主な収入源であった線材の重要性はあきらかに薄れていった。

価値基準の変化が予想される第二の次元は、企業が関心を引く存在であるために必要な規模と関連している。企業の株価は、収益見通しの割引現価を表すため、たいていの経営者は、成長を続けるだけでなく、一定の成長率を維持したいと考えるものである。年商四〇〇〇万ドルの企業が二五％成長するには、翌年には一〇〇〇万ドル分の新規事業を見つけなければならない。四〇〇億ドル企業が二五％成長するには、翌年は一〇〇億ドル分の新規事業を見つけなければならない。この二つの需要を解決する市場の規模はまったく異なる。第六章でも述べたように、小規模な企業が興奮するような機会は、巨大企業にとってはうまみがない。成功の苦い見返りの一つは、企業が大きくなるにしたがって、小さな新興市場に参入できなくなることだ。これは、企業内の資源が変化したからではない。このような企業は、通常、あり余る資源を持っている。理由はむしろ、価値基準が変化したからである。

経営者やウォール街の金融業者は、巨大企業を合併させてコスト削減をはかる場合、それが企業の価値基準にもたらす影響を説明する必要がある。合併後の組織では、イノベーションの問題に投入する資源は増えるかもしれないが、そのような商業組織は、最大級の機会にしか手を出さなくなるだろう。規模が巨大であることは、イノベーションを進めるにあたっては、無能力の要因にほかならない。ヒューレット・パッカードが二社に分割すると決定したのは、さまざまな意味で、このような問題を深く認識したためである。

資源─プロセス─価値基準の枠組みと持続的・破壊的技術における成功との関係

持続的技術と破壊的技術における企業の業績の違いを理解するうえで、資源─プロセス─価値基準の枠組みは便利なツールになっている。ディスク・ドライブ業界の歴史において、一一六種もの新技術が導入されたことを思い出してほしい。このうち一一一は、ディスク・ドライブの性能向上に影響があったという意味で、持続的技術である。このなかには漸進的な改良もあれば、磁気抵抗ヘッドのように、飛躍的に性能を向上させたものもある。一一一の持続的技術のいずれにおいても、新技術を開発、導入した企業は、従来の技術で業界をリードしていた企業である。実績ある企業が持続的技術の開発と採用に成功する確率は一〇〇%であった。

一一六の技術のうち残りの五つは、破壊的技術である。いずれも、主流市場で使われている製品より低速、低容量の小型ディスク・ドライブである。これらの破壊的製品には、新しい技術はなにも使われていない。しかし、業界をリードする企業は、一社としてこれらの破壊的イノベーションが市場に参入した後、トップに居座ることができなかった。その成功率はゼロである。

持続的技術と破壊的技術で、なぜこれほど成功率に差が出るのだろうか。答えは、組織の能力の資源─プロセス─価値基準の枠組みのなかにある。業界のリーダーは、持続的技術を繰り返し開発しては導入してきた。大企業は、毎月、毎年、改良した新製品を発売するたびに、技術の可能性を評価し、新しい持続的技術に対する顧客の需要を予測するプロセスを開発してきた。この章の用語で言うなら、組織はそのような改良を実行する「能力」を開発し、それは組織のプロセスのなかに存在するものだった。最上層の顧客にすぐれた製品を販売すれば利益率が向上するため、持続的技術への投資は、大企業の価値基準にも一致する。

一方、破壊的イノベーションは断続的に発生するため、それらに対処する慣例的なプロセスを持っている企業などない。さらに、破壊的製品は一個あたりの利益率が低く、最上層の顧客には使われないため、大企業の価値基準には合わない。大手ディスク・ドライブ・メーカーには、持続的技術でも破壊的技術でも成功できるだけの資源、すなわち人材、資金、技術があった。しかし、そのプロセスと価値基準が、破壊的技術で成功するうえで、無能力なままだった。

新興市場を追求する「能力」は、小規模な破壊的企業のほうがすぐれているため、大企業はそのような市場を放棄することが多い。若い企業には資源が不足しているが、そんなことは問題ではない。小規模な市場を受け入れる価値基準があり、低い利益率に対応できるコスト構造があるからだ。慎重な調査、分析結果をパワーポイントでプレゼンテーションするまでもなく、市場調査と資源配分プロセスをもとに、経営者が直観的に事業を進めることができる。これらのアドバンテージを積み重ねた結果、見通しが正しければ、とてつもない機会になるし、完全な敗北が見えてくることもある。

したがって、経営者が変化や革新に直面したときに必要なのは、適切な資源を問題に配分することだけではない。その資源が働く組織そのものに、成功する能力を持たせねばならない。それを評価するには、組織のプロセスや価値基準が問題解決にふさわしいものかどうかを調べる必要がある。

能力の移行

組織が設立されたばかりの段階で行われることは、組織の資源である人材に依存する部分が大きい。

数人のキーパーソンの異動が、組織の成功を左右する。しかし、時がたつにつれ、組織の能力の中心は、プロセスや価値基準へと移っていく。人びとが協調して反復作業に対応すると、プロセスが明確になる。さらに、事業モデルが形成され、どのような事業の優先順位が最も高いかがあきらかになってくると、価値の基準が生まれる。急成長を遂げた若い企業の多くが、初期のヒット製品を元手に株式を公開したあと、燃え尽きてしまう理由の一つは、設立メンバーである少数の技術者などの資源によって成功はしたものの、人気製品を続けて開発できるようなプロセスを作れなかったことだ。

テレビ用デジタル編集システムのメーカー、アビッド・テクノロジーも、このように燃え尽きてしまった。アビッドの技術は、ビデオ編集プロセスから退屈な作業を排除したため、顧客から支持された人気商品に支えられて、株価は一九九三年公開当初の一六ドルから、一九九五年半ばには四九ドルまで上昇した。しかし、次のヒットに恵まれず、市場の飽和、在庫と受取勘定の増加、競争の激化に直面すると、すぐに無理が生じてきた。製品は人気があったが、継続的に新製品を開発し、品質、流通、サービスを管理する有効なプロセスがなかったために、会社はいきづまり、株価は下落した。

対照的に、マッキンゼー・アンド・カンパニーのように大成功をおさめている企業では、どのプロジェクト・チームにどの人材を割り当てようと関係ないほど、プロセスと価値基準が強力である。毎年、何百人もの新卒MBAが入社し、同じぐらいの人数が辞めていく。しかし、同社の中核となる能力は、資源ではなくプロセスと価値基準に根ざしているため、毎年、質の高い仕事をすることができる。しかし、マッキンゼーの能力にも、無能力という一面があるように思う。データにもとづいて綿密な分析を行い、既存の比較的安定した市場の顧客向けに価値を生みだす現在のプロセスでは、変化の激しいテクノロジー市場で急成長している企業の間に、強力な顧客基盤を構築することは難しい。

企業のプロセスや価値基準が形成される段階では、企業の創業者の行動や姿勢が大きな影響力を持つ。創業者は、従業員が協力して決定をくだしたり、仕事を完成する過程について、強力な発言力を持っていることが多い。また、組織の優先順位がどうあるべきかについて、自分の見方を押しつけがちである。創業者の方法に欠陥があった場合、もちろん、企業は失敗するだろう。しかし、その方法が有効であれば、従業員はみずから、創業者の問題解決方法や意思決定基準の正しさを経験することになる。その方法をうまく利用し、連携して反復作業に対処していくうちに、プロセスが確立していく。同様に、創業者の決めた優先順位にしたがって、さまざまな資源利用を決定し、商業的に成功すれば、企業の価値基準が形成され始める。

　成功をおさめた企業が成熟すると、従業員は徐々に、それまで受け入れてきた優先順位や意思決定の方法が、正しい仕事のやり方だと考えるようになってくる。組織のメンバーが、意識的な決定ではなく、思い込みによって仕事の方法や意思決定の基準を受け入れるようになると、そのようなプロセスや価値基準は、組織の「文化」を形成するようになる。数人の企業が数百人、数千人という規模になると、いつも同じように適切な仕事をするために、なにをどのように行うべきかを全従業員に徹底させることは、最もすぐれた経営者にとっても難しい。このような場合、文化は強力なマネジメントの手段になる。文化があれば、従業員は自主的に、一貫した行動をとるものだ。

　このように、組織の能力と無能力を定義する中心的要因は、時間とともに、資源から認知しやすい意識的なプロセスや価値基準へ、さらに文化へと移行していく。組織が、最初にプロセスや価値基準ができたときと同様の問題に対処しつづけるかぎりは、組織のマネジメントはさほど難しくはない。しかし、これらの要素は、組織にできないこともあきらかにするため、企業が直面する問題が変化した場合には、無能の原因となる。組織の能力が人材にあるうちは、新しい問題に対応するために変化することは、比較的簡単である。しかし、能力がプロセスや価値基準のなかに存在するようになり、さらにそれが文化のなかに組み込まれると、変化はきわめて難しくなる。

事例研究　DECにパソコンで成功する能力はあったか

デジタル・イクイップメント・コーポレーション（DEC）は、六〇年代から八〇年代にかけてめざましい成功をおさめたミニコン・メーカーである。八〇年代初期にパソコン市場が生まれたとき、人びとがDECの「コア・コンピタンス」はコンピューター開発にあると考えたとしても当然である。しかし、コンピューターがDECのコア・コンピタンスだとしたら、なぜDECはつまずいたのだろうか。

DECにパソコンで成功する「資源」があったことはあきらかだ。同社の技術者は、いつもパソコンよりはるかに高度なコンピューターを設計していた。DECには潤沢な資金も、すぐれたブランドも、強力な技術もあった。しかし、DECにはパソコン事業で成功するための「プロセス」はあっただろうか。答えはノーである。ミニコンを設計、製造するプロセスでは、コンピューターの主要部品の多くを社内で設計し、それらを独自の構成で組み立てる。新しい製品モデルは、設計プロセスだけで二～三年かかる。DECの製造プロセスは、ほとんどの部品を作り、それらをバッチ方式で組み立てる。製品は、企業の技術部門に直接販売する。こうしたプロセスは、ミニコン事業ではきわめて有効だった。

しかし、パソコン事業では、世界中のすぐれた供給業者に、もっともコスト効果の高い部品を外注するプロセスが必要である。新しいコンピューターの設計は、モジュール式の部品で構成し、六～一二か月のサイクルで完成する必要がある。大量生産用の組み立てラインで製造し、小売業者を通じて消費者や企業に販売する。パソコン事業で競争に勝つために必要なこれらのプロセスは、DECにはまったくなかった。DECで働いている従業員には、収益性の高いパソコンを設計、開発、販売する能力はあったが、組織のプロセスは、ほかの仕事をこなすために作られ、進化してきたものだったため、このような仕事をする能力はなかった。ある事業で成功する能力を生みだすプロセスが、別の事業での成功を不可能にしたのである。

DECの「価値基準」についてはどうだろうか。ミニコン事業で成功するには間接費がかかるため、DECは、「粗利益率が五〇％以上ならいいビジネスになる。粗利益率が四〇％以下なら手がける価値はない」という基準を採用せざるをえなかった。経営陣は、すべての従業員がこの基準にしたがってプロジェクトの優先順位を決定するよう徹底させた。そうしなければ、利益を得られなかった。パソコンは利益率が低いため、DECの価値基準には合わなかった。DECでは、資源配分プロセスにおいて、高性能ミニコンのほうがパソコンより優先順位が高かった。また、パソコン市場に参入するにしても、市場のなかでもっとも利益率の高い層に目標をしぼる必要があった。この層で達成できると予測される業績が、会社の価値基準からみて唯一許容できる水準だったからだ。しかし、第四章で述べたパターンにより、間接費の低い事業モデルを持った競争相手は、上位市場へと攻め込んでくる傾向が強いため、DECの価値基準では、競争に勝つ戦略は追求できなかった。

第五章で述べたように、DECには、パソコン業界で競争するために必要なプロセスと価値基準を持つ別組織を立ち上げるという方法もあったはずだ。しかし、マサチューセッツ州メイナードの会社を、ミニコン事業で大成功に導いた類いまれな能力も、パソコン業界で成功する能力にはなりえなかった。

変化に対応する能力を生みだす

経営者は、従業員に仕事をうまくやる能力がないと判断した場合、ほかの人材を探してその仕事をまかせるか、その従業員がうまく仕事をできるように丁寧に訓練することになる。個人は複数の仕事をこなす能力を身につけられるため、訓練が功を奏することは多い。

人気の高い経営改革プログラムやリエンジニアリング・プログラムによって教えられる内容とは異なり、プロセスには資源ほどの柔軟性はなく、「訓練」することもできない。価値基準はなおさらである。部品の外注に適した組織を作るプロセスによって、部品の社内開発・製造には適した組織を作ることはできない。組織が利益率の高い商品を優先するときの価値基準によって、利益率の低い商品が優先されることはない。的をしぼった組織が、的の定まらない組織よりはるかに成功するのは、このためである。プロセスと価値基準を、対象とする仕事に注意深く合わせているからである。

このような理由から、経営者は、組織の能力が新しい仕事に適していないと判断した場合、新しい能力を生みだすために、つぎの三つの選択肢に向き合うことになる。

- ・新しい仕事に適したプロセスと価値基準を持った別の組織を買収する。
- ・現在の組織のプロセスと価値基準を変えようと試みる。
- ・独立した別組織を新設し、そのなかで新しい問題を解決するために必要な新しいプロセスと価値基準を育てる。

買収による能力の獲得

経営者は、能力をみずから開発するより買収するほうが、競争のうえでもコスト的にも意味があると考えることがある。資源―プロセス―価値基準モデルは、買収した組織を統合するという課題に取り組むための便利な手段になりうる。買収を行う場合、経営者はまず、「これほどの対価を支払って生みだされる価値とはどのようなものなのか。人材、製品、技術、市場での地位などの資源が必要だから支払うのか。それとも、この買収の価値の大部分は、プロセスと価値基準にあるのか。すなわち、この会社が顧客を理解し、満足を得て、短期間で新しい製品やサービスを開発、製造、販売してきた背景にある独自の仕事の方法や意思決定の方法に価値があるのか」と自問する必要がある。

買収した企業のプロセスや価値基準が、ほんとうに成功の源であるなら、買収する側の経営者は、その企業を新しい親会社に統合しようとすべきではない。統合すると、子会社の経営陣は、親会社の仕事のやり方を踏襲しなければならず、イノベーションを提案しても、親会社の判断基準にしたがって評価されるため、買収された会社のプロセスや価値基準の多くが失われる。買収された企業が、そのプロセスや価値基準によって過去の成功を築いてきたのなら、子会社の独立性を保ち、親会社は子会社のプロセスと価値基準へ資源を投入する戦略をとったほうがよい。このような戦略こそ、ほんとうに新しい能力の獲得と言えるものである。

しかし、買収の主な理由が資源にある場合、子会社を親会社に統合することには大いに意味がある。獲得した人材、製品、技術、顧客を親会社のプロセスに取り込み、親会社の既存の能力に生かすことができる。

九〇年代後半に始まったダイムラー・クライスラー合併の危機は、資源—プロセス—価値基準モデルを適用すると、よく理解できる。クライスラーには、競争相手に比べて特色のある資源がほとんどなかった。九〇年代に市場で成功した理由は、同社のプロセス、とりわけ迅速で創造的な製品設計プロセスと、サブシステムの供給業者の製品を統合するプロセスにあった。ダイムラーがクライスラーによってもたらされた能力を利用するには、どのような方法が最適だろうか。ウォール街は、二つの組織を統合してコストを削減するようにと、経営陣に容赦なく圧力をかけた。しかし、二社を統合すると、そもそもクライスラーが魅力的な買収対象となった要因である貴重なプロセスが失われるだろう。

この状況は、IBMが一九八四年にロルムを買収したときのことを想起させる。ロルムの資源は、すべてIBMがすでに持っているものばかりだった。ロルムが成功したほんとうの要因は、PBX製品を開発し、その新しい市場を見つけたプロセスにあった。一九八七年、IBMは、ロルムを自社の構造に完全に統合することを決定した。ロルムの資源である製品や顧客を、大型コンピューター事業で築いたプロセスに押しこんだことによって、ロルムの事業は大きくつまずいた。また、一八%という営業利益率によって価値基準が作られたコンピューター・メーカーの経営陣に、営業利益率一〇%以下の製品を喜んで優先しろというのも無理な話だった。ロルムを統合しようというIBMの決定は、この取引のそもそもの価値の源を破壊してしまった。この章を書いている二〇〇〇年二月現在、ダイムラー・クライスラーは、投資業界の効率化への要求に押されて、同様に崖っぷちに立たされている。

財務分析を行った場合、プロセスより資源の価値の方がわかりやすいことが多い。

対照的に、シスコ・システムズの買収プロセスは、成功した例である。シスコの経営者は、資源、プロセス、価値基準を正しくとらえていたようである。一九九三年から九七年にかけて、シスコは主に設立二年以下の小企業を買収した。これらは、主に資源、とくに技術者と製品によって市場価値を築いてきた初期段階の組織である。シスコには、綿密に作成された明確なプロセスがあり、それらによって資源を親会社のプロセスとシステムに取りこみ、買収した企業の技術者がシスコで満足して働きつづけられる方法を注意深く作りだした。買収によって持ちこまれた初期段階のプロセスや価値基準は、シスコが求めていたものではないため、統合の過程で切り捨てた。何度か規模の大きい成熟した組織を買収したとき、とくに一九九六年のストラタコムの買収では、シスコは統合をしなかった。同社の独立性を保ち、成長率を高めるために、莫大な資源をつぎこんだ。

ジョンソン＆ジョンソンは、少なくとも三回、買収によって重要な破壊的技術の嵐のなかで地位を確立した。使い捨てコンタクトレンズ、内視鏡手術、糖尿病患者用血糖値測定器の各事業は、すべて小規模な時点で買収し、独立性を維持したまま、資源を投入した。いずれも、年商一〇億ドル規模の事業に成長した。ルーセント・テクノロジーズとノーテルも、同様の戦略によって、従来の回路交換機器を破壊しつつあったパケット交換技術によるルーターの台頭をとらえた。しかし、買収の時期が遅すぎ、各社が買収したアセンド・コミュニケーションズとベイ・ネットワークは、すでに、はるかに規模の大きいシスコ・システムズと並んでデータ通信網という新しい市場用途を生みだし、さらに音声通信網にも攻撃をしかけようとしていたところだったため、この買収はおそろしく高くついた。

新しい能力を内部で生みだす

確立した組織のなかで新しい能力を開発しようとした企業も、残念ながら、実績はまちまちである。

資源を補強して、既存の組織の能力を変えることは、比較的簡単である。新しい技能を持った人材を雇い、技術のライセンスを受け、資本金を調達し、商品ライン、ブランド、情報を獲得すればよい。しかし、このような資源を基本的に変化のないプロセスに当てはめてみても、ほとんど変化は起きない。たとえば、七〇年代から八〇年代にかけて、トヨタは、高度な製造技術や情報処理技術などの資源に積極的に投資することもなく、開発、製造、サプライ・チェーンのプロセスにイノベーションを起こすことによって、世界の自動車業界に衝撃を与えた。GMはこれに対抗して、コスト削減と品質向上のためのコンピューター援用機器などの製造資源に、約六〇〇億ドルを投資した。しかし、時代遅れのプロセスに最先端の資源を使ったところで、GMの業績にほとんど変化はなかった。組織の最も基本的な能力は、プロセスと価値基準にあるからだ。プロセスと価値基準は、どのように資源を組み合わせて価値を生みだすかを決めるものであり、資源の多くは、購入や売却、雇用や解雇ができるものである。

ところが、プロセスを変えることは、二つの理由のために難しい。一つは、現在のプロセスが機能しやすいように組織に境界が設定されている場合が多いことだ。このような境界は、境界を超えた新しいプロセスの作成を妨げることがある。新しい課題のために、慣例とは異なるやり方で人びとやグループが対話し、従来とは異なるタイミングで異なる課題に取り組まねばならない場合、経営者は、既存の組織から対象となる人材を引き抜き、新しいグループの周囲に新しい境界線を引く必要がある。新しいチームの境界を設定することで、新しい共同作業のパターンが生まれ、そこから新しいプロセスが形成され、インプットをアウトプットに変える新しい能力が形成される。スティーブン・C・ホイールライトとキム・B・クラークは、このような構造を「重量チーム」と名づけた。

新しいプロセスの能力の開発が難しい二つ目の理由は、経営者が既存のプロセスを、すなわちその目的のために使うかぎり完璧に機能する方法を、捨てられないことである。前述のように、資源には柔軟性があり、さまざまな状況で利用できるが、プロセスと価値基準には、本来、柔軟性がない。これらはもともと、同じことを同じように繰り返すために存在するものである。プロセスは、はじめから変化しないようにできている。

破壊的変化の予兆が見え始めたら、経営者は、それが主流事業に影響を及ぼす前に、変化に対応する能力を備えておく必要がある。つまり、既存の事業モデルに合ったプロセスを持つ古い組織が、抜本的な変化を必要とする危機的状況に直面する前に、新しい課題に取り組む組織が必要になる。

プロセスは目的ごとに異なるため、一つのプロセスで根本的に異なる二つのことを行おうとしても無理である。たとえば、第七章で挙げた例を考えてみるとよい。既存の市場で新製品を発売するのに適した市場調査と計画のプロセスでは、まだ新しくて輪郭のはっきりしない市場へと企業を導くことはできない。また、試行錯誤と直観によって手さぐりで新興市場へ参入するプロセスを、明確な既存事業で採用するのは、自殺行為に等しい。両方の目的を同時に追求する必要があるなら、二つのまったく異なるプロセスが必要である。また、一つの組織部門が、まったく異なる対極的なプロセスを採用することは、非常に難しい。このため、次に示すように、経営者は別のチームを新設し、そのなかで新しい問題に取り組む別のプロセスを決定したり、調整できるようにする必要がある。

スピンアウト組織によって能力を生みだす

新しい能力を生みだす第三の方法は、スピンアウト事業のなかで能力を築くものであり、現在、インターネットへの対応に取り組む経営者の間で流行っている。新しい能力を築いて変化を利用するために、スピンアウトが必要になるのは、どのような場合だろうか。また、どのような方針にしたがってスピンアウトをマネジメントすべきだろうか。主流組織の「価値基準」が、イノベーション・プロジェクトに資源を振り向ける妨げになる場合、独立組織が必要になる。大規模な組織には、小さな新興市場で強力な地位を築くために必要な資金や人材を自由に割り当てることは期待できない。また、上位市場で競争するのに適したコスト構造を持つ企業にとって、下位市場でも利益をあげることはきわめて難しい。破壊的技術の脅威から、別のコスト構造を構築して収益性や競争力を身につける必要がある場合や、新しい機会の規模が、主流組織の成長需要に対して小さすぎる場合にかぎり、解決策の一環としてスピンアウト組織が必要になる。

この事業は、どの程度分離する必要があるだろうか。第一に必要なのは、新しいプロジェクトが、主流組織のプロジェクトと資源を争わないようにすることである。価値基準は優先順位を決定する際の基準なので、企業の主流組織の価値基準に一致しないプロジェクトは、当然、優先順位が最も低くなる。別組織が物理的に分離しているかどうかはさほど重要ではなく、むしろ、通常の資源配分プロセスから独立することが重要である。

このような試みについて調査したところ、CEOがみずから注意して監督しないかぎり、主流の価値基準を破壊するような変化に対応できた企業は一社もない。これはまさに、プロセスと価値基準の力、特に通常の資源配分プロセスの論理が強力であるためだ。新しい組織が必要な資源を確保し、新しい課題に取り組むために必要なプロセスと価値基準を自由に作れるよう指示できるのは、CEOだけである。スピンアウトを、破壊的技術の脅威を問題リストから取り除くための手段としか見ていないCEOは、まちがいなく失敗する。これまで、この原則に例外はない。

図8・1に示した枠組みは、経営者が、既存のプロセスと価値基準に内在する能力を利用できる場合には利用し、現在の組織に能力がない場合には、新しいプロセスと価値基準をつくり出すのに役立つはずである。図8・1の左の軸は、組織で現在使われている反復作業、コミュニケーション、協調、意思決定のパターンなど既存のプロセスを使って、新しい仕事をどれだけ効果的に遂行できるかを表す。それが可能なら（軸の下方）、プロジェクト責任者は、組織の既存のプロセスと組織構造を利用して成功できる。右の軸の同じ水準を見るとわかるように、クラークとホイールライトの言う機能的チームや軽量チームは、既存の能力を生かすのに適した構造である。このようなチームでは、プロジェクト責任者の役割は、機能的組織のなかで広く行われる作業を支援、調整することである。*

＊キム・B・クラーク、スティーブン・C・ホイールライト共著、『カリフォルニア・マネジメント・レビュー（三四）』一九九二年春号の「重量開発チームの編成と指揮」を参照。この論文で扱われている概念は、きわめて重要である。この問題に関心のある経営者は、この論文を詳しく研究するよう勧める。ここでは重量チームを、通常、チームのメンバーの貢献度が大きく、全員が同じ場所で仕事をするチームと定義している。各メンバーの役割は、単にチームの機能グループの一員になることではなく、ゼネラル・マネージャーとして行動すること、つまりプロジェクト全体の成功に責任を持ち、各機能分野のメンバーの決定や作業に積極的に関与することである。これらのメンバーが連携してプロジェクトを遂行するうちに、新しい対話、協調、意思決定の方法が作られ、新しいプロセス、ひいては新しい能力を形成するようになる。新しい企業が継続的に成功するには、このようなことが必要である。新しい事業や商品ラインが発展するとともに、このような仕事の方法が慣行化していく。

一方、従来とは異なる人同士が、異なるタイミングで異なるテーマについて対話する必要があるため、主流事業の仕事の方法や意思決定の方法が、新しいチームの仕事に役に立たず、むしろ妨げになるような場合には、重量チーム構造が必要である。重量チームは、新しいプロセス、つまり連携して新しい能力を構築する新しい方法を作りだす手段である。このようなチームのメンバーは、単に自分たちの役割

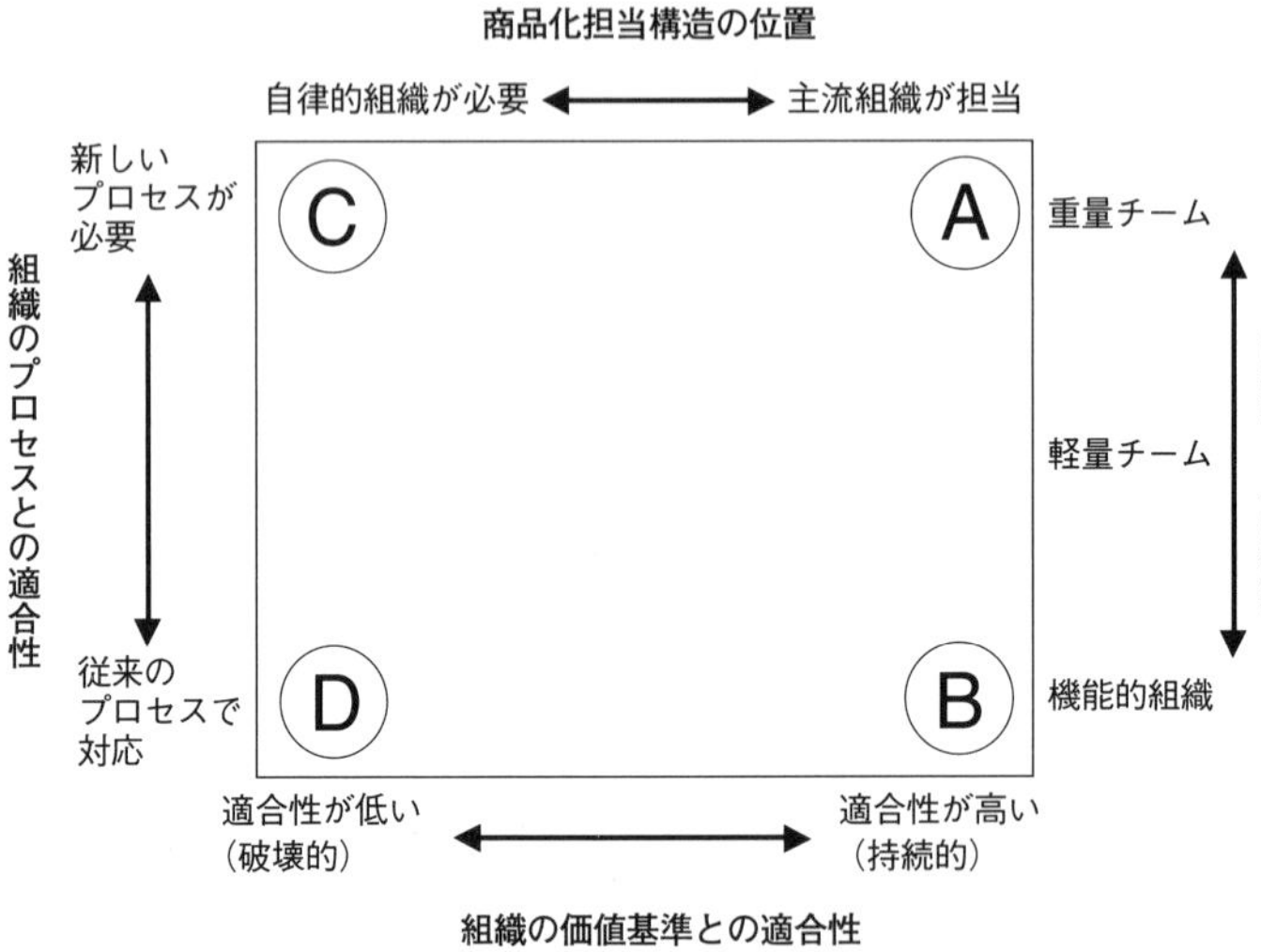

図8.1　イノベーションの条件と組織の能力の適合性
注：左の軸と下の軸は、現在の状況について経営者が検討すべき問題を示している。右の軸のチーム構造は、左の軸の状況に適した対応方法を表している。上の軸の組織構造は、下の軸の状況に適した対応方法である。

の範囲内で関心や技能を持つだけではない。ゼネラル・マネージャーと同じように行動し、プロジェクトのために決定や取捨選択を行わなければならない。このようなメンバーは、通常、プロジェクトへの貢献度が高く、同じ場所で仕事をする。

図8・1の横軸は、組織の価値基準から見て、新しい事業が成功するために必要な資源が割り当てられるかどうかを示し、経営者が位置を判断する必要がある。適合性が低い場合、主流組織の価値基準では、プロジェクトの優先順位は低くなる。したがって、成功するためには、開発と商業化を実施する自律的な組織を設立することがどうしても必要になる。しかし、適合性が高い場合、主流組織のエネルギーと資源がプロジェクトを支えることが期待できる。そのような場合、スカンク・ワークやスピンアウトを検討する理由はない。

図8・1のAのエリアは、抜本的ではあるが、持続的な技術の変化に直面している状況を表す。これは、組織の価値基準に適合する。しかし、解決すべき問題の種類は異なるため、グループや個人の間で、新しい種類の反復作業や協調が必要になる。新しい仕事に取り組むには重量開発チームが必要だが、プロジェクト自体は主流企業の内部で遂行できる。クライスラー、イーライ・リリー、メドトロニックが製品開発サイクルを飛躍的に加速したのは、このような方法によってである。重量チームは、IBMのディスク・ドライブ部門のマネージャーが、使用していた部品の性能を五〇％引き上げようとして、製品設計に部品を効率よく組み込む方法を検討するために採用した組織機構である。マイクロソフトのインターネット・ブラウザーの開発・導入プロジェクトは、この枠組みのAのエリアに位置していた。このプロジェクトは、従来とは異なる人びとが、従来とは異なるパターンで連携する必要のある、難しい大事業だった。しかし、これはマイクロソフトにとっては持続的技術である。顧客が求めていた製品で

あり、同社の中心的な事業モデルを強化するものである。このため、まったく別の組織にプロジェクトをスピンアウトする必要はなかった。

Bのエリアでは、プロジェクトは会社のプロセスや価値基準に適合しており、軽量開発チームで十分に成功できる。このようなチームでは、主流組織のなかで、機能分野の境界を超えてチーム間の協調が見られる。

Cのエリアは、組織の既存のプロセスや価値基準とは相容れない破壊的な技術の変化に直面している状況を表す。このような状況で成功するには、自律的な組織を新設し、重量開発チームに開発への取り組みをまかせる必要がある。五、六、七章で述べた例のほかにも、インターネットによって発生した流通経路の競争に取り組むにあたって、このような方法で対処する必要のあるケースが多いだろう。たとえば、コンパック・コンピューターは、一九九九年に、デル・コンピューターに対する競争力を強化するため、インターネットを通じて顧客に直接コンピューターを販売する事業を立ち上げた。しかし、数週間とたたないうちに、小売業者が激しく抗議したため、この戦略を撤回せざるをえなかった。この戦略は、コンパックと小売業者の価値基準、つまり収益モデルにとって、非常に破壊的なものだったのである。この問題に対処するには、独立会社によって直販事業を立ち上げる以外に方法はなかっただろう。緊張を緩和するには、ブランド名を変える必要があるかもしれない。

ウォルマートは、シリコンバレーの独立組織を通じてオンライン販売事業を展開する戦略をとったが、このスピンアウト組織はウォルマートのすぐれた物流管理プロセスやインフラを利用できないため、無謀な戦略だと批判する向きもある。しかし、図8・1をもとに考えると、このスピンアウトは賢明だったと思われる。オンライン事業は、旧来のブリック・アンド・モルタル事業とはまったく別の物流プロセスを必要とする。従来の事業では、トラックで商品を配送するが、オンライン販売の場合、倉庫から一つずつ商品を取り出し、各地に小包で発送する。このような事業は、ウォルマートの価値基準にとって破壊的であるばかりでなく、独自の物流プロセスを築く必要がある。このため、スピンアウトして独立する必要がある。

Dのエリアには、主流組織と同等の商品やサービスを、はるかに間接費の低い事業モデルによって販売する必要があるプロジェクトが該当する。ウォルマートのサムズ・クラブは、この範疇にあてはまる。サムズ・クラブは、主流組織と同様の物流管理プロセスを利用できる。しかし、予算設定、管理、損益責任は分離したほうがよい。

重量チームは新しい能力を生みだす手段なので、既存の能力を生かすには、機能的チームや軽量チームが適している。また、スピンアウト組織は、新しい価値基準を生みだす手段である。ところが、ほとんどの企業はすべてを一つの組織でまかなう戦略をとり、あらゆる規模や性質のプログラムに軽量チームを使っている。「重量チームの福音」を受け入れた少数派の間では、すべての開発チームを重量チームとして編成する傾向が強い。理想を言えば、各企業が、各プロジェクトに必要なプロセスと価値基準に合わせて、チーム構造や組織の場所を編成することが望ましい。

ある企業にとって破壊的な影響を及ぼすものが、ほかの企業には持続的な影響を与えることもあるため、破壊的技術のモデルは、さまざまな意味で、相対的な理論である。たとえば、デル・コンピューターは、電話によるコンピューター販売を開始した。デルにとっては、インターネットによる販売、受注は持続的イノベーションである。すでに構築した方法によって利益を得る手段である。しかし、コンパック、ヒューレット・パッカード、ＩＢＭにとって、インターネットを介して顧客に直接販売することは、強力な破壊的影響力を持つ。株式取引にも同じことが言える。アメリトレードやチャールズ・シュワブのように、電話でほとんどの注文を受けているディスカウント・ブローカーにとって、オンライン取引は低コストの仲介手段にすぎず、従来の能力に比べてサービスの強化にもつながる。しかし、メリル・リンチなどの総合証券サービス会社にとって、オンライン取引は強力な破壊的脅威となる。

まとめ

変化に直面した組織を率いる経営者は、まず、成功するために必要な資源を確保しなければならない。つぎに、組織に成功するためのプロセスや価値基準があるかどうかを検討する。仕事をするプロセスや、従業員が決定のよりどころとする価値基準は、これまで順調に機能してきたため、ほとんどの経営者はこの問題にすぐに答えることはできない。しかし、このような枠組みを提示することで経営者に考えてほしいのは、組織の能力そのものが、無能力の決定的要因になるということだ。少し時間をかけて、この問題について謙虚に自己分析してみれば、よくわかるはずである。組織で慣例的に使ってきたプロセスは、この新しい問題に適しているだろうか。組織の価値基準にもとづくと、このプロジェクトには高い優先順位が与えられるか、それとも切り捨てられるだろうか。

これらの問いに対する答えがノーなら、心配はいらない。問題を解決するには、その本質を理解することが最も重要なステップである。この問題について希望的観測をしていると、イノベーションの開発と実施を担当するチームは、障害と後悔と不満だらけの道のりを進むことになるかもしれない。安定した企業にとってイノベーションが難しい場合があるのは、能力の高い人材を、新しい仕事の成功には役立たないプロセスや価値基準のなかで働かせようとするからだ。加速する変化に対応する能力がきわめて重要なこの時代においては、能力のある人材を能力のある組織に配置することは、経営者にとって重要な責任である。

第九章　供給される性能、市場の需要、製品のライフサイクル

本書に挙げた、技術の軌跡と市場の軌跡が交差するようすを示す諸々のグラフから、大手企業が業界リーダーの地位から転落するわけがわかった。本書で調査した各業界では、技術者は、市場が必要とする以上の、あるいは市場が吸収しうる以上のペースで性能を高めることができた。歴史的にみて、このような性能の供給過剰が発生すると、破壊的技術が出現し、確立された市場を下から侵食する可能性が出てくる。

性能の供給過剰は、このような破壊的技術の脅威や機会を生み出すため、その製品市場の競争基盤に根本的な変化をもたらすきっかけにもなる。顧客が、ある製品やサービスを、ほかの製品やサービスと比較して選択するときに順位を決める基準が変わり、製品のライフサイクルがある段階（経営学者によってその定義は異なる）からつぎの段階へ移行する兆しが現れる。言い換えれば、供給される性能と求められる性能の軌跡が交差すると、製品のライフサイクルの段階が根本的に移り変わるきっかけになる。このため、本書で使ったような軌跡グラフは、業界の競争力学と競争基盤が、時間とともにどのように変化していくかを、有効に表すことになる。

これまでの章と同様、まずはディスク・ドライブ業界の分析をもとに、性能の供給が市場の需要を超えたときになにが起きるかを述べていく。会計ソフトと糖尿病治療製品の市場でも同じ現象が起きたこ

とを検証したあと、このパターンと、製品のライフサイクルの各段階との関係をあきらかにする。

性能の供給過剰と競争基盤の変化

性能の供給過剰の現象を、図1・7の一部を抜粋して図9・1のグラフに表した。これによれば、一九八八年には、三・五インチ・ドライブの平均容量は、主流デスクトップ・パソコン市場で求められる容量に匹敵するようになり、五・二五インチ・ドライブの平均容量は、主流デスクトップ市場が求める容量を、約三〇〇％も超えるようになっている。このとき、デスクトップ市場が生まれてから初めて、コンピュータ・メーカーは購入するドライブに選択肢を得た。五・二五インチ・ドライブ、三・五インチ・ドライブのいずれも、容量は完全に十分である。

その結果、なにが起きただろうか。デスクトップ・パソコン・メーカーは、急速に三・五インチ・ドライブに切り替えはじめた。図9・2は、そのようすを代替曲線によって表している。縦軸にとったのは、旧技術の販売台数に対する新技術の販売台数の比率である。一九八五年には、この比率は〇・〇七である。つまり、三・五インチ形式に切り替えた企業は、デスクトップ市場の一％（〇・〇〇六九）未満である。一九八七年には、この比率は〇・二〇上昇した。つまり、この年は、この市場の販売台数のうち一六・七％が三・五インチ・ドライブだったことになる。一九八九年には、比率は一・五になった。三・五インチ製品が、市場のレーダーの片隅にかすかに現れてからわずか四年で、ドライブ販売台数の六〇％を占めるようになったことを表す。

三・五インチ・ドライブが、これほどみごとにデスクトップ・パソコン市場を席巻したのはなぜだろ

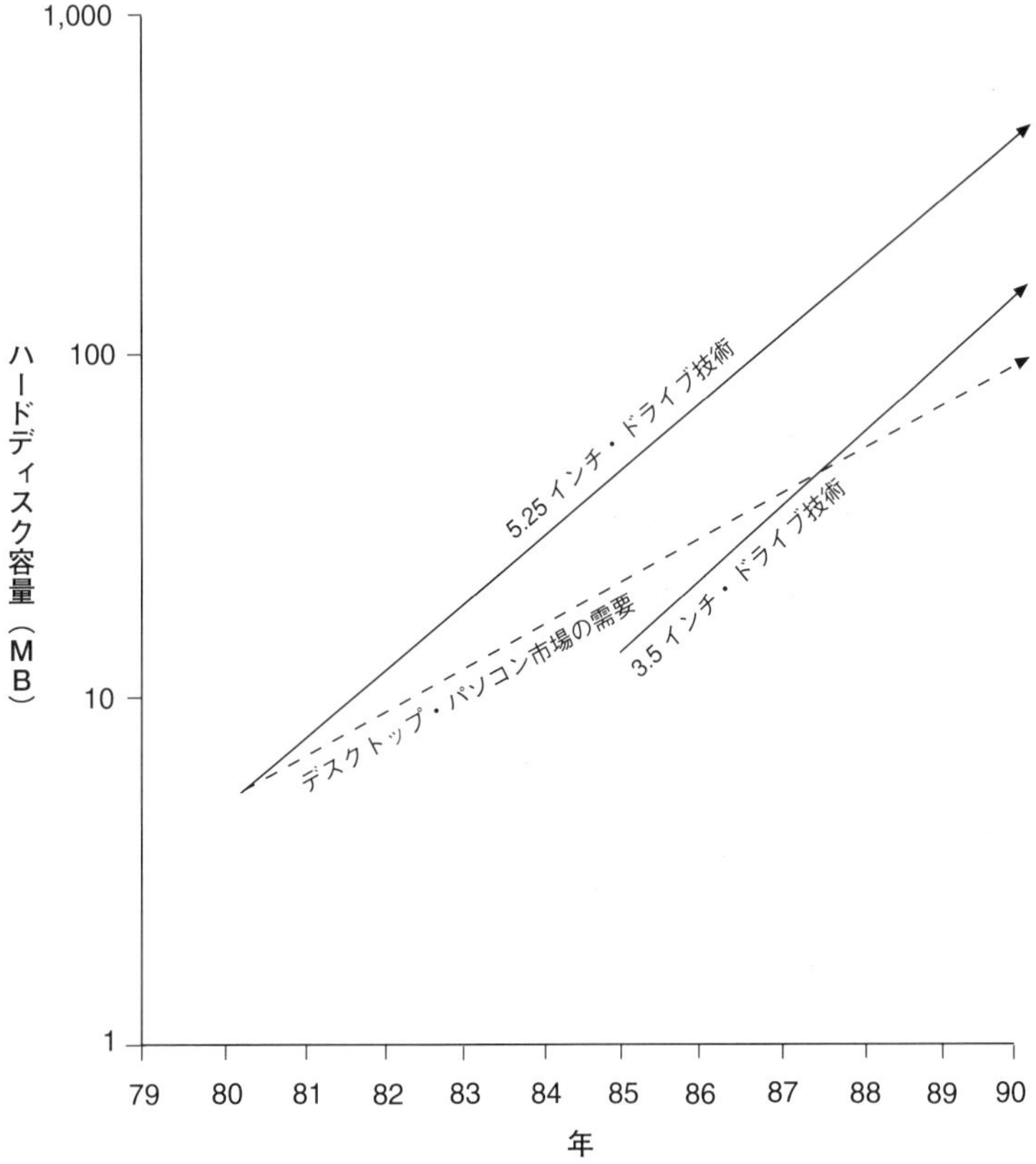

図9.1　固定ディスク・ドライブの需要容量と供給容量の軌跡の交差
資料：『ディスク／トレンド・レポート』各号のデータ

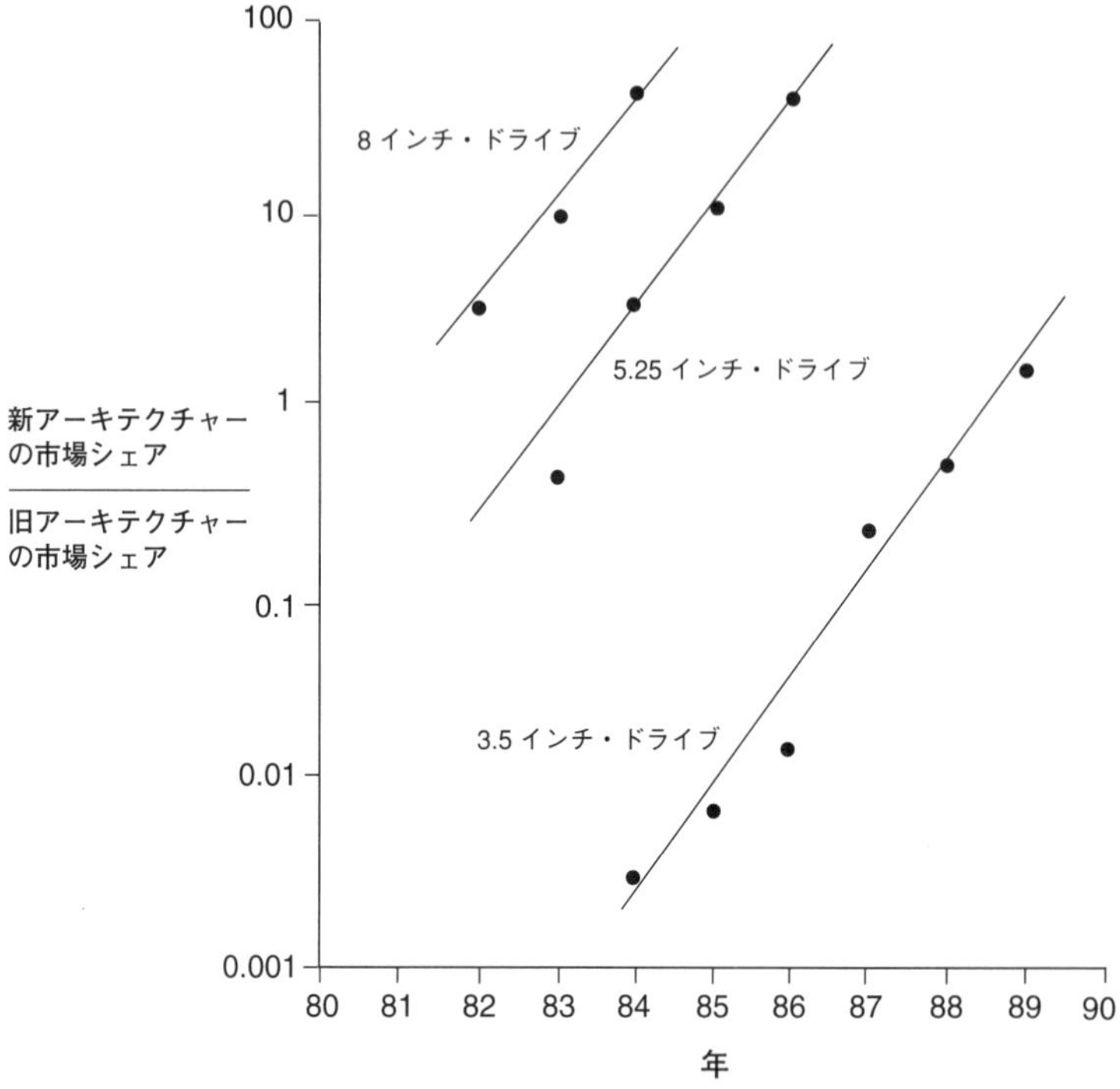

図9.2　30〜100MBの8インチ、5.25インチ、3.5インチ・ドライブの入れ替わり
資料：『ディスク／トレンド・レポート』各号のデータ

うか。ごくふつうの経済的思考にしたがえば、三・五インチ形式のほうがコスト効果の高いアーキテクチャーであっただろう。二種類の製品がいずれも十分な容量に達し、性能に差がなくなれば、価格競争が意味を持つようになる。しかし、このケースではこれは理由にならない。実際には、三・五インチ・ドライブのほうが一ＭＢあたりのコストが平均で二〇％高かったが、それでもデスクトップ・メーカーは三・五

インチ製品を選んでいる。それればかりか、メーカー自身が熾烈な価格競争に直面しているのに、コストの高い選択肢を選んだのだ。なぜだろうか。性能の供給過剰が起きると、競争の基盤に変化が起きる。容量に対する需要が飽和状態になると、まだ市場の需要を満たしていないほかの性能指標が重視されるようになり、ドライブ・メーカーが製品の差別化をはかる際の手段になる。概念的に言えば、図9・1などの縦軸にある最も重要な指標が変わり、新しい製品性能の軌跡と市場の需要の軌跡が意味を持つようになるのだ。

具体的には、一九八六年から八八年までのデスクトップ・パソコン市場では、ドライブの大きさがほかの特徴より意味を持つようになり始めた。小さい三・五インチ・ドライブを採用したほうが、マシンのサイズ、つまり設置面積を縮小できる。たとえば、ＩＢＭの場合、大型のＸＴ／ＡＴマシンの代わりに、はるかに小型のＰＳ１／ＰＳ２マシンを売り出した。

しばらくは、小型ドライブの供給が市場の需要を満たせなかったため、デスクトップ・メーカーは、三・五インチ・ドライブに高いプレミアムを支払いつづけた。第二章で説明したヘドニック回帰分析を使うと、一九八六年には、ディスク容積の一立方インチの減少に対する潜在価格は四・七二ドルであった。しかし、コンピュータ・メーカーが、小型ドライブ用の新世代デスクトップ・パソコンの開発を終えると、小型化に対する需要も飽和状態に達した。その結果、一九八九年の潜在価格、つまりドライブの小型化に対する価格プレミアムは、一立方インチの減少に対して〇・〇六ドルにまで下がった。

一般に、ある特性に対して求められる性能レベルが達成されると、顧客は特性がさらに向上しても価格プレミアムを払おうとしなくなり、市場は飽和状態に達したことを示す。このように、性能の供給過剰は競争基盤を変化させ、顧客が複数の製品を比較して選択する際の基準は、まだ市場の需要が満たされていない特性へと移る。

図9・3は、デスクトップ・パソコン市場に起きた変化をまとめたものである。縦軸の性能指標は、繰り返し変化している。記憶容量が性能の供給過剰に達した時点で、初めて縦軸が入れ替わり、容量から大きさへと移った。この新しい次元の性能も市場のニーズを満たすと、縦軸の性能の定義は再び入れ替わり、信頼性の需要を反映するようになる。しばらくは、耐衝撃性と平均故障間隔（ＭＴＢＦ）のすぐれた製品には、競合製品より大きな価格プレミアムが支払われる。しかし、ＭＴＢＦの値が一〇〇万時間に近づくと、[*]ＭＴＢＦの一〇〇時間増加に対する潜在価格はゼロに近づき、製品性能のこの次元にも性能の供給過剰が起きたことを示す。その後、現在は激しい価格競争の段階に入っており、粗利益率が一二％を下回る場合もある。

＊ディスク・ドライブ業界では、ＭＴＢＦが一〇〇万時間であるということは、同時に一〇〇万台のディスク・ドライブのスイッチを入れて一時間継続して稼動させた場合、その一時間のうちに一台が故障することを意味する。

製品はいつ市況商品になるか

ディスク・ドライブの差別化が難しくなり、市況商品になるプロセスは、市場の需要と技術の供給との軌跡の相互作用によって形成される。五・二五インチ・ドライブがデスクトップ市場で価格を主導する商品になったのは一九八八年ごろで、三・五インチ・ドライブにはまだ価格プレミアムがあった。また、五・二五インチ・ドライブも、デスクトップ市場では市況商品として価格設定されていたが、上位市場では、八インチ・ドライブに比べて大幅な価格プレミアムを得ていた。第四章で述べたように、実

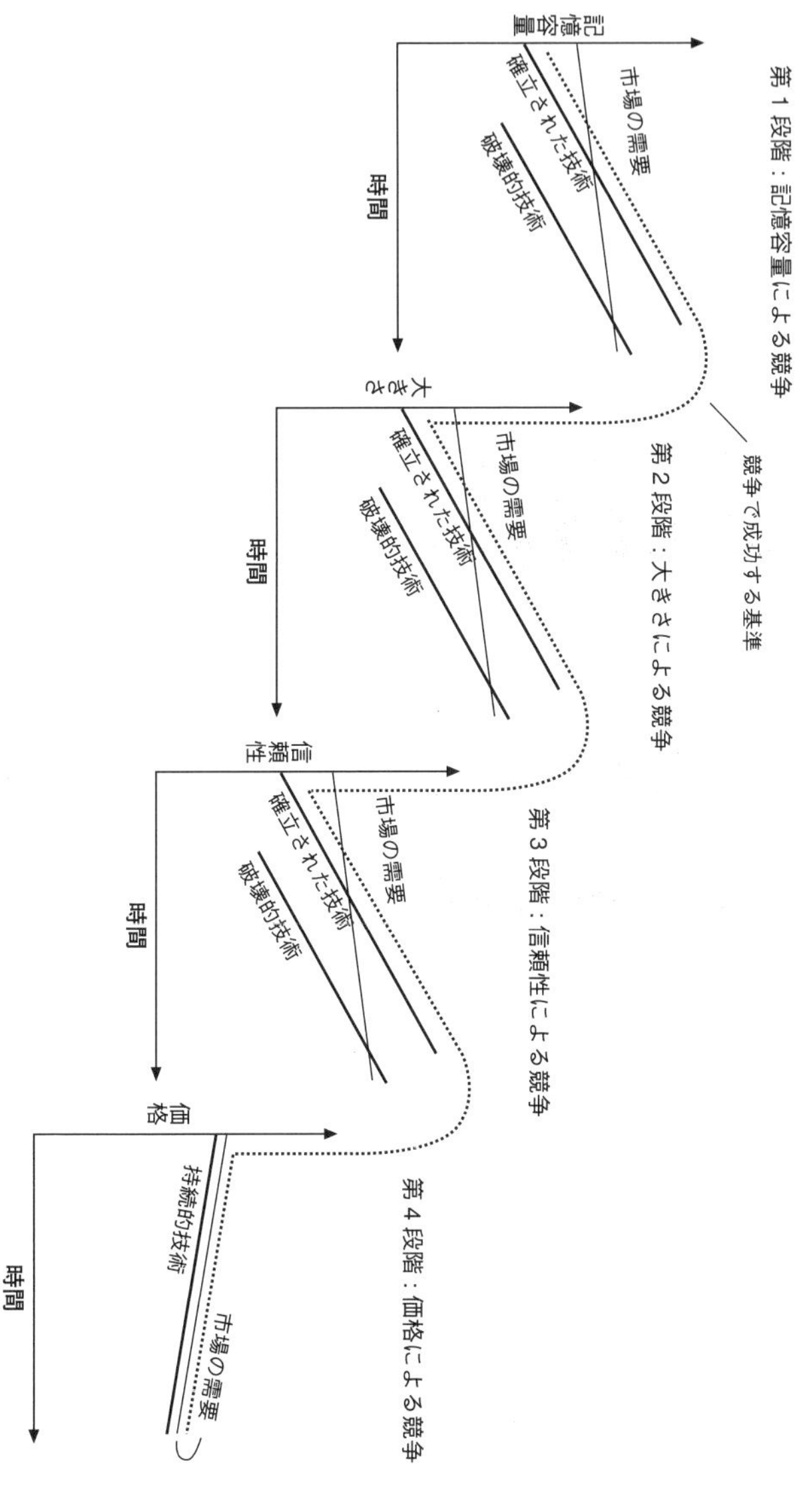

図9.3　ディスク・ドライブ業界における競争基盤の変化

績ある企業が積極的に上位市場へ移行するのは、このためである。

右記のように競争基盤が繰り返し変化し、完全に差別化の要素がなくなると、つまり、複数の製品がすべての性能指標に対する市場の需要を満たすと、製品は市況商品になる。性能の供給過剰の理論によって、コンサルタント、マネージャー、研究者は、顧客との価格交渉で折れた営業担当者から聞かされる不満を理解できるようになるだろう。「あいつらはうちの製品を、値段でしか見ていない。うちの製品のほうが他社製品よりずっとすぐれていることがわからないのか」。たしかに、市場に出回っている各社の製品には、依然として違いがあるかもしれない。しかし、特徴と機能が市場の需要を超えてしまうと、その違いは意味を失う。

性能の供給過剰と製品競争の進化

マーケティングに関する文献には、製品のライフサイクルと、ある分野の製品の性質が時間とともにどのように進化するかについて書かれたものが多い。本書の研究によれば、これらのモデルの多くにとって、性能の供給過剰は、サイクルのつぎの段階への移行を促す重要な要因である。

たとえば、カリフォルニア州サンフランシスコのウィンダミア・アソシエーツは、「購買階層」という製品進化モデルを作成した。このモデルは、機能、信頼性、利便性、価格の四段階を一般的なサイクルとしている。まず、機能に対する市場の需要を満たす製品がない場合、競争の基盤、つまり製品の選択基準は、製品の「機能」になりやすい（ディスク・ドライブのように、いくつかの異なる機能の間を市場が循環することもある）。しかし、機能に対する市場需要を十分に満たす製品が複数現れると、顧客は、機能にもとづいて製品を選択できなくなり、「信頼性」にもとづいて製品やメーカーを選択するようになる。信頼性に対する市場の需要が、メーカーが供給できる信頼性を上回る間は、顧客は信頼性を基準に製品を選択し、最も信頼性の高い製品の、最も信頼性の高いメーカーがプレミアムを稼ぐ。

しかし、複数のメーカーが、市場が求める信頼性を満たすまでに改良を進めると、競争の基盤は「利便性」へと移る。顧客は、最も使いやすい製品と、最も取引しやすいメーカーを選択するようになる。この場合も、市場の需要が、メーカーが供給できる利便性を上回っている間は、顧客は利便性を基準に製品を選択し、メーカーはそれに対して価格プレミアムを受ける。最後に、複数のメーカーが、市場の需要を十分に満たす便利な製品やサービスを提供するようになると、競争の基盤は「価格」へと移る。購買階層のある段階から別の段階への移行を促す要因は、性能の供給過剰である。

業界の進化を概念化した別の有益な文献は、ジェフリー・ムーアの『クロッシング・ザ・カズム』である。これも基本的な論理は似ているが、各段階の境界を、製品ではなく利用者に関連づけている。ムーアによれば、製品はまず、イノベーター、つまり業界の「初期の採用者」によって使われる。これは、製品を機能だけで選択する顧客のことである。この段階では、最も高性能な製品が大きな価格プレミアムを得る。主流市場の機能に対する需要が満たされると、市場は大幅に拡大し、メーカーは、ムーアの言う「初期の多数派」顧客の間に生じる信頼性に対する需要に対応しようとする。製品とメーカーの信頼性の問題が解決されると、第三の成長の波がおとずれ、イノベーションと競争の基盤は利便性へと移り、「後期の多数派」顧客を引き込む。ムーアのモデルの根本には、ある次元の性能に対する市場の需要が飽和状態に達するまで、技術は進化できるという概念がある。

機能から信頼性、利便性、価格へと至る、このような競争基盤の進化のパターンは、これまでにとりあげた市場の多くにもみられる。実際、破壊的技術の重要な性質の一つは、競争基盤の変化の先触れであることだ。

破壊的技術のその他の一貫した性質

破壊的技術には、製品のライフサイクルと競争力学につねに影響を与える重要な性質がさらに二つある。一つに、主流市場で破壊的製品に価値がない原因である特性が、新しい市場では強力なセールス・ポイントになることが多い。二つめに、破壊的製品は、確立された製品に比べ、シンプル、低価格、信頼性が高い、便利といった特長を備えていることが多い。マネージャーは、これらの特性を理解したうえで、破壊的製品の設計、開発、販売における独自の戦略を効果的に計画する必要がある。破壊的技術を適用する具体的な市場が事前にわからなくても、二つの法則を参考にすることができる。

一、破壊的技術の弱みは強みでもある

破壊的技術と業界の競争基盤の関係は複雑だ。性能の供給過剰、製品のライフサイクル、破壊的技術の出現が相互に影響しあうなかで、破壊的技術が主流市場で役に立たない原因になっている特性が、新しい市場で価値を生むことが多い。

一般に、破壊的イノベーションで成功する企業は、最初、その技術の性質や機能を当然のものととらえ、それらの特性を評価し、受け入れる新しい市場を見つけるか、開拓しようとする。コナー・ペリフェラルズは、こうして、小さいことに価値があるポータブル・パソコン用小型ドライブの市場を開拓し

た。J・C・バンフォードとJ・I・ケースは、小さなバケットとトラクターの可動性が価値を生む住宅工事業者向け掘削機の市場をつくった。ニューコーは、薄スラブ連鋳鋼板の表面のきずを気にしない市場を見つけた。

一方、これらの破壊的技術に追い落とされた企業は、確立された市場のニーズを当然のものと受けとめ、その技術が主流市場でも十分評価されると思えるまで、破壊的技術を販売しなかった。そのため、シーゲートのマーケティング担当者は、「小型で低容量のドライブを評価する市場はどこにあるだろう」とは考えずに、初期の三・五インチ・ドライブをIBMに売り込んだ。ビュサイラス・エリーは、一九五一年に油圧式掘削機のハイドロホーを買収したときに、「狭い溝しか掘れないが動きやすい掘削機を求める市場はどこにあるだろう」とは考えなかった。市場はできるだけ大きなバケット容量と作業半径を必要としていると思っていた。そこで、ハイドロホーにケーブル、プーリー、クラッチ、ウィンチを付け、一般掘削業者向けに売ろうとした。USスチールは、薄スラブ連続鋳造を検討したとき、「表面の見かけが悪い低価格の鋼板の市場はどこにあるだろうか」とは考えなかった。市場ができるだけ高品質の表面仕上げを求めるのは当然と考え、従来の鋳造設備に投資した。持続的技術に適した考え方を、破壊的技術にもあてはめたのである。

本書で検討した例では、実績ある企業が破壊的技術に直面したとき、開発における最大の課題は技術的なものであり、既存の市場に合うように破壊的技術を改良することだと考えるのが普通である。破壊的技術の商品化に成功した企業は、開発における最大の課題は、マーケティング上のものであり、製品の破壊的な特性が有利になる次元で競争が発生する市場を開拓するか、見つけることだと考える。*

＊携帯用ラジオが現れたときにも、同じようなことがあった。一九五〇年代初頭、ソニーの盛田昭夫元会長は、AT&Tが一九四七年に発明して特許を取得したトランジスター技術の使用権交渉のため、ニューヨーク市内の安ホテルに宿泊していた。AT&Tにはあまり交渉の意思がなく、盛田は使用権の許諾を求めて、何度も会社を訪れなければならなかった。ついにAT&Tは折れた。使用権許諾契約にサインする会合が終わったとき、AT&Tの役員の一人が、ソニーは使用権をどうするつもりなのかと盛田にたずねた。盛田は「小型ラジオをつくります」と答えた。相手は「小さいラジオなど、だれが買うのだ」と言った。「いまにわかります」と盛田は答えた。数か月後、ソニーは米国市場で、最初の携帯用トランジスター・ラジオを発売した。主流市場のラジオの主な性能指標からみれば、この初期のトランジスター・ラジオは、最悪の代物だった。当時の主流だった真空管卓上ラジオに比べて、忠実度がはるかに低く、雑音がひどかった。しかし、盛田は、大手電機メーカーのほとんどがトランジスター技術に関してとった行動とは異なり、トランジスター・ラジオが主要市場で性能競争力を持つまで研究室に閉じこもろうとせず、当時存在した技術の特性を評価する市場、携帯用パーソナル・ラジオ市場を見いだした。卓上ラジオの主力メーカーが一社も携帯用ラジオの主力メーカーにならず、その後一社残らずラジオ市場から撤退したことは、驚くにあたらない。この話は、ソニーの製造・技術担当副社長を退いたシェルドン・ウェイニグ博士から聞いたものである。

破壊的技術に直面したマネージャーは、この原則に注意することが重要だ。歴史にしたがうなら、破壊的技術を研究室で温め、主流市場に適したものになるまで育てようとする企業は、破壊的技術の特性を当初の状態のまま受け入れる市場を見つける企業のようには成功しない。後者は、商業的な基盤を築き、上位市場へと移行し、破壊的技術をマーケティングではなく研究室の課題ととらえていた企業より、はるかに効果的に主流市場に攻め込むだろう。

二、破壊的技術は確立された技術より単純、低価格、高信頼性、便利

性能の供給過剰が起こり、破壊的技術が主流市場を下から攻撃するようになると、破壊的技術は、購買階層でいう「機能」に対する市場の需要を満たし、さらに主流製品より単純、低価格で、信頼性が高く便利なことから、成功する場合が多い。たとえば、第三章で述べた主流の下水・一般掘削市場への油

圧式掘削技術の攻撃を思い出してほしい。油圧式掘削機が二～三立方メートルの土を入れたバケットを扱えるようになると、つまり、主流市場で求められる性能を超えると、ケーブル駆動の掘削機のほうが一回で移動できる土の量が多かったにもかかわらず、工事業者は急速に油圧式に切り替えた。いずれの技術でも、バケット容量は十分にニーズを満たしていたため、工事業者は、信頼性の高い油圧技術を選んだのである。

実績ある企業は、高性能、高収益の製品と市場を追い求める傾向があるため、最初の破壊的製品に余計な機能を付けずにいることが難しい。ヒューレット・パッカード（ＨＰ）が一・三インチのキティホーク・ディスク・ドライブを設計したときの経験がいい教訓である。キティホークの開発者は、本当に単純で低価格な製品を設計できず、持続的製品としての競争力を高めるために、技術の限界まで容量を押し上げ、衝撃耐久性や省電力性を高めた。安くて単純で機能の少ない一〇ＭＢのドライブを大量に必要とする用途が現れたとき、ＨＰの製品は、その波に乗れるほど破壊的ではなかった。アップルも同じ過ちをおかし、最初から単純で信頼性が高いことを目標とせず、ニュートンの機能を拡大した。

会計ソフト市場における性能の供給過剰

財務管理ソフトのメーカーであるインテュイットは、めざましい成功をおさめた個人用財務ソフト、「クイッケン」で知られている。クイッケンが市場を征したのは、簡単で便利だからである。インテュイットは、クイッケンのユーザーのほとんどが、プログラムを購入し、コンピュータの電源を入れ、マニュアルも読まずに使い始めることを誇りにしている。開発者は、クイッケンを使いやすくし、さらに単純、便利にするために、顧客や「専門家」の声に耳を傾けるのではなく、顧客が製品をどのように使うのかを観察している。開発者は、製品のどこが使いにくく、混乱しやすいのかを知るわずかな手がかりを見つけることによって、さらに簡単で使いやすい製品にしようと努力し、すぐれた機能ではなく、必要十分な機能を備えた製品をめざしている。

インテュイットが、北米の小規模事業者用会計ソフト市場で七〇%のシェアを握っていることは、意外に知られていない。* インテュイットは、次の三つの単純な洞察にもとづいた製品、「クイックブックス」を発売し、参入は遅れたものの、これだけのシェアを獲得した。第一に、それまでの小規模事業者用会計ソフトは、公認会計士のこまかい指示にもとづいて作成されており、ユーザーには会計に関する基本的な知識（借方と貸方、資産と負債など）が必要とされ、各取引の監査の手がかりを提供するため、すべての項目を二度ずつ入力しなければならなかった。第二に、既存製品のほとんどは、広範囲にわたって複雑な報告書や分析を作成し、それらは、開発者が機能を拡大して製品の差別化をはかろうとするため、リリースを重ねるごとにさらに複雑で専門的になった。第三に、米国の全企業の八五%は、会計士を雇うには規模が小さすぎる。帳簿をつけるのは経営者かその家族であり、主流会計ソフトに用意されている項目や報告書のほとんどは必要もなければ、理解もしていない。監査の手がかりとはなにかを知らないし、まして、それを使う必要も感じない。

*この節の情報は、インテュイットの設立者兼会長のスコット・クックと、クイックブックスのマーケティング部長のジェイ・オコナーから得た。

インテュイットの設立者、スコット・クックは、これらの小企業のほとんどは自営業者であり、会計報告書に書かれているような情報ではなく、直感と事業に関する直接の知識に頼っているだろうと考えた。つまり、小規模事業者向け会計ソフトのメーカーは市場が必要とする以上の機能を詰め込んでいるため、すぐれた機能ではなく必要十分な機能を提供する単純で使いやすい破壊的ソフトウェア技術に勝機があるとクックは判断した。インテュイットの破壊的な製品クイックブックスは、競争の基盤を機能から利便性へと変え、発売から二年で七〇%のシェアを獲得した。* 一九九五年、クイックブックスはインテュイットの売上高のなかで、クイッケンより大きな割合を占めるようになった。

*クックによると、インテュイットの開発者は、単純で便利なソフトウェア製品を設計するうちに、深い洞察に達したという。複式簿記は、計算間違いを見つけるためにベニスの商人が開発した方法だが、コンピュータなら通常、足し算や引き算のミスは考えられないのに、いまだにどの会計ソフトもこの方法を使っている。インテュイットは、この不要な機能を排除することによって、製品を大幅に単純化できた。

小規模事業者用会計ソフトの実績あるメーカーが、インテュイットの追い上げに対してとった行動は、予想されるとおり、上位市場へ移行し、ひきつづき機能を詰め込んだ製品を発売することだった。特定の市場分野に的をしぼり、市場の上層にいる洗練された情報システム・ユーザーをターゲットにした。小規模事業者用会計ソフトの三大メーカー（いずれも一九九二年のシェアは約三〇%）のうち、一社は姿を消し、一社は虫の息である。もう一社は、クイックブックスの成功に対抗しようと単純な製品を発売したが、わずかなシェアしか獲得していない。

インシュリンの製品ライフサイクルにおける性能の供給過剰

性能の供給過剰が発生し、破壊的技術が競争基盤の変化の兆しを告げ、業界のリーダーシップをおびやかしたもう一つの事例は、世界的なインシュリン事業にみられた。一九二二年、トロントの四人の研究者が、動物のすい臓からインシュリンの抽出に成功し、それを糖尿病患者に注射することで、驚くべき結果が得られた。インシュリンは牛や豚の成長したすい臓から抽出するため、インシュリンの純度（不純物のｐｐｍで測定）を高めることが、重要な性能向上の軌跡となった。主に、世界最大のインシュリン・メーカー、イーライ・リリーの継続的な投資と努力によって、不純物濃度は、一九二五年の五万ｐｐｍから、五〇年には一万ｐｐｍ、八〇年には一〇ｐｐｍまで低下した。

こうした改良は進んだものの、動物のインシュリンは、人間のインシュリンとはわずかに異なるため、ごく低い確率だが、糖尿病患者の免疫システムに抵抗が生じることがあった。このため、イーライ・リリーは一九七八年、ジェネンテックと契約し、構造的には人間のインシュリンたん白質と同じで、一〇〇％の純度を持つインシュリンたん白質を生産できるように遺伝子組み換えを行ったバクテリアを開発した。このプロジェクトは技術的には成功し、八〇年代初期、約一〇億ドルを投資したすえに、イーライ・リリーはヒューマリンというインシュリン製剤を発売した。人間のものと同じ構造で、純度が高いことから、動物から抽出したインシュリンより二五％高い価格に設定されたヒューマリンは、人間に投与するものとしては初めて、バイオテクノロジー産業から生まれた商業ベースの製品だった。

しかし、この技術の奇跡に対する市場の反応は冷たかった。動物のインシュリンより高い価格を続けることは難しく、ヒューマリンの売り上げの伸びは期待外れなほど鈍かった。イーライ・リリーのある研究者は「いま思うと、市場は豚のインシュリンにそれほど不満があったわけではない。それどころか、十分満足していたのだ」と言う。* イーライ・リリーは、製品の純度に対する市場の需要以上に、莫大な資金と組織的エネルギーをつぎ込んだ。ここでも、性能の供給が市場の需要を超えたために、差別化した製品に対して市場は価格プレミアムを支払わなかった。

＊イーライ・リリーは、ヒューマリンに価格プレミアムを設定することはできなかったが、投資からは見返りを得た。ヒューマリンは、食肉消費量の減少による膵臓不足の可能性から会社を守り、生物工学による薬品の大量生産について、貴重な経験と資産基盤を与えた。

一方、はるかに小規模なデンマークのインシュリン・メーカーである、ノボは、インシュリンを手軽に摂取できるインシュリン・ペン製品を開発していた。通常、糖尿病患者は注射器を持ち歩き、その針をガラスのインシュリンのバイアルに挿入し、必要量よりわずかに多めのインシュリンを吸い上げ、針を上にして注射器を何度か叩いて、シリンダー壁に付いている気泡を取り除く。たいていは、もう一つの遅効性のインシュリンについても、同じ手順を繰り返す必要があった。ピストンをわずかに押して、残った気泡といくらかのインシュリンを注射器の外へ押し出して、ようやくインシュリンを注射できる。このプロセスには、通常、一～二分はかかる。

ノボのペンには、二週間分のインシュリンを、通常は速効性のものと遅効性のものを混合して入れたカートリッジがある。ノボのペンを使うには、小さなダイヤルを回して必要なインシュリンの量に合わせ、ペンの針を皮下に刺し、ボタンを押すだけである。全部で一〇秒もかからない。イーライ・リリーが、ヒューマリンの価格プレミアムを維持しきれなかったのに対し、ノボの便利なペンは、インシュリン一単位につき三〇％の価格プレミアムを容易に維持できた。八〇年代、ペンと混合済みカートリッジの成功によって潤ったノボは、世界のインシュリン市場でのシェアを拡大し、収益性を高めた。イーライ・リリーとノボの経験も、性能が市場の需要を超えた製品は、市況商品のように価格が決定されるようになり、競争の基盤を変える破壊的製品は、プレミアムを獲得できることを実証している。

経営者やMBAの学生を対象にしたハーバードビジネススクールの講義で、イーライ・リリーがインシュリンの純度に対する市場の需要を超えた話をしたときの反応は、いままでの仕事の経験のなかでも特に興味深かった。どのクラスでも、学生の大半は、糖尿病患者のうちインシュリン抵抗が生じる人がごくわずかであり、一〇ppmの高純度の豚のインシュリンと完全に純粋なヒューマリンに大した差はないという、わかりきったことを見落としたイーライ・リリーの非を責めた。患者と医師の簡単なフォーカス・グループをいくつか作って、より純度の高いインシュリンは必要かとたずねていたら、どうするべきかがわかったはずだと彼らは主張した。

しかし、議論するとかならず、思慮の深い学生の意見によって、あとで当然に思えることも、戦いのさなかにはよく見えない可能性があるという意見に、クラス全体が傾いていく。たとえば、イーライ・リリーのマーケティング担当者が意見を求める医師のうち、特に信頼できるのはだれだっただろうか。この事業の最大の顧客、糖尿病治療に重点を置いている内分泌科医だろう。これらの専門家の関心を最も引きそうなのは、どのような患者だろうか。病状が進んで治りにくい患者であり、特にインシュリン抵抗の顕著な患者だろう。それでは、これらの主要顧客は、イーライ・リリーのマーケティング担当者に次世代のインシュリン製品をどう改良するべきかと聞かれたとき、どのように答えるだろうか。主要顧客の力と影響力は、企業の製品開発の軌跡が主流市場の需要を超えてしまう最大の理由である。

さらに、思慮のある学生は、たいていのマーケティング・マネージャーは、一〇〇%純粋なヒトインシュリンが市場の需要を超えるかどうかという問題を考えもしないだろうと言う。強固な文化を持ち成功してきた企業のなかで、五〇年以上にわたって、純度を高めることが製品を改良する目的だった。インシュリンの純度を高めることが、いつも競争の頂点に君臨する方法であった。営業担当者は、純度が高まったという魅力的な話をすれば、いつも忙しい医師の時間と注意を引きつけることができた。そのような状況下、それまでの同社の歴史と文化に深く根ざした仮定を突然変更させ、以前は答えを聞く必要もなかった質問を、どうして投げかけることができただろうか*。

＊授業でこのような少数派の意見が持ち上がると、つぎに、世界有数の成功をおさめている優良企業と広く考えられている組織も、主流市場の需要を超えているのではないかと考えはじめる学生が多い。たとえば、インテルはつねに、性能グラフの縦軸にマイクロプロセッサーの処理速度を置いている。市場はもっと速いマイクロプロセッサーを求めていると想定し、数十億ドルの利益がたしかにその確信を裏づけている。二〇〇ＭＨｚ、四〇〇ＭＨｚ、八〇〇ＭＨｚの速度で命令を処理するチップを必要とする最先端の顧客がいることはたしかだろう。しかし、主流市場はどうだろうか。近い将来、インテルの新しいマイクロプロセッサーの処理速度とコストが、市場の需要を超えることはありえるだろうか。また、技術の供給過剰がありえるとしたら、インテルの数千人の社員は、どのようにして、それがいつ起きるのか認識し、開発努力の軌跡を完全に変えるほどの信念をもって変化を受け入れるのだろう。技術の供給過剰を見きわめることは難しい。なにか対策を講じることはなおさらだ。

製品競争の進化のマネジメント

図９・４は、性能の供給過剰のモデルをまとめたもので、市場が求める性能向上の軌跡のほうが、技術者が供給する性能向上より傾斜がゆるやかな、複数の層になった市場を図式化した。市場の各層は、製品の選択基準の移行が起きる進化のサイクルのなかを進んでいることがある。製品のライフサイクルのその他の条件は同じ結果をもたらすが、この図は、ウィンダミア・アソシエーツの考案した購買階層を使っており、最初は競争の中心は性能で、つぎに信頼性、利便性、価格へと移る。この章で検討した各事例では、競争基盤の変化や、製品ライフサイクルの進化の先触れとなる製品は、破壊的技術で

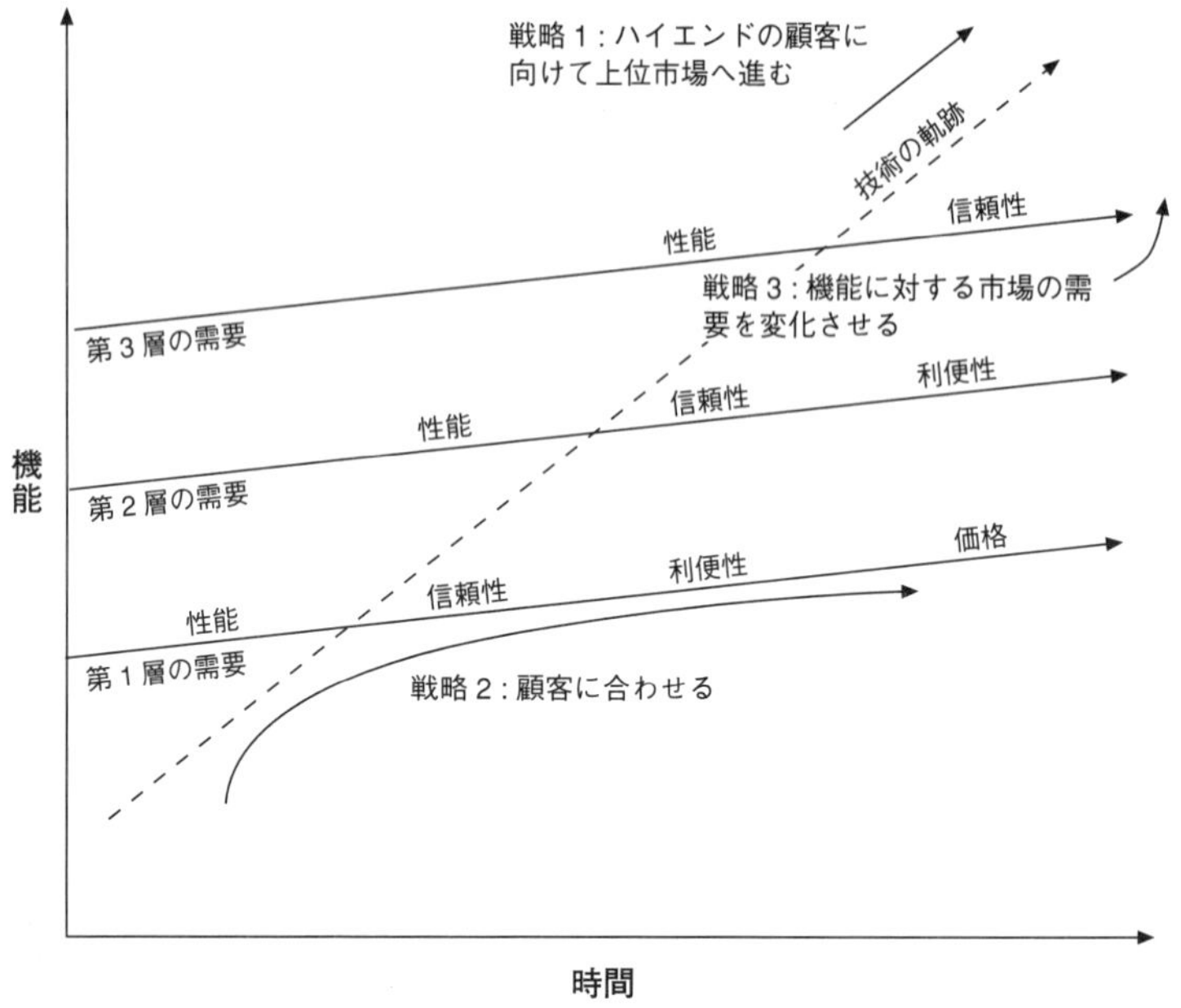

図9.4　競争基盤の変化のマネジメント

あった。

この図は、性能の供給過剰に直面した企業がとりうる戦略と、破壊的アプローチが業界の競争の性質を変える可能性を表している。「戦略1」と書いた最初の一般的な選択肢は、本書で検証した業界で最も広く追求されている方法だが、持続的技術の軌跡に沿ってさらに上層の市場へと移動し、単純、便利、または低コストの破壊的アプローチが出現したら、低い層の顧客をあきらめるというものだ。

「戦略2」は、いずれかの層の市場で顧客のニーズに合わせてゆっくり進化し、幾度かの競争基盤の変化の波にうまく乗る方法である。過去の例からみて、この方法は、前述のさまざまな理由により、実行するのは難しいように思われる。しかし、たとえば、パソコン業界では、デスクトップ・マシンの機能が市場の低い層の需要を飽和させると、デルやゲートウェイ２０００などの新規参入企業は、購入や使用の利便性を重視した製品を持ち込んだのに対し、コンパックは、この二番目のアプローチを積極的に追求し、市場の低い層のニーズに的をしぼった低価格、中機能のコンピュータを生産し、上位市場への移行に果敢に抵抗した。

これらの力学に対処する「戦略３」は、市場の軌跡の傾斜を急にするマーケティング計画を採用し、技術が供給する性能の向上を、顧客が求めるようにしむける方法だ。これらの力学が効力を持つための必要条件は、技術の軌跡のほうが市場の軌跡より傾斜が大きいことなので、二つの傾斜が並行すれば、性能の供給過剰も、製品のライフサイクルの段階の移行も起きないか、少なくとも先に延ばされる。

コンピュータ業界関係者のなかには、マイクロソフトやインテル、ディスク・ドライブ・メーカーは、この最後の戦略を効果的にやってのけていると考える向きもある。マイクロソフトは、業界での支配的な地位を利用して、大量のディスク記憶装置を消費し、高速のマイクロプロセッサーを必要とするソフトウェア製品を開発し、販売することに成功している。本質的に、顧客が求める機能の向上の軌跡の傾きを急にし、自社の技術者が供給する向上の傾きと並行になるようにしているのだ。この戦略の効果を図９・５に表し、最近のディスク・ドライブ業界で起きている現象を図式化した（このグラフは、図１・７のディスク・ドライブの軌跡グラフを、一九九六年まで更新したものである）。中間層のデスクトップパソコン、ノートパソコンの各分野で求められる記憶容量の軌跡が、九〇年代に上向きに変化し、実質的に、三・五インチ・ディスク・ドライブと二・五インチ・ディスク・ドライブの市場の記憶容量

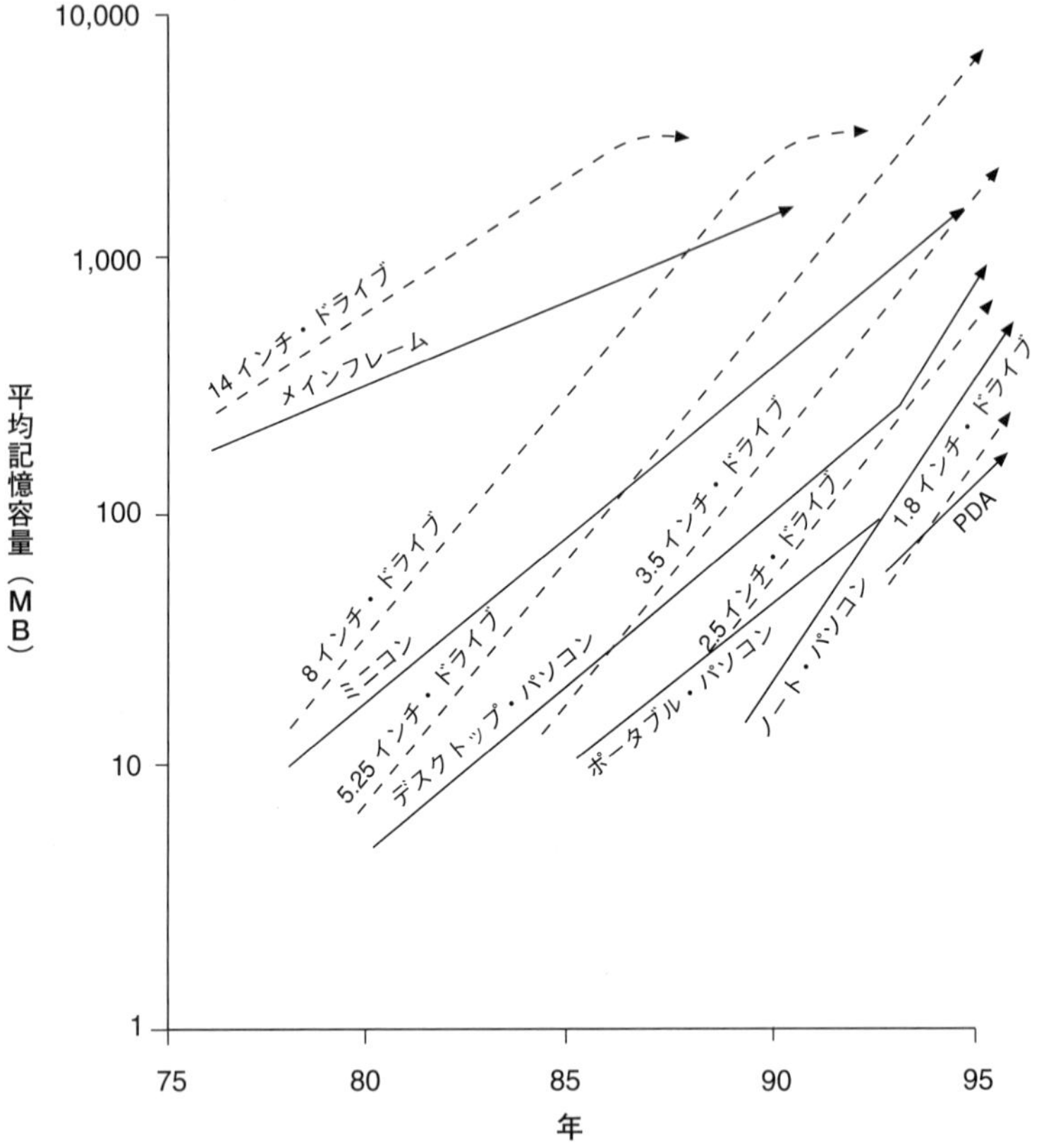

図9.5　性能需要の軌跡の変化と破壊的技術の影響の先延ばし
資料：このグラフの前のバージョンは、クレイトン・M・クリステンセン「固定ディスク・ドライブ業界：商業的・技術的混乱の歴史」（『ビジネス・ヒストリー・レビュー』67, No.4 1993年冬号 559ページ）で公表されている。

の軌跡と並行になっている点に注意したい。このため、これらの市場は、あと数年は性能の供給過剰を経験することはない。デスクトップで求められる容量が急激に増加しているため、二・五インチ・ドライブは、ノート・パソコン市場のなかにとどまっている。三・五インチ・ドライブは、デスクトップ市場にしっかりおさまっており、一・八インチ・ドライブも、同じ理由でほとんどノート・パソコンには普及していない。技術の供給過剰がなければ、ハイエンド市場では製品ライフサイクルの段階の移行は抑えられるため、このような場合、シーゲートやＩＢＭのように、市場の最上位に近い場所に製品を位置づけている企業の収益性が最も高い。

マイクロソフト、インテル、シーゲートのマーケティング担当者がいつまで、自社の技術者が供給できる機能に対する需要を生み出すことができるかは不明である。たとえば、マイクロソフトの表計算ソフト「エクセル」は、一九八七年に発売されたバージョン１・２では一・二ＭＢのディスク容量を必要としていた。一九九五年に発売されたバージョン５・０は、三二ＭＢのディスク容量を必要とする。業界関係者のなかには、開発チームが一般ユーザーに目を向けたら、機能が主流市場の需要を大幅に超えていることに気づくだろうと言う向きもある。もしそうなら、破壊的技術（たとえば、インターネットからダウンロードして、完全に機能を備えたコンピュータではなく簡単なインターネット端末で使えるアプレット）にとって、この市場を下から侵食するチャンスである。

正しい戦略、誤った戦略

図９・４に示した戦略のなかで、どれが最適だろうか。今回の調査により、ただ一つの正しい戦略な

どないことがあきらかになった。三つの戦略のいずれも、意識的に追求すれば、成功する可能性がある。ヒューレット・パッカードは、レーザージェット・プリンター事業で最初の戦略を追求し、莫大な収益をあげている。この場合、同社は破壊的なインクジェット戦略で自身の地位を攻撃しているため、この戦略が安全でもある。コンパック・コンピュータは二番目の戦略で、インテル、マイクロソフト、ディスク・ドライブ・メーカーの連合軍は三番目の戦略で、少なくともここまでは成功している。

これらの成功した企業は、明確に意識しているにせよ、直感にせよ、顧客の需要の軌跡と、自社の技術者の供給の軌跡の両方を理解している点で共通している。これらの軌跡を理解することは、各社の成功のカギになっている。しかし、一貫してこのような戦略をとってきた企業の数は、きわめて少ない。優良企業のほとんどは、無意識のうちに軌跡グラフの右上へと移動し、競争基盤の変化に足をとられ、破壊的技術による下からの突き上げにあっている。

第十章　破壊的イノベーションのマネジメント——事例研究——

本書も終わりに近づき、優良企業がつまずく理由を深く理解できるようになったことと思う。能力不足、官僚主義、慢心、血族経営の疲弊、計画の乏しさ、近視眼的な投資によって地位を追われた企業も多い。しかし、ある法則のために、優秀な経営者でも破壊的イノベーションを行うのは難しいことがわかった。すぐれた経営者がそのような力を理解しなかったり、力に逆らおうとすると、その会社はつまずく。

この章では、ここまでの章で説明した力と原則を活かして、破壊的イノベーションに直面したときにマネージャーが成功する方法を示そう。それにあたっては、事例研究の形式を用いる。つまり、筆者がある大手自動車メーカーの社員であることにして、いまの時代においてとりわけ複雑なイノベーションの一つ、電気自動車を開発し、商品化するプログラムをどのようにマネジメントしていくかを、一人称で語ることにする。ここでの目的は、ある挑戦に対する正しい答えを出すことでもなければ、電気自動車が商業的に成功するかどうか、どのように成功するかを予測することでもない。身近だが難しい話題のなかで、マネージャーが同様の問題に対してどのような思考を構築するかを示すため、いくつかの問を投げかけていく。これらの問いから、確実で有益な答えが導けるかもしれない。

技術が破壊的かどうかはどうやって知るのか

電気自動車は、一九〇〇年代初頭に自動車設計の主導権争いでガソリンに破れて以来、主流市場の周辺にちらついていた。しかし、七〇年代に、電気自動車が都市部の大気汚染を軽減する手段として考えられるようになり、その研究は加速した。カリフォルニア州大気資源委員会（ＣＡＲＢ）は、九〇年代初頭、この研究のためにかつてないほどの資源を投入し、一九九八年以降、自動車メーカーは州内の自動車販売台数の二％以上を電気自動車が占めなければ、カリフォルニア州で一切自動車を販売できないことを決めた。*

＊一九九六年、州政府は、設計可能な電気自動車にかかるコストでは需要が見込めないとの自動車メーカーの抗議に対応し、この規定の実施を二〇〇二年まで延期した。

さて、わたしが自動車メーカーのプログラム・マネージャーであると仮定しよう。最初にやるべきことは、一連の疑問を設定することである。電気自動車については、どの程度心配する必要があるだろうか。つまり、カリフォルニア州の規制を別にして、電気自動車は、ガソリン車のメーカーにとって十分な破壊的脅威となるだろうか。収益性の高い成長機会となるだろうか。

これらの問いに答えるため、市場で求められる性能向上の軌跡と、技術が供給する性能の軌跡をグラフにしてみる。つまり、図１・７や図９・５のような電気自動車の軌跡グラフを作成する。破壊的技術を見きわめるには、このようなグラフが最適の手段である。

グラフを作成するには、まず、現在の主流市場の需要を定義し、それを現在の電気自動車の能力と比較する必要がある。市場の需要を測るため、顧客の意見を聞くだけでなく、顧客の行動を注意して観察する。顧客が実際どのように製品を使うかを見るほうが、フォーカス・グループに口頭でインタビューするよりはるかに信頼性の高い情報が得られる。こうした観察の結果、現在の自動車ユーザーは、約二〇〇～二四〇キロの最低走行可能距離（給油せずに運転できる距離）を求めていることがわかった。ほとんどの電気自動車の最低走行可能距離は八〇～一三〇キロにすぎない。また、ドライバーは、一〇秒以内に時速〇キロから一〇〇キロまで加速する自動車を求めている（主にインターチェンジから高速道路に安全に合流するために必要な加速）。ほとんどの電気自動車は約二〇秒かかる。さらに、主流市場の顧客は、幅広い選択肢を求めているが、電気自動車メーカーにとって、この事業の特徴であるわずかな初期販売台数で、そのような品揃えを提供することは不可能である。* グラフの縦軸に、ほぼどのような機能をとっても、ガソリン車には及ばない。

＊この情報は、ドーリング社が一九九四年一〇月に実施し、一九九五年六月二八日にカリフォルニア州エルモンテで開催されたＣＡＲＢの電気自動車消費者市場性に関するワークショップで、トヨタ自動車販売が発表したアンケート結果である。

しかし、この情報だけでは、電気自動車を破壊的と特徴づけることはできない。電気自動車が破壊的になるには、いつか主流市場の一部で競争力を持つであろう性能向上の軌跡に乗っていなければならない。この可能性を評価するには、市場で求められる性能向上と、電気自動車技術によって供給しうる性能向上の軌跡を予測する必要がある。これらの軌跡が並行であれば、電気自動車が主流市場の一部になるとは考えられないが、技術のほうが需要より速いペースで進歩すれば、破壊の脅威は現実のものとなる。

図10・1の点線は、市場で求められる性能向上の軌跡を、必要な加速、走行可能距離、最高速度で示したものだが、ほぼ平坦である。これは、交通規制によって、これ以上馬力のある自動車の有効性が限

られていること、人口的、経済的、地理的要因から、平均的なドライバーの通勤距離の伸びが年一％以下に抑えられていることによる。また、電気自動車の性能は、年率二〜四％のペースで向上しているため、技術の進歩がつづけば、電気自動車は、主流市場で競争できない立場から、将来、競争できるかもしれない地位へ移行する可能性がある。*

＊図10・1のグラフに基づくと、将来の向上率が過去のペースと変わらなければ、破壊的な電気自動車技術が主流市場で競争力を持つまでには、長い時間がかかるだろう。過去の性能向上率は、もちろん、将来も同じペースを維持できると保証するものではない。技術者が途方もない技術的障壁にぶつかる可能性もある。しかし、ここで確実に言えるのは、破壊的技術者に、そのような障壁を回避する方法を見つけようと思わせる要因は、実績ある自動車メーカーに、下位市場に移行するまいと思わせる要因と同じぐらい強力だ、ということである。しかし、現在の向上率がつづけば、たとえば、電気自動車の走行可能距離は、二〇一五年には、主流市場で求められる平均走行距離と交差し、電気自動車の加速は、二〇二〇年には主流市場の需要と交差すると予想できる。これから述べるように、電気自動車のイノベーターにとって重要なことは、主流市場で利用できるまで技術が向上するまで待つのではなく、現在の技術特性を評価する市場を見つけることである。

自動車メーカーの幹部として、電気自動車が気になるのは、環境にやさしい技術に投資することが政治的に正しいからというだけでなく、破壊的技術の匂いがするからである。電気自動車は、主流市場では使うことができない。ガソリン車のバリュー・ネットワークで注目される特性とは異なる特性を持っている。また、技術は、市場の需要の軌跡より速いペースで進化している。

しかし、電気自動車は持続的イノベーションではないから、主要自動車メーカーは、当然、市場がないと考えるだろう。これも破壊的イノベーションの特徴だ。フォードの電気自動車プログラムの責任者のつぎの言葉について考えてみるといい。「レンジャーの電気モデルは、価格が約三万ドルで、走行可能距離が八〇キロ程度の鉛蓄電池を搭載する。……一九九八年、電気自動車を売るのは難しいだろう。性能、コスト、使いやすさの点で、顧客の期待に応じられる製品はつくれない」*。たしかに、こ

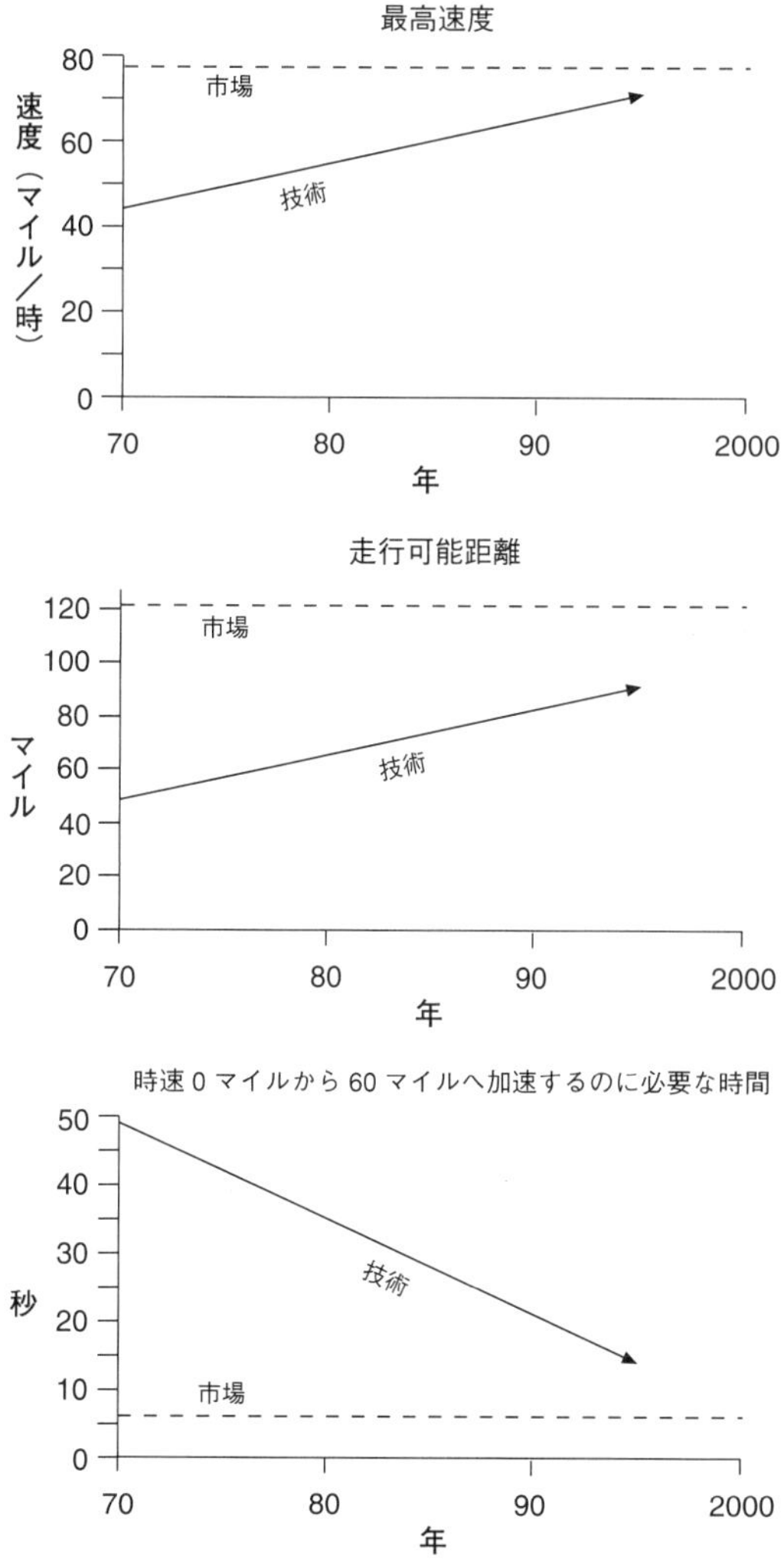

図10.1 電気自動車

資料：W・オールトン・ジョーンズ基金上級エネルギー担当特別会員のポール・J・ミラー博士提供のデータと、電気自動車に関する各種記事のデータれらの指標で現在の性能を評価すれば、主流自動車市場で電気自動車を販売することは、一九八〇年の主要コンピュータ・メーカーに五・二五インチ・ディスク・ドライブを販売するのと同じくらい難しい。

＊フォード・モーター・カンパニーの電気自動車プログラム担当取締役、ジョン・R・ウォレスによる、一九九五年六月二八日にカリフォルニア州エルモンテで開かれたCARBの電気自動車消費者市場性に関するワークショップでの発言。

これらの軌跡を評価する際には、適切な問題設定をするように心がけたい。「電気自動車の性能の軌跡」は、顧客による自動車の使い方によってわかる「市場の需要の軌跡」と交わることがあるのだろうか。業界の専門家は、二つの技術の軌跡を比較して、電気自動車の性能がガソリン車に追いつくことはないと主張するかもしれない。それは正しいのだろう。しかし、ディスク・ドライブ業界の経験を考えてみれば、まちがった問いに対する正しい答えが見つかるだろう。また、バッテリー技術に画期的な技術的躍進がなければ、電気自動車の実質的な市場は生まれないとする山ほどの専門家の意見には耳を貸すが、それで思いとどまることはない。電気自動車を確立されたバリュー・ネットワークの持続的技術と考えれば、専門家の意見が正しいことはまちがいない。しかし、破壊的技術の市場の性質や規模については、専門家が正確に予測したためしはほとんどないため、まだ自分自身の結論は不明確ではあるものの、専門家の懐疑論に対しわたしは懐疑的である。

電気自動車の市場はどこに

電気自動車が潜在的には破壊的技術であると判断したら、つぎの課題は、電気自動車の市場を開拓するマーケティング戦略の決定である。このマーケティング戦略の作成にあたっては、本書であきらかにした三つのポイントを適用する。

第一に、電気自動車は主流市場の基本的な性能要求を満たしていないため、当然ながら、電気自動車は最初は主流の用途には使えないことを認める。したがって、このプログラムになんらかの関係がある人は全員、つぎの点を理解しなければならない。市場がどこにあるのかわからなくても、確実なのは、それが確立された自動車市場の分野ではないことだ。皮肉なことに、ほとんどの自動車メーカーは、資源依存の原則にしたがっていることと、小規模な市場では大企業の成長と収益のニーズを解決できないことから、近視眼的に主流市場に狙いを定めている。そこでわたしは、大手メーカーの直観と能力は、誤った目標に向きやすいことを考慮し、ほかの自動車メーカーに追随して顧客を探したりはしないことにする。*

＊一貫してすぐれた経営を進めてきた企業が、イノベーションの性質が持続的であろうと破壊的であろうと、既存の顧客基盤に向けてイノベーションを推し進めようとする傾向は著しい。本書でも何度か、そのような例を挙げてきた。たとえば、機械式掘削機業界では、ビュサイラス・エリーは「ハイドロホー」によって、油圧式掘削機の技術を主流掘削工事業者向けに生かそうとした。オートバイ業界では、ハーレー・ダビッドソンは、自社のブランド名を付けたローエンド・バイクを従来のディーラー網で発売しようとした。ここでとりあげる電気自動車の場合、クライスラーはミニバンに大量のバッテリーを詰め込んだ。チャールズ・ファーガソンとチャールズ・モリスは、著書『コンピューター・ウォーズ二一世紀の覇者』で、ＩＢＭが縮小命令セット・コンピューティング（ＲＩＳＣ）・マイクロプロセッサー技術を商品化しようとした話について書いている。ＲＩＳＣはＩＢＭで発明され、発明者は、ＲＩＳＣチップを使って「あっというほど速い」コンピュータを組み立てた。ＩＢＭはその後、膨大な時間、資金、人材を投入し、ＲＩＳＣチップをミニコンの主流製品に組み込もうとした。しかし、それには設計上の制約が多く、事業はついに成功しなかった。ＩＢＭのＲＩＳＣチームの主要メンバー数人は、挫折して退社し、その後、ＲＩＳＣチップ・メーカーのミップスや、ヒューレット・パッカードのＲＩＳＣチップ事業の確立に重要な役割を果たした。これらの事業が成功したのは、製品の特性をありのままに受け入れ、その特性を評価したエンジニアリング・ワークステーションに市場を見いだしたためである。ＩＢＭが失敗したのは、先に市場を決めてそこへ技術を

押し込もうとしたからである。おもしろいことに、ＩＢＭは独自のエンジニアリング・ワークステーションを発売したときに、ようやくＲＩＳＣアーキテクチャー・チップの事業を成功させた。チャールズ・ファーガソン、チャールズ・モリス著『コンピューター・ウォーズ 二一世紀の覇者――ポストＩＢＭを制するのは誰か！』（同文書院、一九九三年）。

しかし、破壊的技術市場に早い時期に参入すれば、後続の企業よりはるかに優位に立つための能力を身につけられるので、電気自動車を使える市場を見つけることがわたしの仕事である。足がかりとなるその市場で収益をあげて事業基盤とし、その後の持続的イノベーションにはずみをつけ、破壊的技術として上位市場へ、主流へと移行したい。市場に参入せず、研究者が画期的なバッテリー技術などを開発するのを待っているのが、マネージャーにとっては一番楽な方法だ。しかし、この戦略が破壊的イノベーションによる成功への有効な道筋になることはめったにない。

これまでも述べたように、過去の実例からみて、主流市場で破壊的技術の競争力を失わせている特性が、実は、新しいバリュー・ネットワークでは有利な特性になる。ディスク・ドライブの場合、五・二五インチ・モデルの小ささは、大型コンピュータでは役に立たなかったが、デスクトップにはぴったりだった。初期の油圧式掘削機のバケット容量が小さく、作業半径が狭いことは、一般掘削工事には不便だったが、狭い溝を正確に掘削できるため、住宅工事には便利だった。そこで、妙に聞こえるかもしれないが、マーケティング担当者には、比較的加速が遅く、一五〇キロ以上は走れない自動車に対する未発見のニーズを持っている買い手グループをどこかで見つけるように指示する。

わたしがマーケティング手法の根拠とする第二のポイントは、電気自動車の初期の市場がどのようなものになるかは市場調査ではわからないことだ。コンサルタントを雇うのは簡単だが、確実に言えるのは、彼らの結論はまちがうだろうということだ。顧客自身にも、自分が電気自動車を使うかどうか、使うとしたらどのように使うかはわからない。製品の使い方は、顧客とわれわれが同時に発見していくものだからだ。ホンダのスーパーカブが、予想もしなかった新しいオートバイの用途を開いたように――。市場に関する情報で役に立つのは、実際に市場に踏み込み、試験と検査、試行と錯誤を繰り返し、実際に代金を払う現実の人びとに現実の製品を売ることによって得た情報だけである。政府の規制は、市場の発見という問題を解決するというより、歪める可能性が高い。そこで、わたしの組織は、補助金をあてにしたり、経済とは関係のないカリフォルニア州の規制を事業に利用しようとはせずに、みずからの知恵で生きるように方向づける。

第三のポイントとして、この事業は既知の戦略を実行するためではなく、学習のための計画でなくてはならない。最初から適切な市場に適切な製品を送り込み、適切な戦略をとるよう最善の努力はするが、最初のターゲットに向かって事業を進めるうちに、さらにすぐれた方向性が見えてくる可能性が高い。そこで、過ちをおかしたら、できるだけ早くなにが正しいのかを学ぶ必要がある。アップルがニュートンで、ヒューレット・パッカードがキティホークでそうしたように、最初から一か八かの賭けに全資源をつぎ込んだり、組織の威信を賭けてはならない。二回目、三回目の挑戦のために資源を残しておく必要がある。

この三つのコンセプトが、わたしのマーケティング戦略の基礎になる。

潜在市場――推測

なにが電気自動車の最初のバリュー・ネットワークになるだろうか。これも予測するのは不可能だが、電気自動車の弱点が強みと考えられる分野であることは、ほぼまちがいない。ある学生は、高校生の子供に、学校や友人の家まで往復するための車を買ってやる親が、電気自動車の豊かな市場になるのではないかと提案した。この案を採用するとして、電気自動車が単純であること、加速が遅いこと、走行範囲が限られていることは、一〇代の子供の車には望ましい特性だと親は考えるだろう。特に、一〇代を念頭に置いたデザインにするといいだろう。マーケティングの方法が正しければ、なにが起きるかわからない。前の世代は、ホンダに乗ったすばらしい人びとに出会ったではないか。

もう一つ、初期の市場として考えられるのは、急成長している東南アジア諸国の雑然とした、大気汚染の激しい都市向けの、タクシーや小荷物配達車である。バンコクの道路は、一日中車で埋めつくされ、いつも渋滞していてアイドリングの状態で、時速五〇キロ以上出すことはない。電気自動車なら、アイドリング中にバッテリーを使う必要はないので、消耗も少ない。小型車の扱いやすさ、駐車のしやすさも魅力だろう。

このような市場のアイデアは、最終的に当たるかどうかはともかく、少なくとも、破壊的技術の発展と成長の過程と矛盾しない。

電気自動車を販売している自動車メーカーの現状

電気自動車の初期市場を見づけて明確にする方法としてここで提案した戦略は、現在、大手自動車メーカーがとっているマーケティング手法とは対照的である。各社とも、破壊的技術の扱いを誤った実績ある企業の例に漏れず、主流市場に電気自動車を売り込むのに苦心している。一九九五年、クライスラーの営業本部長のウィリアム・グローブは、一九九八年に向けた販売計画についてこう語っている。*

＊グローブの話の背景には、ＣＡＲＢが、カリフォルニア州でガソリン自動車を販売するすべての企業は、一九九八年までに、州内の自動車販売台数全体のうち二％を電気自動車にしなければならないとの規制を定めたことがある。前述のように、州政府は一九九六年、この規制の実施を二〇〇二年まで延期した。

クライスラーは、一九九八年に間に合うように、新型ミニバンの電気バージョンを提供する準備を進めている。電気専用の車種を開発するか、既存のプラットフォームを改良するかを詳細に検討した結果、ミニバンを電気自動車のプラットフォームとして使う選択が、当社にとっては最適の方法と考えられる。当社の経験から、この車種は、電気自動車を売るには最適の機会となるだろう。……われわれの直面している問題は、魅力的なパッケージを創造することではない。新型ミニバンは、魅力的なパッケージだ。問題は、十分なエネルギー容量を搭載できないことだ。＊

＊クライスラー地域営業部門営業本部長のウィリアム・グローブによる、一九九五年六月二八日にカリフォルニア州エルモンテで開かれたＣＡＲＢの電気自動車消費者市場性に関するワークショップでの発言。

クライスラーは、主流市場で製品を販売するために、ミニバンに七〇〇キログラムものバッテリーを詰め込む必要があった。もちろん、そのせいで加速ははるかに遅くなり、走行可能距離は短くなり、制動距離はガソリン車より長くなる。クライスラーが電気自動車をこのように位置づけたため、業界アナリストは必然的に、主流バリュー・ネットワークの主な尺度を用いて、この製品をガソリン・ミニバンと比較する。ガソリン・モデルが二万二〇〇〇ドルなのに対して、電気モデルの予想価格が一〇万ドルとなれば、まともな頭を持った人は、この製品を買うことなど考えもしないだろう。

当然ながら、クライスラーのマーケティング担当者は、州の規制で義務づけられているとはいえ、カリフォルニア州で電気ミニバンが売れるかどうかについてはきわめて悲観的だ。たとえば、ウィリアム・グローブは、上記の発言のあと、つぎのように述べている。

市場は、顧客が所有したいと思う魅力的な製品によって開拓される。つまらない製品を市場に持ち込んで、継続的な顧客基盤を確立しようと考える営業担当者はいない。消費者に欲しくないものを買わせることはできない。消費者主導の自由市場経済で、規制は役に立たない。電気自動車が市場で地位を築くには、現在のガソリン車に見劣りのしない立派な製品が必要だ。

クライスラーのようなマーケティングの枠組みでとらえるなら、この結論は至極もっともだ。* 主流顧客が最初から破壊的技術を使うことはありえない。

*クライスラーの電気自動車に関するデータは、クライスラーがこのような形で破壊的技術を商品化しようとしたために決まったものであり、電気自動車がすべて同じというわけではない。ゼネラル・モーターズのように、別の軽い用途向けに設計された電気自動車では、走行可能距離は一六〇キロにもなる。

われわれの製品、技術、販売戦略をどうするべきか

破壊的イノベーションの製品開発

技術者に最初の電気自動車の設計方針を伝えるのは難しいだろう。鶏が先か、卵が先かという問題が

あるからだ。市場がなければ、顧客から信頼性が高い確実な情報は得られない。顧客のニーズに応える製品がなければ、市場もありえない。このような真空状態で、どのように製品を設計したらよいのか。さいわい、本書に述べた原則が役に立つ。

貴重な指針のほとんどは第九章にある。そこでは、製品のライフサイクルとともに競争の基盤が変化すること、性能の供給過剰、つまり、技術によって供給される性能が市場の実際のニーズを超えると、進化自体が循環することを述べた。過去の例からみて、性能の供給過剰が起きると、単純、低価格で便利な技術、また、たいていの場合は破壊的な技術の入り込む余地が生まれる。

自動車にも、すでに性能の供給過剰は起きているようだ。車体とエンジンの大きさ、時速〇キロから一〇〇キロまで数秒で加速することの価値、過剰なオプションに対する消費者の対応能力には限界がある。このため、製品の競争と顧客の選択は、機能という尺度から、信頼性や利便性などのほかの特性に移行すると考えていいはずだ。過去三〇年に北米市場に参入して成功した企業のほとんどが、このことを実証している。そうした企業は、機能のすぐれた製品を発売したから成功したのではなく、信頼性や利便性をベースに競争したから成功したのだ。

たとえば、トヨタは、シンプルで信頼性の高いコロナで米国市場に参入し、ローエンド市場で地位を築いた。その後、上位市場に移行する魅力に引きつけられ、機能や特色を拡張したカムリ、プレビア、レクサスなどを発売したため、下位市場に空白が生じ、そこへサターン、現代《ヒュンダイ》などの新規企業が参入した。サターンの販売戦略の特徴は、自動車を購入し所有するという、顧客の経験全体を安心で便利なものにすることだが、最近の報道からみて、同社もまもなく上位市場に移行するとみられ、またしても下位市場に単純で便利な乗物が参入する余地が生じるだろう。

したがって、電気自動車競争の第一段階で勝つのは、シンプルさ、便利さを特徴とした設計であり、そのような特性が重要な価値基準になる新しいバリュー・ネットワークのなかで発展することは、まちがいない。本書で述べた破壊的技術はいずれも、以前の製品より小さく、単純で便利だった。いずれも、最初は単純さ、便利さが評価される新しいバリュー・ネットワークで使われた。小型で単純なディスク・ドライブ、デスクトップ・コンピュータやポータブル・コンピュータ、油圧式バックホー、総合製鉄所に対するミニミル、注射器に対するインシュリン注射ペンなど、すべてに当てはまることだ*。

*小さくて単純で便利な破壊的技術には、このほかにも、本書に挙げきれなかったさまざまな製品がある。卓上コピー機、外科手術用ホチキス、携帯型トランジスタ・ラジオとテレビ、ヘリカル・スキャン式ビデオ・カセット・レコーダー、電子レンジ、バブルジェット・プリンターなどである。これらの破壊的技術はすべて、まずは単純で便利であることを最大の価値基準とし、当初の市場と主流市場の両方を支配するまでになった。

これらの特質を指針として、つぎの三つの基準にしたがって設計を進めるよう技術者に指示する。

第一に、この自動車は単純で信頼性が高く、便利でなければならない。そのためには、たとえば、一般の電源を使ってバッテリーを簡単に充電する方法が、不動の技術目標となるだろう。

第二に、この製品の最終的な市場と用途はだれにもわからないため、特徴、機能、スタイルを短期間に低コストで変更できる製品プラットフォームを設計する必要がある。たとえば、電気自動車の最初の顧客が、学校や友人の家などへ往復するために一〇代の子供が使う車を買う親だとしたら、第一号モデルは、ティーンエージャーにとって魅力的な特徴やスタイルにする。しかし、最初にターゲットにするのはこの市場でも、コンセプトがまちがっていたとわかる可能性も高い。そこで、第一号モデルは短期間に低コストで仕上げ、市場からフィードバックが返ってきたらつくり直すための予算を十分に残して

おくべきである。＊

＊破壊的技術によく見られるパターンだが、決定的な製品設計に達するまでには時間と実験と試行錯誤が必要だとする考え方については、この章のなかで述べていく。

第三に、価格は低く設定しておかなければならない。破壊的技術は、使用コストが高くつく場合はあるが、単価は主流市場の製品より低いのが通常である。デスクトップ・パソコンでディスク・ドライブが使えるようになったのは、単にサイズが小さいからではない。単価が安く、パソコン全体の価格水準の枠内におさまったからだ。しかし、一MBあたりの価格では、つねに小型ディスク・ドライブのほうが大型ディスク・ドライブより高い。同様に、掘削機の場合も、掘削機一台の価格は、初期の油圧式モデルのほうが定番のケーブル駆動モデルより安かったが、一時間に移動できる土の容積あたりのコストは、油圧式のほうがはるかに高かった。したがって、この電気自動車は、一キロあたりの走行コストは高いとしても、単価ではガソリン車の価格を下回る必要がある。顧客が便利さに対して割り増し価格を支払うことは、過去のさまざまな例からあきらかだ。

破壊的イノベーションの技術戦略

われわれの技術計画は、プロジェクトが成功するまでの過程で技術の躍進を必要とするものではない。過去の例から、破壊的技術に新技術はいらない。それはむしろ、実証済みの技術からできた部品で構成され、それまでにない特性を顧客に提供する新しい製品アーキテクチャーのなかで組み立てられる。

現在、電気自動車の開発に取り組んでいる大手自動車メーカーはすべて、電気自動車が商業的に成功するには、バッテリー技術の躍進が絶対条件だと考えている。たとえば、フォードのジョン・ウォレスは、つぎのように話している。

ジレンマとなっているのは、今日のバッテリーでは消費者のニーズを満たせないことだ。現在のバッテリー技術を知っている人ならだれでも、電気自動車はまだ全盛期を迎えられる状態ではないと言うだろう。一九九八年までに開発できるバッテリーはいずれも、走行可能距離が（消費者の需要より）一五〇キロは不足している。走行可能距離とコストの問題に対する唯一の解決策は、バッテリー技術の向上である。電気自動車市場が商業的に成功するには、バッテリー技術の開発に資源をつぎ込まなければならない。米国先進バッテリー・コンソーシアムなどの業界努力にくわえて、電力会社、バッテリー・メーカー、環境保護主義者、規制当局など、すべての電気自動車関係者が協力することが、電気自動車の市場性を確保する最も有効な方法である。*

＊フォードのジョン・R・ウォレスによる、一九九五年六月二八日にカリフォルニア州エルモンテで開かれたＣＡＲＢの電気自動車消費者市場性に関するワークショップでの発言。

クライスラーのウィリアム・グローブも、同じような立場をとっている。「電気自動車に使われる最先端の鉛蓄電池は、八リットルのガソリンにも及ばない。これでは、毎日ガソリン警告灯が点灯した状態で家を出るようなものだ。要するに、バッテリー技術が整っていない*」

＊ＣＡＲＢのワークショップにおけるグローブの発言。

これらの企業が、電気自動車が商業的に成功するにはバッテリー技術が重大なボトルネックであると考えるのは、経営陣が、主流市場を念頭に、製品を位置づけているからである。クライスラーにとって、それは電気ミニバンを意味する。フォードにとっては、電気レンジャーである。このような位置づけでは、本質的に破壊的である技術から、持続的技術としての影響力を引き出すしかない。バッテリー技術の躍進が必要なのは、それがあれば、電気自動車をいくらかは持続的技術として位置づける選択肢が生まれるからである。経営者が破壊的技術の基本法則に調和し、電気自動車の弱点が強みになる市場を開拓する企業には、バッテリーの躍進は必要ないだろう。

バッテリー技術の進歩は、どこから生まれるのだろうか。過去の例をみると、つぎのことがわかる。走行可能距離二四〇キロの高馬力の自動車（そのようなものが開発できるとして）に必要なバッテリー技術のイノベーションを遂げる企業は、実証済みの技術を使って新しいバリュー・ネットワークを開拓し、それらを魅力の大きい上位市場へ持ち込むために必要な持続的技術を開発する先駆者になるだろう。優良企業は一般に、上位市場へは移動できるが、下位市場へは移動できない。したがってバッテリー技術の壁を破る勢いを持っているのは、電気自動車の下位市場を開拓してから、規模と収益性の大きい主流をめざして上位市場へ移動しようとする破壊的イノベーターであると考えられる。

破壊的イノベーションの販売戦略

破壊的製品は、主要な販売チャネルを塗り替えてしまうのがつねである。販売店の経済、つまり収益獲得モデルは、メーカーのモデルと同様、主流バリュー・ネットワークに強い影響を受けて形成されているからだ。ソニーが、便利で信頼性の高い携帯用トランジスター・ラジオとテレビという破壊的製品を発売したことによって、主な販売チャネルは、電器店やデパートのようなコストのかかる販売支援や地域サービス網（真空管製品には必要だった）から、量販志向で間接費の低いディスカウント・ストアへと移った。ホンダの破壊的なオートバイは、主流のオートバイ・ディーラーから拒絶されたため、会社はスポーツ用品店という新しい経路を開拓せざるをえなかった。ハーレー・ダビッドソンの小型バイク計画が失敗した最大の理由は、ディーラーが拒否したからである。ハーレーが買収したイタリア製小型バイクのイメージと経済は、既存のディーラー網には合わなかった。

破壊的技術と新しい流通経路が結びつくことが多い背景には、経済的な理由がある。小売業者と流通業者は、第五章のクレスギとウールワースの話で示したように、明解な収益モデルを持っていることが多い。高額製品を高い利益率で少数販売して利益を稼ぐ者もあれば、最小限の間接費で薄利多売によって利益を稼ぐ者もある。販売した製品のサービスで利益を稼ぐ者もある。破壊的技術は、実績ある企業の収益向上モデルに合わないのと同様に、その流通業者のモデルにも合わないことが多い。したがって、わたしの電気自動車のプログラムでは、基本的な戦略の前提として、製品の新しい流通経路を見つけるか、創設する必要があるだろう。さもなければ、ガソリン車の主流ディーラーは、ここで計画している破壊的な電気自動車を、自分たちの成功に必要なものとは考えないからだ。

破壊的イノベーションに最も適した組織とは

電気自動車を潜在的な破壊的技術と見きわめ、現実的な方向を見定めて潜在市場を探し、製品の設計、技術、流通網に関する戦略的パラメーターを確立したら、プログラム・マネージャーがつぎに取り組むべき問題は組織である。上層部がそのプログラムに力を入れているようでも、実績ある企業の合理的な資源配分プロセスは、破壊的技術に対して生き残りに必要な資源を配分することを拒否するため、このプロジェクトが成功する組織環境を整えることはきわめて重要である。

独立組織のスピンオフ

第五章で資源依存に関して述べたように、破壊的技術で市場での強力な地位を築いた企業は、主流組織から自律的な運営組織を独立させている。カンタム、コントロール・データ、IBMのパソコン部門、アレン・ブラッドリー、ヒューレット・パッカードのデスクジェット計画がすべて成功したのは、破壊的技術の商品化が成功すれば確実に生き残る組織を新設したからである。これらの企業は、破壊的技術に特化した組織を新しいバリュー・ネットワークのなかに組み込んだ。

そこで、わたしもプログラム・マネージャーとして、電気自動車技術を商品化する独立組織として、GMのサターン部門のような自律的な事業部門、または株式の大部分を所有する独立企業を新設するよう、経営陣に強く働きかける。独立組織ならば、優秀な従業員は、現在の収入源である顧客のための問題解決に何度も駆り出されることなく、電気自動車に専念できる。また、自分たちの顧客の要求は、このプログラムに集中し、興味と意欲をもって取り組むために役立つだろう。

独立組織にすると、資源依存モデルが親組織ではなく自分たちのために機能するばかりでなく、小さな市場では大企業が成長できず利益を出せないという原則にも対応できる。電気自動車市場は、まだ何年かは小規模な市場であり、大手自動車メーカーの売り上げや利益に大きく寄与することはないだろう。そのため、大手メーカーの上層部には、電気自動車に優先的に力を入れたり、資源を割り当てることは期待できず、優秀なマネージャーや技術者は、収益面では取るに足らないこのプロジェクトに関わりたいとは思わないだろう。マネージャーや技術者は、社内での自分の将来を確実にするため、周辺事業ではなく、主流事業に参加したいと考えるのが当然である。

新しい電気自動車事業は、最初の数年は、注文件数は万どころか、百の単位だろう。運よく勝利をつかんでも、ごく小さなものであることはまちがいない。小規模な独立組織では、このような小さな勝利がエネルギーと熱意を生む。主流部門ならば、事業を続ける価値があるのかどうかさえ疑問視されるだろうが……。事業を続ける価値があるかどうかという問いに対しては、わたしたちの組織の顧客に答えてもらいたい。主流組織の効率アナリストに対して自分たちの存在を弁護するために、貴重な管理エネルギーを費やしたくはない。

イノベーションは、困難と不透明性に満ちている。そのため、このプロジェクトはつねに、組織が成長と収益性を高めるために通らなければならないと全員が考える道の上に位置づけておきたい。このプロジェクトがその過程にあると全員が考えるなら、問題が起きたときにも、組織はどうにかして解決し、成功する方法を見つけるだろう。しかし、主だった人びとが、このプログラムが組織の成長と利益のために重要ではないと考えたり、利益をむしばむアイデアだとさえ考える場合には、いくら技術が単純でも、プロジェクトは失敗するだろう。

この問題に対処する方法は、二つに一つである。破壊的技術が利益を生むことを、主流組織の全員の頭と魂に吹き込むか、このプログラムを成功のために必要な過程と考えることができる程度の規模の、適切なコスト構造を持った組織を新設するかである。マネージャーにとっては、後者のほうがはるかに扱いやすい。

小規模な独立組織のほうが、失敗に対しても正しい態度でのぞめる可能性が高い。最初の市場への進出は、成功しない可能性が高い。そこで、失敗に対する柔軟性が必要だが、自信を失うことなく再び挑戦できるように、失敗は小さくとどめる必要がある。ここでも、失敗に対する耐久性を身に付ける方法は二つある。主流組織の価値基準と文化を変えるか、新しい組織をつくるかである。主流組織にリスクや失敗に対し、もっと寛容になるよう頼むのは難しい。その理由として最も多いのは、持続的技術の変化に投資している際は、一般にマーケティングの失敗を許したくないからだ。主流組織は、顧客のニーズを調べることもできる既存の市場に対して、持続的イノベーションを持ち込む。このようなプロセスには、最初は失敗してもよいということはない。このようなイノベーションは、綿密に計画し、協調して実行する必要がある。

最後に、独立組織にはさほど大きな資金力は必要ない。親企業に多額の利益を計上しなければならないとのプレッシャーを社員に与えたくはないが（そのようなプレッシャーを受けると、最初から大きな市場を探して、無駄な結果に終わる可能性が高い）、小さな組織の財政をできるだけ早く楽にするために、なんらかの方法を見つけたい、どこかに顧客を見つけたいとのプレッシャーは、つねに感じてほしい。新しい市場の開拓につきものの試行錯誤のなかで、強いモチベーションを育てていく必要がある。

もちろん、このように明確に独立組織のスピンアウトを求めることには、危険もある。やみくもにこの方法を適用し、スカンクワークやスピンオフを、あらゆる問題に対する万能薬と考えるマネージャーがいるかもしれないからだ。実は、スピンアウトが適切な手段だと言えるのは、破壊的イノベーションに直面したときだけである。持続的イノベーションの開発と実現に関しては、大規模な主流組織のほうがはるかに創造的であることが強く裏づけられている。[*] 言い換えれば、イノベーションにどの程度の破壊性が潜んでいるかによって、主流企業がイノベーションに成功するのはどのような場合か、失敗すると予想されるのはどのような場合かが、かなりはっきりと見えてくる。

＊第一章と第二章でまとめたディスク・ドライブに関する研究から、実績ある企業は、きわめて複雑でリスクの大きい持続的技術でリードを保つための資源を集める能力があることがわかったが、ほかの業界についても、同様の事実がみられる。

図5・6に示した枠組みのなかで、電気自動車は、破壊的イノベーションに位置するだけでなく、大幅なアーキテクチャーの変更にも関わっている。製品の内部だけでなく、バリューチェーン全体に影響を与える変更である。調達から流通にいたるまで、各部門が以前とは異なる方法で協調する必要がある。そのため、このプロジェクトは、主流企業からは独立した組織で、重量チームとしてマネジメントする必要がある。この組織構造によって電気自動車プログラムが成功する保証はないが、少なくとも破壊的イノベーションの原則に逆らうのではなく、調和する環境のなかで、チームが開発に取り組むことができるだろう。

第十一章　イノベーションのジレンマ――まとめ――

本書で報告した研究のなかで、特に喜ばしい結論は、如才なくマネジメントし、懸命に働き、愚かな過ちをあまりおかさないようにすることが、イノベーターのジレンマに対する答えではなかった点である。この発見がなぜ喜ばしいかというと、筆者の知っている経営者は、このうえなく頭がよく、熱心に働き、過ちをおかすことの少ない人たちだからである。破壊的技術が呈する問題に対して、これ以上すぐれた人材を探すしか答えがないとしたら、このジレンマを解決することはできないだろう。

本書では、みごとな成功をおさめてきた企業の有能な経営陣が、ひたすら利益と成長を求めるうちに、最高の経営手法を使って、企業を失敗に導く場合があることを学んだ。しかし、破壊的イノベーションに直面したときにうまく機能しないからといって、主流市場で企業を成功に導いてきた能力、組織構造、意思決定プロセスを捨てる必要はない。企業が直面するイノベーションの大部分は、持続的な性質のものであり、これらの能力は、このような種類のイノベーションに取り組むためにつくられている。そのような企業のマネージャーは、これらの能力、文化、慣行が、ある条件のもとでのみ有効であることを認識していればよい。

人生のなかでもとりわけ有益な洞察は、実に単純なものであることが多い。あとになって考えると、本書の結論の多くも同じである。最初は直感に反するように思われたが、理解するにしたがって、その洞察が単純で道理にかなったものであることがわかった。ここでは、イノベーターのジレンマと戦うことになるかもしれない読者に役立つよう願って、それらの洞察をふりかえってみる。

第一に、市場が求める、あるいは市場が吸収できる進歩のペースは、技術によって供給される進歩のペースとは異なる場合がある。つまり、今のところ顧客に役に立つとは思えない製品、つまり破壊的技術が、明日にはニーズに応えられるかもしれない。この可能性を認識するなら、顧客が現在必要としていないイノベーションについては、顧客を頼るべきではない。顧客と緊密な関係を保つことは、持続的イノベーションに取り組むには重要な経営パラダイムだが、破壊的イノベーションに取り組む際には、誤ったデータの源になりかねない。現状を分析し、会社が直面しているのがどちらの状況なのかをあきらかにするには、軌跡グラフが有効である。

第二に、イノベーションのマネジメントには、資源配分プロセスが反映される。必要な資金と人材を獲得した革新案には、成功の可能性がある。公式に、あるいは事実上、低い優先順位しか与えられていない革新案は、資源不足に苦しみ、成功する可能性はほとんどない。イノベーションのマネジメントが難しい理由の一つは、資源配分プロセスのマネジメントが複雑なことにある。資源配分の決定をくだすのは経営者のように思われるかもしれないが、その決定を実行するのは、企業の主流バリュー・ネットワークのなかで知識と直感を身につけてきたスタッフである。かれらは、収益性を高めるために企業がなにをすべきかを知っている。企業が成功しつづけるためには、社員はそのような知識と直感を磨いて行使しつづける必要がある。しかし、収益面で魅力の大きい別の事業がなくなりでもしないかぎり、破壊的技術の追求に資源を集中させておくことは、きわめて難しいだろう。

第三に、あらゆるイノベーションの問題には、資源配分の問題と同様、市場と技術の組み合わせの問題がともなう。成功している企業は、持続的技術を商品化し、顧客が求めるものを絶えず改良して提供する能力に長けている。この能力は、持続的技術に取り組むには貴重だが、破壊的技術に取り組む際には、目的に合致しない。成功している企業のほとんどがそうするように、またディスク・ドライブ、掘削機、電気自動車業界の例で見てきたように、企業が破壊的技術を、現在の主流顧客のニーズにむりやり合わせようとすると、ほぼまちがいなく失敗する。過去の例からみて、成功する可能性の高い方法は、現在の破壊的技術の特性を評価する新しい市場を開拓することである。破壊的技術は、技術的な挑戦ではなく、マーケティング上の挑戦ととらえる必要がある。

第四に、たいていの組織の能力は、経営者が考えるよりはるかに専門化されており、特定の状況にのみ対応できるものである。これは、その能力がバリュー・ネットワークのなかで身についたものだからだ。したがって、組織は、特定の新技術を特定の市場に持ち込む能力はあるが、技術を別のやり方で市場に持ち込むことはできない。ある次元の失敗には耐えられるが、別の種類の失敗には耐えられない。粗利益率がある水準にあれば利益をあげられるが、別の水準になると利益をあげられない。受注規模が一定の範囲にあれば利益をあげられるが、受注規模が変われば利益をあげられない。通常、企業が対応できる製品開発サイクルの期間と生産に至るペースは、企業が属するバリュー・ネットワークのなかで培われたものである。

これらの組織や個人の能力は、過去に取り組んだ問題の種類によって決められ、磨かれたものであり、その性質は、過去に競争してきたバリュー・ネットワークの性質によって形成されている。破壊的技術によって生み出された新しい市場は、それぞれの次元で、まったく別の能力を必要とすることが多い。

第五に、破壊的技術に直面したとき、目標を定めて大規模な投資を行うために必要な情報は存在しないことが多い。コストをかけず、すばやく柔軟に市場と製品に進出することによって、情報を生み出す必要がある。破壊的技術の製品特性や市場での用途について固執した考えを持つのは非常に危険だ。したがって、破壊的技術によって成功を求めるには、試行錯誤が必要である。成功している企業は、持続的技術の失敗には寛容であるべきではなく、また、寛容にはなれないため、破壊的技術の失敗に寛容になることは難しい。

破壊的技術に関するアイデアが失敗する確率は高いが、破壊的技術の新しい市場を開拓する事業全体をみれば、さほどリスクの高いものではない。最初のアイデアにすべてを賭けず、試行錯誤し、学習と挑戦を繰り返す余裕を残しておくマネージャーは、破壊的イノベーションの商品化に必要な顧客、市場、技術に対する理解を深めることに成功する。

第六に、つねに先駆者になる、つねに追随者になるといった一面的な技術戦略をとるのは賢明でない。企業は、破壊的技術と持続的技術のどちらに取り組むかによって、明確に異なる姿勢をとる必要がある。破壊的イノベーションの場合、先駆者は圧倒的に有利であり、リーダーシップが重要である。しかし、持続的技術はそうでない場合が多い。少しずつ改良を繰り返すことにより、従来の技術の性能を高める戦略をとる企業も、業界に先駆けて大幅な技術革新を進める戦略をとる企業も、成功の度合いはほぼ同じであることが実証されている。

第七に、本書でまとめた研究によれば、新規参入や市場の移動に対しては、経済学者が定義し、重視してきたような障壁とはまったく別の、強力な障壁がある。経済学者は、新規参入や市場の移動に対する障壁と、それがどのように作用するかについて、さまざまな意見を述べてきた。しかし、それらのなかでも典型的なのは、入手や複製の難しい資産や資源といった「物」を重視する見解である*。小規模な新規参入企業が破壊的技術の新しい市場を開拓するときに利用できるのは、実績ある大手企業にとってそれが意味のない活動だという事実だろう。優秀なマネージャーの多い成功している企業は、技術、ブランド名、生産能力、マネジメント経験、販売戦力、資力などに恵まれていながら、自社の収益獲得モデルに適合しないことに時間をかけるのは非常に難しい。破壊的技術は、投資することが最も重要な時期にはほとんど意味を持たないため、実績ある企業の慣習的な経営知識が参入や市場移動の障壁になることはまちがいないと思ってよい。この障壁は、それほど強力に浸透している。

＊「物」とは、固有技術、効率生産のための最低規模が大きい巨額の製造プラントの所有権、主要市場における強力な流通網の先取権、重要な原材料やユニークな人材の支配権、強力なブランド名から得られる信用と評判、生産経験の蓄積や巨大なスケール・メリットの存在といった障壁を意味する。

しかし、実績ある企業でも、この障壁を超えることは可能である。持続的技術と破壊的技術の需要の衝突によってイノベーターが直面するジレンマは、解決できる。マネージャーはまず、これらの衝突がどのようなものかを理解する必要がある。つぎに、各組織の市場での地位、経済構造、開発能力、価値が、顧客の力と調和し、持続的イノベーションと破壊的イノベーションというまったく異なる仕事を邪魔せず、支援する環境をつくり出す必要がある。本書がそのために役立つことを願ってやまない。

『イノベーションのジレンマ』グループ討論の手引き

以下に示す概略と質問は、本書に書かれていることが、現在のさまざまな業界にどのように現れているか、また、将来にどのような意味を持つかを考察し、討論するための資料である。

本書の論旨

クレイトン・クリステンセン教授は『イノベーションのジレンマ』のなかで、「なぜ優良企業が失敗するのか」と質問している。優良企業がたびたび失敗するのは、そのような企業を業界リーダーに押し上げた経営慣行そのものが、破壊的技術の開発を困難にし、最終的に市場を奪われる原因となるからだという。優良企業は、既存の顧客の需要に応えて製品の性能を高める持続的技術の開発を得意としている。そのような企業の経営慣行には、つぎのような特徴があるからだ。

顧客の声に耳を傾ける。

求められたものを提供する技術に積極的に投資する。

利益率の向上をめざす。

小さな市場より大きな市場を目標とする。

しかし、破壊的技術は、持続的技術とはあきらかに異なる。破壊的技術は、市場の価値基準を変える。破壊的技術は、最初に出現するときには、ほぼ例外なく、主流顧客が評価する特性については性能が低い。たとえば、コンピューターのディスク・ドライブの場合、破壊的技術は、かならず以前の技術より容量が少なかった。しかし、破壊的技術には、少数派の（たいていは新しい）顧客に評価される別の特性がある。通常は、低価格、小型、単純、使いやすいという特長がある。このため、新しい市場が開拓される。さらに、破壊的技術の開発者は、経験と十分な投資によって、絶えず製品の性能を高めていくため、やがて従来の市場を浸食するようになる。主流顧客が注目する特性についても、十分な性能が得られるようになり、さらに新しい特性が加わるからである。

『イノベーションのジレンマ』は、破壊的技術が従来の技術に取って代わる過程と、優良企業に見られるある強力な力が、破壊的技術の開発を妨げる要因になることを述べている。著者は、破壊的技術の五原則の枠組みを使って、既存の技術を利用するにはもっとも効果的な経営慣行が、破壊的技術の開発を妨げる理由を説明している。さらに、企業経営者がこれらの原則にどのように従えば、将来自分たちの市場に広がるであろう新技術をうまく開発できるのかを示唆している。

破壊的技術の原則

一、企業は顧客と投資家に資源を依存している

企業が生き残るためには、顧客や投資家が必要とする製品、サービス、収益を提供しなければならない。このため、業績のすぐれた企業には、顧客が求めないアイデアは切り捨てるシステムが整備されている。その結果、このような企業にとって、顧客が求めず、利益率が低い破壊的技術に十分な資源を投資することはきわめて難しい。顧客がそれを求めるようになるころには、もう遅すぎる。

二、小規模な市場では大企業の成長ニーズを解決できない

成功している企業は、株価を維持し、従業員に機会を与えるために、成長し続ける必要がある。成長率を高める必要はないが、維持しなければならない。さらに、会社の規模が大きくなると、同じ成長率を維持するためには、新しい収入の金額を増やす必要がある。そのため、将来は大規模な市場になるはずの小さな新興市場に参入することが、しだいに難しくなってくる。成長率を維持するには、大規模な市場に的をしぼらなければならない。

三、存在しない市場は分析できない

確実な市場調査と綿密な計画のあとで計画どおりに実行することが、すぐれた経営の特徴である。しかし、投資プロセスの過程で、市場規模や収益率を数量化してからでなければ市場に参入できない企業は、破壊的技術に直面したとき、まだ存在しない市場に関するデータを必要とするために、手も足も出

なくなる。

四、組織の能力は無能力の決定的要因になる

組織の能力は、その中で働く人材の能力とは無関係である。組織の能力は、労働力、エネルギー、原材料、情報、資金、技術といった入力を価値の向上という出力に変えるプロセスと、組織の経営者や従業員が優先事項を決定するときの価値基準によって決まる。人材などの資源と異なり、プロセスや価値基準には柔軟性はない。組織の能力を生みだすプロセスや価値基準も、状況が変わると組織の無能力の決定的要因になる。

五、技術の供給は市場の需要と等しいとはかぎらない

破壊的技術は、当初は小規模な市場でしか使われないが、いずれ主流市場で競争力を持つようになる。これは、技術の進歩のペースが、時として主流顧客が求める、または吸収できる性能向上のペースを上回るためである。その結果、現在は主流の製品が主流市場が求める性能を超えたり、現在は主流市場の顧客が期待する性能に及ばない破壊的技術が明日には性能面で競争力を持つ可能性がある。二つ以上の製品が十分な性能基準を満たせば、顧客は、ほかの基準にしたがって製品を選ぶようになる。これらの基準は、信頼性、利便性、価格の順で変化することが多く、いずれの基準についても、新しい技術のほうが有利であることが多い。

経営者が新しい技術に取り組むときにおかす最大の過ちは、破壊的技術の原則と戦い、克服しようと

することである。持続的技術では成功してきた従来の経営慣行を適用すると、破壊的技術ではかならず失敗する。成功につながる最も有効な方法は、破壊的技術に関する自然の法則を理解し、それを利用して新しい市場と製品を生み出すことである。破壊的技術が発展する背景にある力学を認識すれば、破壊的技術によって生じる機会にうまく対処できる。

とりわけ、破壊的技術に直面した経営者に対して、つぎのことを勧めている。

一、破壊的技術の開発を、そのような技術を必要とする顧客がいる組織にまかせることで、プロジェクトに資源が流れるようにする。

二、独立組織は、小さな勝利にも前向きになれるように小規模にする。

三、失敗に備える。最初からうまくいくと考えてはならない。破壊的技術を商品化するための初期の努力は、学習の機会と考える。データを収集しながら修正すればよい。

四、躍進を期待してはならない。早い段階から行動し、現在の技術の特性に合った市場を見つける。それは現在の主流市場とは別の場所になるだろう。主流市場にとって魅力の薄い破壊的技術の特性が、新しい市場をつくり出す要因になる。

討論用の質問事項

一、破壊的技術には、次のような特徴がある。

単純、低価格、性能が低い。

一般的に、利益率は低い。

大企業にとって最もうまみのある顧客は、通常、それらを利用できず、利用したいと考えない。

最初は新しい市場か小規模な市場で商品化される。

本書では、ディスク・ドライブ、掘削機、鉄鋼、自動車の各業界における破壊的イノベーションについて述べている。歴史をふりかえって、ほかに破壊的技術が以前の製品や業界を覆した例はあるだろうか。最近現れた破壊的技術で、自分の会社を脅かすことになりそうなものはあるだろうか。

二、どのような市場でも、企業は上位市場の価格の高い複雑な製品へと移行する傾向がある。企業にとって、単純な低価格製品の市場に参入することが難しいのはなぜだろうか。上位市場への移行を続けて失敗した企業はあるだろうか。どうすれば避けられただろうか。

三、大企業にとって致命的になりうる上位市場への移行の傾向は、新興市場が主流市場へと発展していく原動力にもなっている。本書の例のほかに、上位市場に移行して成功した企業はあるだろうか。

四、破壊的技術を商品化する場合、予想が間違っているという想定のもとに投資を開始することが重要なのはなぜか。本書のオートバイ、掘削機、ディスク・ドライブの例のほかに、企業がある用途のために製品の販売を開始したが、別の用途に大きな市場があることがわかった例はあるだろうか。

五、破壊的技術の特徴の一つは、当初は、主流顧客がもっとも重視する特性について、従来の技術の性能を下回ることである。このため、破壊的技術の商品化に成功するには、その新技術の特性を最も評価する別の顧客層を見つけなければならない。現在、発売時点では主流市場にとって重要性が低い特性や特質をもとに発展している市場はあるだろうか。それによって、どのような従来の主流製品や企業が脅威を受けるだろうか。

六、製品の機能に関して最低限の仕様を満たす製品が二つ以上ある場合、顧客はほかの判断要因に目を向けはじめる。本書に挙げたウィンダミア・アソシエーツの調査によれば、この基準は機能、信頼性、利便性、価格の順に移行するのが通常である。現在の市場で、最近、この方向に一ステップ以上移行した市場はあるだろうか。

七、たいていの人は、企業の進む方向と資源の投資方法に関する重要な決定は上級マネージャーがくだすと考えているが、実際には、組織の下部で、上級マネージャーに提示する案を決定する人びとがその力を持っている。このような中間層が、破壊的技術を無視したり、切り捨てる要因はどこにあるのだろうか。すぐれた経営基盤を持つ企業は、このような慣行や方針を変えるべきだろうか。

八、大企業で、野心的な従業員が破壊的技術を無視したり切り捨てるのは、個人のキャリアについてどのような思惑があるからだろうか。すぐれた経営基盤を持つ企業は、従業員のこのような考え方を促している方針を変えるべきだろうか。

九、本書の見解は、今後の企業の設立方法について、どのような示唆を与えているだろうか。機能を中心に構造を築いている大企業は、一部の経営理論家が提唱しているように、相互接続したチームへと編成を変えるべきだろうか。あるいは、技術が異なり、市場が異なればニーズも異なると考え、状況に応じて明確な組織構造と経営慣行を持つようにするべきだろうか。現実に、そのようなことは可能だろうか。

一〇、第四章で、あるディスク・ドライブ・メーカーの最高経営責任者は、開発していた一・八インチ・ディスク・ドライブの商品化に失敗した理由について、「先走りすぎてしまった」と言っている。しかし、当時、この企業が見つけていなかった新しいユーザーの間で、一・八インチ・ドライブの市場が生まれていた。著者は「破壊的技術は、技術的な挑戦ではなく、マーケティング上の挑戦ととらえる必要がある」としている。あなたはどのような技術にもどこかに市場があると思うだろうか。もし思わないとしたら、自分が経営者であった場合、どの技術を棚上げして、どの技術を積極的に追求するかを、どのように判断するだろうか。

一一、また、著者は、技術の性能が飛躍的に向上するまで待つべきではないとしている。むしろ、ほかの顧客が欠点とみなす特性を評価する顧客を見つける必要がある。自分が経営者だったら、技術やアイデアにさらなる開発が必要な段階か、積極的に市場に導入する段階かを、どのように判断するだろうか。

一二、『イノベーションのジレンマ』の最大の論旨は、企業が主流市場でリーダーになるための経営慣行そのものが、破壊的技術によってもたらされる機会を失う原因になるというものである。言い換えれば、優良企業は、優れているがゆえに失敗する。「優良経営」という言葉の定義はこれから変化すると、あなたは考えるだろうか。今後、顧客の意見に耳を傾け、それらの顧客が求める製品の開発に積極的に投資し、市場を注意深く分析することが「不良経営」になるだろうか。両方の世界の長所を結びつけることができるのは、どのようなシステムだろうか。

解説

この解説に目を通されている方には、おそらく二種類の方がおられることと思う。まだ本文を読まれておらず、読もうかどうしようか決めるために解説を参考にしようとされている方と、本書を読み通され、目の前の霧が晴れたようなさわやかな知的興奮を私と共有されている方の二種類である。そこで、主としてまだ本書を読まれていない方のために、本書のこと、著者のことについて少しご紹介しよう。

本書の原著作は、ハーバードビジネススクール出版より売り出されるや、ファイナンシャルタイムズ／ブーズアレン・アンド・ハミルトン・グローバル・ビジネス・ブック賞の「ベスト・ビジネス・ブック」など二つの賞を受賞し、大ベストセラーとなり、アメリカのビジネスのやり方を革命的に変革したとも言われる『The Innovator's Dilemma』の増補改訂版である。組織の経営者にとってより有益な章が追加されるとともに、ビジネススクールの教科書や企業内教育にも活用可能なように、「グループ討論の手引き」も追加されている。

本書について、インテルのアンドリュー・グローブ会長は、「本書は、成功を収めている企業がいつか必ず直面する困難な問題について論じている。明晰で、示唆に富み、かつ恐ろしい」と評している。ビジネスウィーク誌は、「本書はCEO（最高経営責任者）がインターネット時代のためにビジネスを再構築するための指南書となりつつある」と述べ、ニューヨークタイムズ紙は、「本書はインターネット戦略で先駆けようとする経営者の必読書となった」と書いている。フォーブス誌は、「多くの無価値なビジネス書の洪水の中にあって、本書は嬉しい驚きであった。筆致は鋭く、その議論は将来を見通すのに十分なほど厳密である。クリステンセンの命題はこうだ、偉大な企業はすべてを正しく行うが故に失敗する。著者は、何故トップ企業が顧客の意見に熱心に耳を傾け、新技術に狂ったように投資したにもかかわらず、なお技術や市場構造の破壊的変化に直面した際に市場のリーダーシップを失ってしまったのかについての説明を与える。責めを負うべきは、無能な経営者、官僚主義、技術力の低下あるいは世襲制などではない。犯人は企業規模とその企業の最重要顧客である。本書はあなたの目を見開かせるに違いない」と紹介している。

何故本書が米国はじめ世界中でこれほどまでに高く評価され、広く読まれているのであろうか？　それは、一言で言えば、本書が「自宅で読めるハーバードビジネススクールの精髄」であるからである。本書を読み終えたとき、私の脳裏には米国東部ボストンにあるハーバードビジネススクールの教室がまざまざと蘇っていた。長身のクリステンセン先生は階段状の教室の中央で、名指揮者のようにクラスの議論をリードし、温厚な中にも鋭い質問を浴びせる。学生達は、その知力と職務経験の限りを尽くしてそれに応え、お互いの議論を研ぎ澄ましていく……。本書は、これまでであれば年間二〇〇万円以上の学費を払い、二年間の休暇を取るか仕事を辞めるかして、半年間の単位を取らなければ得られなかった、ハーバードビジネススクールの「イノベーションのマネジメント」の講義に関する知識を、自宅で居ながらにして得ることができるのである。

ハーバードビジネススクールの教授陣には、極めて高い学問的能力・成果と、それ以上に高い教育的能力が同時に求められる。教授陣は論文を発表する前に互いにインフォーマルなセミナーで徹底的に議論し、少しでも曖昧な点は容赦なく追究される。講義は毎回が真剣勝負で、十分な準備と厳密な論理がない講義は学生達から袋叩きに合う。また、世界のトップマネジメントを育成するのが使命であるため、学問的に厳密であると同時に、現実のビジネスの世界において活用可能な、実践的な知識が求められる。

本書は、こうしたハーバードビジネススクールの特徴である「学問的厳密性と実践的応用性」を両立した希有な書物である。しかも、本書の内容は、著者クリステンセン教授のこれまでの研究の集大成である。本書に登場する多くの事例研究は、著名な学術誌に掲載された論文が基になっており、多くの有識者の査読・審査をへて磨き抜かれている。論文発表後も、インフォーマルセミナーで、あるいはクラスによるディスカッションで議論はさらに高められ、その有効性が検証されている。本書が新しい書物でありながらすでに古典の風格を備えているのは、こうした議論の風雪に耐えて厳選された学問的素材が一貫した理論体系の下にまとめられているからに他ならない。

本書を読みながら私は、「ああ、この部分はハーバードビジネスレビューのあの論文がベースになっているな」、あるいは、「おっ、この図は新しいな、これまでわかりにくかった議論が見事にまとめられ、わかりやすくなったな」などど、インサイダー的楽しみを味わうことができた。と同時に、本書の読者に羨望の念を持った。なぜなら、本書登場以前であれば、ハーバードビジネスレビュー、リサーチ・ポリシー、ストラテジック・マネジメント・ジャーナル、ビジネス・ヒストリー・レビューなどといった学術誌の抜き刷りや、ハーバードビジネススクールのケースを入手し、難解な英語と格闘し、ハーバードビジネススクールの講義に参加した上で、それらのアイディアを自分の頭の中で整理・咀嚼してまとめあげなければ理解できなかった「破壊的イノベーション（disruptive innovation）」という、全く新しいコンセプトが、本書においては豊富な事例を基に実にわかりやすくコンパクトに述べられているからである。

本書を手に取られた方の中には、企業で「どうしてうちの製品は高性能なのに価格競争にさらされてちっとも儲からないのだろう」と悩んでおられる方や、「新しい企業が我々の市場を新しい製品で脅かそうとしているが、どのように対処したらよいのだろう」と明日にも対策を立てなくてはいけない方、「うちの新製品は技術的には優れているのにどうして売り上げがちっとも伸びないのだろう」と困り果てている方、あるいは、「中央研究所で生まれたこの技術を市場に出すために、一番いい方法は何だろう」と思いを巡らせておられる方がおられるかもしれない。本書はこうした方々に、問題解決のための思考のフレームワークを与えてくれる。

ここで注目していただきたいのは、本書はエンジニアリング業や製造業だけを対象としたものではない、という点である。本書でいう「技術」とは、半導体製造技術やレーザー技術といった特許になりうるようなものだけでなく、組織が労働力、資本、原材料、情報を、価値の高い製品やサービスに変えるプロセス全てを意味し、「イノベーション」とは、これらの技術の変化を意味する。つまり、本書においてはこれらの用語を経済学で言う全要素生産性に対応する広い概念で使っているのである。全ての企業には何らかの「技術」があり「イノベーション」があるのである。したがって、本書は、企業に所属される方であれば、その企業が先端技術分野であるかどうか、製造業であるかサービス業であるかを問わず、また、その方の企業内での所属が研究所や技術企画部であるかマーケティング、経理などであるかを問わず、およそ製品やサービスを作り出し、顧客に販売されているあらゆる方が対象となる。

クリステンセン教授は言う。「イノベーションのマネジメントは、ジェネラルマネジャーの課題である」と。つまり、イノベーションに適切に対処するためには、そのイノベーションの性質に応じて組織の主流からの自由度（独立したスピンアウト企業が必要なのか社内組織で対応可能か）やチームの性質（自立的チームが必要なのか、重量級マネージャーが適切なのか、あるいは機能ごとに分化した組織で対応可能なのか）などを適切に決定する必要があり、誤ったマネジメントを行うと、腕に羽を付けて羽ばたいて空を飛ぼうとした時のように、ほぼ間違いなく失敗するからである（図5・6参照）。そういった意味では、本書は企業トップにこそ、是非読んでいただきたい。本書は、トップのリーダーシップなしには解決できない、そしてそれを無視するといかなる優良企業でも生き残れなくなってしまう、イノベーションのマネジメントに関する重大な法則を含んでいるからである。本書はあなたに、イノベーションの本質を理解し、環境の変化に対応するための指針となる「破壊的イノベーションの法則」を教えてくれる。

さらに、もしあなたが国際的企業に所属しているなら、ことは一層重大である。なぜなら、あなたの企業のライバル企業は、ハーバードビジネススクールで学んだり本書の原著や他国語の翻訳を読んだりして「破壊的イノベーションの法則」に関する知識で既に武装している蓋然性が極めて高いからである。また、企業をいろいろな形でサポートする立場にある方々にも、是非一読をおすすめする。コンサルタントの方、ベンチャー・キャピタリストや銀行で融資の判断をされる方はもちろん、個人投資家としてどのような株に投資しようかと迷っておられる方にも大いに参考になるに違いない。

学者としてイノベーションを研究されている方や、科学政策や技術政策、産業政策を企画・立案する立場にある方にも一読をおすすめする。本書の議論は学問的にも堅牢で、得るところが多いと思う。

さらに、こうした方々以外でも、仕事とは関係なく、純粋に読み物として読んでも、本書はへたな小説よりはるかに面白く、知的好奇心をくすぐられる内容である。

著者のクレイトン・M・クリステンセン教授は、豊富な社会人経験を持っており、学問の世界に入ったのは比較的遅い。この点、史上最年少で正教授となったマイケル・ポーター教授と対照的である。この豊富な実務経験が、クリステンセン教授の問題意識を地に足のついたものにし、教授の理論を現実の問題に適用可能な実践的なものとするのに影響を与えていると思われる。

クリステンセン教授は、一九七五年にブリガムヤング大学の経済学部を最優等で卒業した後、一九七七年にオックスフォード大学で経済学の修士号を、一九七九年にハーバードビジネススクールでMBAを取得している。その際、ごく一部の優秀な学生に与えられるベイカースコラーの称号を得ている。

その後、ボストン・コンサルティング・グループで企業の製品製造戦略を得意とするコンサルタントとして活躍し、管理職としてプロジェクトマネージャーを務めた（教授によれば、「だんだん現場から離れ、管理業務ばかり増えて仕事がおもしろくなくなっていった」そうである）。その間一九八二年から八三年にかけてホワイトハウスフェローとしてエリザベス・ドール運輸長官などの補佐をしている。

一九八四年、MITの教授らとともにセラミックス・プロセス・システムズ・コーポレーションという研究開発型ベンチャーを起業し、社長、会長を歴任した。この会社は高性能セラミックや金属・セラミックの複合材などのリーディング企業であった。しかし、ここでも企業規模が大きくなり、会長となって現場から離れるに従って、クリステンセン氏は次のチャレンジを求めるようになる。

そこで彼は、かねてからの問題意識であった「優秀な企業が何故失敗するのか？」というテーマを研究するため、謝辞にもあるようにハーバードビジネススクール博士課程の門を叩くのである。そこからの彼の経歴はすさまじい。一九九二年、通常三年から五年かかる同課程をわずか二年で卒業してしまう。

しかも、その博士論文はインスティチュート・オブ・マネジメント・サイエンスからベスト・ディサテーション・アワード（最優秀学位論文賞）を受賞する。彼はまた、一九九一年にはその年の技術経営に関するもっとも優れた論文に与えられるウイリアム・アバナシー賞をオペレーションズ・マネジメント学会から、一九九三年にはビジネス史の最優秀論文に与えられるニューコメン特別賞を、一九九五年にはハーバードビジネスレビューに掲載された論文の中でもっとも優れたものに与えられるマッキンゼー賞を受賞している。これらの研究の集大成として満を持して出版された本書は、前にも記したように、その年に出版されたビジネス書の中でもっとも優れたものに与えられる「ファイナンシャルタイムズ／ブーズアレン・アンド・ハミルトン・グローバル・ビジネス・ブック賞」を受賞している。

このような燦然と輝く学問的業績を聞くと、読者はクリステンセン教授を学問一辺倒で家庭のことなどかえりみない人なのではないかとのイメージを持つかもしれない。実際、通常の能力の人であれば、これだけの業績を上げ、かつハーバードビジネススクールでのうるさいMBAの学生達の教育をもこなすためには、一日三〇時間働き、一年が七〇〇日あっても全然足りないであろう。

しかし、実はクリステンセン教授は二一歳を筆頭に一九歳、一七歳、一一歳、そして七歳という五児の父で、かつ良き夫なのである！　逆算すると、MBAを取ったときにはすでに一児の父であり、会社を興したときには三児の父、博士課程に入ったときには四児の父で、卒業する頃には五人目が生まれていた計算になる!!　しかも、コミュニティー活動にも熱心で、選挙で選ばれてベルモント市の役員を八年間つとめたこともある。一九七五年以来ボーイスカウト・オブ・アメリカに奉仕しており、要職を歴任している。日曜日には教会通いを欠かさない敬虔な一面もある。

最後に、クリステンセン教授の人柄を顕わすエピソードをご紹介して、私のつたない解説を結びたい。

教授は、「イノベーションのマネジメント」の講義の最終日をこう締めくくったのである。「私のボストン・コンサルティング・グループ時代の友人は、大きなヨットを持っていて、土日となればクルージングに出かけている。ところが彼は、やれ係留の費用が高いだの、メインテナンスを頼んでいたのにちゃんと終わっていないだのといつも不平ばかり言っていて少しも幸せそうでない。一方、私は毎週日曜は欠かさず教会に行き、困っている人の相談に乗って、アドバイスをしたりしている。毎週日曜日が取られるのは大変だが、自分が人や地域のために役立っていることから得られる満足感でいつも満たされている。諸君もこれから社会に出て、ビジネスの場で活躍するのだろうが、本当の幸福はお金ではなく、家族やコミュニティーから得られるということを覚えておいてほしい」

筑波大学先端学際領域研究センター　玉田俊平太

訳者あとがき

本書の原著『The Innovator's Dilemma』の初版が発売されてから、四年になる。その四年間に米国をはじめとする世界の経済情勢は変化したが、本書の内容はいささかも色あせていない。産業界で長年にわたって繰り返されてきた無数の失敗と少数の成功のなかに見いだされる法則は、不変だからである。

今回、原著の改訂に合わせて邦訳も改訂の運びとなったが、時代の流れに合わせて内容が変わったのではない。改訂版では、従来の内容はそのままに、新しい内容が追加されている。本書では一貫して、産業界の「自然の法則」に逆らってはならないこと、それらを受け入れ利用していかなければ生き残れないことを主張している。改訂版では、新たに一章を費やして、そのような法則の一つを紹介している。適材を適所にあてはめても、組織は成功しない。人間はさまざまな状況に融通無碍に対応できるが、組織の能力は硬直的だからである。その事実をどのように受け止め、利用していけばよいのか。処方箋は、第八章にある。

初版が発行されてからわずかの期間に、インターネットも携帯電話も信じられないほどのペースで一般消費者の生活に浸透した。序章の表からもわかるように、現在は、従来型の企業の多くがネット企業の激しい攻撃を受けている。しかし、ネット企業も淘汰が進み、インターネットや携帯電話に対応するだけでは新しい価値は生まれないことがあきらかになった。問題は、どうやって新しい市場を生み出し、主流市場へ攻め込む破壊的イノベーションを起こすかである。新しい「技術」を使って、だれも思いつかなかった市場を掘り起こし、やがて大企業の足をすくうのはだれだろうか。日米ともに経済が行き詰まっているこの時期に、そのような新勢力が現状を打破するのを見てみたい。

今回、改訂版という形で、このすばらしい本にあらためて関わる機会をくださった翔泳社の中村理氏に心から感謝したい。一人でも多くの人がこの本を手にとり、恐ろしくも希望に満ちた破壊的イノベーションの法則を知るきっかけになればと願っている。

二〇〇一年五月

伊豆原　弓

【は】

【ま】

【や】

【ら】

人名・文献索引

※但し、文献項目はゴシック体とする。

【や】

【ら】

【わ】

社名・製品索引

※但し、製品項目はゴシック体とする。

【A-Z】

【あ】

【ま】

【や】

【ら】

【か】

【さ】

事項索引

【数字/A-Z】

【あ】

本書内容に関するお問い合わせについて

このたびは翔泳社の書籍をお買い上げいただき、誠にありがとうございます。弊社では、読者の皆様からのお問い合わせに適切に対応させていただくため、以下のガイドラインへのご協力をお願い致しております。下記項目をお読みいただき、手順に従ってお問い合わせください。

●お問い合わせの前に

弊社Webサイトの「正誤表」や「出版物Q&A」をご確認ください。これまでに判明した正誤や追加情報、過去のお問い合わせへの回答（FAQ）、的確なお問い合わせ方法などが掲載されています。

正誤表	http://www.seshop.com/book/errata/
出版物Q&A	http://www.seshop.com/book/qa/

●ご質問方法

弊社Webサイトの質問専用フォーム（http://www.seshop.com/book/qa/）をご利用ください。お電話や電子メールによるお問い合わせについては、原則としてお受けしておりません。

※質問専用シートのお取り寄せについて

Webサイトにアクセスする手段をお持ちでない方は、ご氏名、ご送付先（ご住所／郵便番号／電話番号またはFAX番号／電子メールアドレス）および「質問専用シート送付希望」と明記のうえ、電子メール（qaform@shoeisha.com）、FAX、郵便（80円切手をご同封願います）のいずれかにて“編集部読者サポート係”までお申し込みください。お申し込み方法にそって、折り返し質問シートをお送りいたします。シートに必要事項を漏れなく記入し、“編集部読者サポート係”までFAXまたは郵便にてご返送ください。

●回答について

回答は、ご質問いただいた方法にそってご送付いたします。ご質問の内容によっては、回答に数日ないしはそれ以上の期間を要する場合があります。

●ご質問に際してのご注意

本書の対象を越えるもの、記述個所を特定されないもの、また読者固有の環境に起因するご質問等にはお答えできませんので、予めご了承ください。

●郵便物送付先およびFAX番号

送付先住所	〒160-0006　東京都新宿区舟町５
FAX番号	03-5362-3818
宛先	（株）翔泳社出版局編集部読者サポート係

※本書に記載されたURL等は予告なく変更される場合があります。
※本書の出版にあたっては正確な記述につとめましたが、著者や出版社などのいずれも、本書の内容に対してなんらかの保証をするものではなく、内容やサンプルに基づくいかなる運用結果に関してもいっさいの責任を負いません。

[監修者紹介]
玉田　俊平太（たまだ　しゅんぺいた）
東京大学博士（学術）。1995年よりハーバード大学へ留学。ビジネススクールにてマイケル・ポーター教授のゼミに所属、競争力と戦略の関係について研究するとともに、クレイトン・クリステンセン教授からイノベーションのマネジメントについて指導を受ける。筑波大学講師、経済産業研究所フェローを経て、2005年4月より関西学院大学ビジネススクール助教授。専門は技術経営、科学技術政策。

[訳者紹介]
伊豆原　弓（いずはら　ゆみ）
翻訳家。1966年生まれ。訳書に「殺人バグを追え」、「愛しのネット狂」、「デッドライン」（日経BP社）、「情報ビジネスの未来」（TBSブリタニカ）などがある。

イノベーションのジレンマ　増補改訂版

2001年 7月 3日　初版第 1 刷発行
2007年 2月 1日　初版第 20 刷発行

著　　者　クレイトン・クリステンセン
監 訳 者　玉田俊平太
訳　　者　伊豆原弓
発 行 人　佐々木幹夫
発 行 所　株式会社 翔泳社（http://www.shoeisha.co.jp）
印刷・製本　大日本印刷株式会社

Printed in Japan　　ISBN4-7981-0023-4